오늘부터
나는
세계 시민
입니다

오늘부터 나는 세계 시민 입니다

배성규 그림
공윤희 · 윤예림 지음

창비교육

달력 위에 펼쳐진 지속 가능한 세상 이야기

"그런데 지속 가능한 발전이 왜 필요한 거죠?"

　세계 시민 수업을 하다 보면 학생들로부터 종종 질문을 받습니다. 지금보다 더 높은 단계로 나아간다는 '발전'은 이해가 되지만, '지속 가능하다'는 의미는 좀처럼 구체적인 모습이 그려지지 않기 때문입니다. 지속 가능한 발전이 필요한 이유를 알려면 지금껏 세계가 추구해 온 성장 방식과 방향에 의문을 품어야 합니다.

　세상이 발전하기만 하면 모든 문제가 사라질 거라고 믿었던 때가 있었습니다. 세계 경제가 성장하면 빈곤에 허덕이는 인구가 줄어들고, 자금력을 가진 다국적 기업이 들어서면 양질의 일자리가 늘어날 거라고 기대를 모았습니다. 과학 기술이 발전하면 인류가 질병에서 해방되는 것은 물론 골치 아픈 환경 문제까지도 극복할 수 있다고 믿었습니다. 정보 통신 기술이 정교해지면 시민들의 참여가 늘어나 민주주의가 발전할 거라는 희망도 품었습니다.

　그러나 앞만 보고 뛰어온 세상은 상상 속 모습과는 거리가 멀어 보입니다. 세계 경제 규모는 빠르게 커져 가고 있지만 국가 간 또는 국가 내에서의 빈부 격차는 심각한 문제로 떠올랐습니다. 무차별적인 개발, 편리성과 효율성만을 강조한 소비가 늘어나 지구는 쓰레기로 몸살을 앓고 있으며, 이제는 생명체의 생존마저 위협받고 있습니다. 이전보다 왕래가 쉬워진 세계에서 목숨을 위협하는 전염병을 피하기 위해 사람들은 두려움에 떨고, 통신 기술이 발달했지만 시민들의 자유를 억압하는 독재 권력은 사라질 줄을 모릅니다.

이처럼 풍요와 빈곤, 기회와 위기가 공존하는 오늘날, '발전'을 바라보는 새로운 해석이 필요하다는 목소리가 여기저기에서 터져 나오기 시작했습니다. 그동안 '얼마나 발전할 것인가'에 초점을 두었다면, 이제는 '어떻게 발전할 것인가', '어떤 세상에서 살고 싶은가'를 물어야 한다는 것에 모두가 공감했기 때문입니다.

'누구도 소외되지 않게 한다(Leave No One Behind)'

2015년, 유엔이 발표한 지속가능발전목표(Sustainable Development Goals, SDGs)의 핵심 원칙입니다. 2030년까지 전 세계가 함께 이루어야 할 SDGs에는 경제 성장에 관한 목표 외에도 양성평등 실현, 양질의 일자리 확대, 도시의 안정적인 주거권 보장, 공정 무역 증가와 같은 사회 통합에 관련된 목표는 물론이고 깨끗하고 재사용이 가능한 에너지 확대, 육지와 해양 자원 보존, 기후 변화 대응을 포함한 환경 이슈가 포함되어 있습니다. 게다가 포용적인 정책과 제도를 위한 거버넌스도 주요한 축으로 부각됐습니다.

또한 SDGs에서 세계 시민의 역할을 강조하고 있다는 것도 눈여겨보아야 합니다. 과거에는 정부를 유일한 문제 해결사로 보았다면, 오늘날 우리가 마주한 새로운 위기는 시민들의 참여 없이는 해결이 쉽지 않습니다. 세상이 돌아가는 원리를 이해하고, SDGs의 가치에 공감하며, 자신의 행동에 책임을 지고 변화를 향해 움직이는 세계 시민이 늘어날수록 지속 가능한 세상이 가까워지기 때문입니다.

하지만 SDGs를 이해하는 일은 결코 만만치 않습니다. 17개의 목표 아래에는 무려 169개의 세부 목표가 들어 있고, 경제, 사회, 환경, 거버넌스에 이르기까지 폭넓은 이슈를 넘나들고 있기 때문입니다. 이 책은 어떻게 하면 SDGs를 쉽고 재미있게 설명해, 한국의 시민이 세계 시민으로까지 성장하는 데 디딤돌이 될 수 있을지 고민한 지난 2년간의 결과물이라고 할 수 있습니다.

지속 가능한 세상을 만들기 위해서는 세계 이슈 뒤에 감추어진 구조를 파악하는 일이 무엇보다 중요합니다. 하지만 이 구조는 실타래처럼 엮여 있어 날마다 관심을 갖고 들여다보지 않으면 그 무게에 압도되어 더는 세계 이슈에 관심을 갖지 않게 될지도 모릅니다.

이 책은 유엔이 지정한 다양한 세계 기념일을 물꼬로 SDGs를 설명합니다. 우리가 사용하는 달력은 평범해 보이지만 사실 곳곳에는 특별한 날들이 숨어 있습니다. 바로 130개가 넘는 유엔 기념일입니다. 유엔 기념일은 세계 시민이라면 누구나 기억해야 하는 날이자 전 세계가 문제 해결을 위해 연대하는 날입니다. 혼자서는 쉽지 않지만, 함께라면 하지 못할 것도 없습니다. 달력 위에 펼쳐진 유엔 기념일을 날마다 알아 가면 복잡한 세계 이슈의 진짜 모습과 만날 수 있을 것입니다.

물론 세계 이슈를 알기만 해서는 오늘날 세계가 처한 위기를 나의 삶과 연결하기 어렵습니다. 그래서 이 책에서는 '인터넷을 사용할수록 난민이 발생한다고?', '경제 위기는 어떻게 내 일자리를 빼앗을까?', '물이 상품이 되면 세상은 어떻게 변할까?', '라면을 먹을수록 열대 우림이 사라진다면?'과 같이 나와 지역 사회, 세계를 연결하는 질문을 던지고, 다양한 사례를 통해 지속 가능한 발전 목표와 내 일상의 연결고리를 찾아갑니다.

그뿐만 아니라 매 챕터 뒤에는 지속 가능한 세상을 위해 일상에서 실천할 수 있는 다양한 방법과 실천 내용을 실어 놓았습니다. 어디에서든 언제든 쉽게 더 나은 세상을 향해 작은 변화를 만들어 갈 수 있습니다.

지속 가능한 세상을 만드는 일은 우리 공동의 미래를 가꾸는 일입니다. 세상을 지금보다 더 풍요롭고 정의롭게 변화시키는 일이자 나의 행복을 위한 일이기도 합니다. 세상의 모든 변화는 바로 나의 변화에서부터 시작됩니다. 내가 바뀌면 오늘이 바뀌고, 오늘이 바뀌면 내일이 바뀝니다. 나는 오늘부터 세계 시민입니다.

차례

03.
08.

International Women's Day

#MeToo

여성은 여전히
사회적 약자일까

"우리에게 빵과 장미를 달라!"

1908년 3월 8일, 여성 섬유 노동자 1만 5,000명은 뉴욕 러트거스 광장에 모였습니다. 열악한 작업장에서 발생한 화재로 동료 여성 노동자가 숨지자 노동 조건 개선, 여성 지위 향상과 참정권 획득을 외치며 뛰쳐나온 것입니다. 빵은 굶주림을 해소할 생존권을, 장미는 남성과 동등한 참정권을 뜻했습니다.

100년이 훨씬 지난 오늘날, 여성의 권리는 향상됐을까요? 100개가 넘는 국가에서 여성은 여전히 경제적 활동에 참여할 수 없습니다. 여성의 임금도 남성보다 10~30% 적으며, 여성 국회 의원의 수도 겨우 남성의 22%에 그칩니다.

여성의 권리가 존중받는 세상, 어디서부터 시작해야 할까요?

혐오가 사회적 약자를 겨냥할 때

'된장녀', '김치녀', '맘충', '김여사', '오크녀', '성괴'. 온라인 채팅 창이나 댓글, 일상 대화에서 쉽게 보고 들을 수 있는 용어입니다. 명품을 좋아하거나 허영심이 있는 사치스러운 여자는 '된장녀', 데이트나 결혼 비용을 주로 남자에게 의존하는 여자는 '김치녀', 공공장소에서 시끄러운 아이를 통제하지 않는 엄마는 '맘충', 운전에 서툰 중년 여성은 '김여사', 못생긴 여자는 '오크녀', 성형한 여자는 '성형 괴물'의 줄임말인 '성괴'로 불립니다.

여성을 조롱하는 말들이 온라인을 점령하자 이에 대한 반대급부로 남성을 폄하하는 단어도 생겨났습니다. 한국 남성을 비하해 '한남충', 가부장적이고 육아나 집안일에 무관심한 아빠를 '허수애비', 무례한 중년 남성을 '개저씨'라고 부르며 깎아내립니다. 여성과 남성을 비하하는 말들이 일상화되면서 이런 현상을 어떻게 바라볼 것인지도 혼란스럽습니다. 남녀를 같은 무게로 두고 해석할 것인지, 아니면 사회적 맥락을 반영해 여성을 약자로 두고 바라볼 것인지 의견이 분분합니다.

민주주의에서는 다수의 의견에 무게가 실립니다. 이런 다수의 횡포 문제를 보완하기 위한 수단이 바로 표현의 자유입니다. 민주주의와 표현의 자유에 대해 이야기한 사상가, 존 스튜어트 밀은 '인간은 오류를 범할 수 있기 때문에 누구나 자유롭게 의견을 말할 수 있도록 해야 한다'고 주장했습니다. 어떤 의견이 사회적 통념이나 상식에 반한다고 해서 표현하는 것을 막아 버린다면 사회가 발전할 수 없다는 것입니다. 이처럼 표현의 자유는 사회 · 경제적으로 힘이 없는 소수의 의견이 묵살당하지 않도록 하는 보완 장치였습니다.

시간이 흘러 표현의 자유가 보장되는 시대가 됐지만 또 다른 문제가 생겼습니다. 다수가 소수를 모욕하는 말을 내뱉으며 표현의 자유를 악용하기 시작한 것입니다. 표현의 자유를 앞세운 다수의 횡포가 도를 넘자 혐오 표현을 규제해야 한다는 목소리가 커졌습니다.

혐오 표현이란 소수자라는 이유로 이들을 혐오하거나 차별, 적의, 폭력을 선동하는 표현을 의미합니다. 혐오 표현은 사회적 약자를 겨냥한다는 의미에서 기존의 모욕이나 명예 훼손과는 차이가 있습니다. 혐오 표현이 문제인 이유는 개인이 아닌 집단 전체에 대한 부정적인 감정을 조장해 편견과 차별을 만들고, 최악의 경우 증오 범죄나 집단 학살 같은 폭력 사태를 일으킬 수 있기 때문입니다.

사회적 약자에는 여성, 아동, 노인, 장애인, 이주민, 난민, 성 소수자 등이 있는데 이 중에서 논란이 되는 것이 여성입니다. 세대가 바뀌면서 남아 선호 사상이 줄어들고, 일하는 여성이 늘어났으며, 남녀 교육 수준도 비슷해졌습니다. 이런 변화 때문에 누군가는 과거에 비해 지위가 높아진 여성을 사회적 약자라고 봐야 하는지 의문을 던집니다. 반면, 여성에 대한 차별과 폭력이 여전히 심해서 국가의 보호가 필요하다고 주장하는 사람도 있습니다. 여성은 남성과 동등한 위치에 있을까요, 아니면 사회적 약자일까요?

왜 같은 일을 해도 다른 임금을 받는 걸까?

직장인의 큰 관심사 중 하나는 임금입니다. 내가 받는 돈이 남들에 비해 어느 정도 수준인지, 내가 정당한 대가를 받고 있는지 알고 싶어

하는 것은 지극히 자연스러운 일입니다. 미국의 대기업인 굿이어 타이어에 다니는 릴리 레드베터 씨 역시 같은 궁금증을 가졌습니다. 1,400명의 관리자 중에 자신의 연봉은 몇 위쯤인지, 자신이 부당한 대우를 받는 건 아닌지 알고 싶었지만 알 길이 없었습니다.

그러던 어느 날, 그녀는 의문의 쪽지 한 장을 받았습니다. 누군가 놓고 간 작은 종이에는 관리자 4명의 연봉이 적혀 있었습니다. 5만 9,028달러, 5만 8,464달러, 5만 8,226달러, 그리고 마지막으로 4만 4,724달러라는 숫자가 있었습니다. 제일 적은 액수가 릴리 레드베터 씨의 임금이었습니다.

같은 일을 했지만 릴리 레드베터 씨의 임금은 3명의 남자 관리자들보다 1만 4,000달러 이상 적었습니다. 그간의 노력과 성과를 생각하면 도저히 납득할 수 없는 일이었습니다. 남자들만 일하던 곳에 여자가 관리자로 왔다는 것은 더 큰 노력을 해야 한다는 의미였습니다. 릴리 레드베터 씨는 남들보다 빨리 출근하고 늦게 퇴근하며 자신이 맡은 작업장에 차질이 생기지 않도록 힘썼습니다. 그녀가 하는 말에 '안 됩니다'는 없었고 결근도 가장 적게 하며 일에 매진했습니다. 덕분에 여자라고 무시하던 직원들도 생각을 바꿔 그녀를 관리자로 인정하기 시작했습니다.

굿이어에 입사한 지 19년째 되던 해, 갑작스럽게 등장한 쪽지로 릴리 레드베터 씨는 선택의 기로에 놓였습니다. 조용히 입 다물고 1년 후에 있을 은퇴를 기다릴지, 아니면 납득할 수 없는 금액에 문제를 제기할지 말입니다. 릴리 레드베터 씨는 고민 끝에 옳은 일을 하기로 결정했습니다.

2003년, 고소를 한 지 3년 만에 첫 재판이 열렸습니다. 진상 조사를 위해 공개된 임금은 생각보다 충격적이었습니다. 입사했을 때 동등했던 임금은 회사가 연봉제를 실시한 1981년부터 차이가 생겼습니다. 당시 릴리 레드베터 씨는 12점 만점에 11점이라는 높은 업무 평가에도 불구하고 남자 관리자보다 낮은 임금을 받았습니다. 임금은 점점 차이가 벌어져 1997년에는 남자 관리자들보다 30%가량 적은 연봉을 받았습니다.

소송 결과는 누구도 예상치 못한 방향으로 흘러갔습니다. 첫 번째 판결에서는 배심원이 릴리 레드베터 씨의 손을 들어 줬습니다. 업무 능력이 아닌 여자라는 이유로 차별받았다는 결론이 나면서 회사가 손해 배상으로 380만 달러를 지불해야 하는 상황이 벌어졌습니다. 하지만 2007년에 판결이 뒤집혔습니다. 임금 차별에 대한 기소는 월급을 받은 후 180일 이내에 해야 하는데 20년이 지나서 했다는 이유였습니다.

릴리 레드베터 씨가 패소했다는 소식은 미국 시민들을 충격에 빠뜨렸습니다. 회사 내에서 다른 사람의 연봉을 알기는 어렵습니다. 대부분의 노동자는 회사가 공평한 기준하에 정당한 임금을 지불하고 있다고 믿을 뿐입니다. 그런 노동자들에게 이 사건은 큰 배신감을 안겨 주었습니다. 시민 단체는 공정한 임금을 외치며 새로운 법을 요구했습니다.

2009년, 릴리 레드베터 씨의 노력이 결실을 맺었습니다. 버락 오바마 미국 대통령이 '릴리 레드베터 공정임금법'에 서명하면서 부당한 임금 격차를 줄이기 위한 발판을 마련한 것입니다. 릴리 레드베터 공정임금법에 따르면 고용주는 임금을 산정하는 기준과 절차를 명확하게 해야 합니다. 같은 일을 하고도 임금 차이가 있을 경우 사유가 무엇인지 정확히 알 수 있도록 밝혀야 합니다. 또한, 고용주가 문제를 제기한 사원에게 보복 조치를 할 수 없도록 하는 조항도 포함되었습니다.

한국의 성별
임금 격차

65만 4,000원
여성

100만 원
남성

노동 분야에서 남녀 차별이 있는지 알아보는 지표 중의 하나가 성별 임금 격차입니다. 안타깝게도 한국은 경제협력개발기구(OECD) 회원국 중에서 남녀 임금 차이가 가장 큰 나라입니다. 2017년 통계에 따르면 한국 여성은 남성보다 34.6% 적은 임금을 받는 것으로 나타났습니다. 남성이 100만 원을 벌 때 여성은 65만 4,000원을 받는 셈입니다. OECD 평균 성별 임금 격차가 13.8%인 것을 감안하면 꽤나 큰 차이입니다.

직급에 따른 차이라고 생각할 수도 있지만 동일한 직급 내에서도 남성의 임금이 더 높았습니다. 같은 시간에 같은 일을 해도, 경력이 쌓여도, 승진을 해도, 극복할 수 없는 남녀 임금 차이가 존재한다는 뜻입니다.

유리 천장은 기회를 박탈한다

2016년, 그 어렵다는 역주행 신화를 기록한 영화가 있습니다. 동물이 주인공으로 나오는 애니메이션 「주토피아」입니다. 이 영화는 누구나 무엇이든 될 수 있는 도시, 주토피아를 배경으로 하고 있습니다. 초식 동물과 육식 동물을 평등하게 대하는 포유류 통합 정책 덕분에 주토피아는 작은 동물들이 살고 싶어 하는 꿈의 도시가 됐습니다. 주디 홉스라는 이름의 토끼는 멋진 경찰이 되기 위해 주토피아로 향합니다. 토끼는 이곳에서 자신의 꿈을 펼치게 될까요?

주디 홉스는 바라던 대로 주토피아 최초의 토끼 경찰이 됩니다. 하지만 안타깝게도 그녀의 기쁨은 경찰 배지를 단 그 순간까지였습니다.

경찰 학교 수석 졸업이라는 영예에도 불구하고 주디 홉스에게 떨어진 임무는 주차 단속이었습니다. 풀리지 않는 사건을 해결하며 도시를 안전하게 만드는 데 기여하고 싶었지만 주디 홉스는 능력을 발휘할 기회조차 얻지 못했습니다.

작은 초식 동물인 양의 처지도 별반 다르지 않았습니다. 시장의 보좌관으로 있는 벨 웨더 역시 냉대와 무시를 받으며 일했습니다. 벨 웨더는 성과를 쌓은 뒤 더 높은 자리로 가고 싶어 했지만 중요한 임무에서 항상 배제됐습니다. 라이언 하트 시장에게 벨 웨더는 그저 양들의 표를 얻기 위한 얼굴마담일 뿐이었습니다. 포유류 통합 정책은 겉보기에만 그럴듯한 정책이었습니다. 힘 있는 동물들은 작은 동물을 대놓고 괴롭히지는 않았지만 보이지 않는 벽을 세워 그들이 권력의 중심으로 오는 것을 막았습니다.

「주토피아」가 호평을 받은 이유는 영화에 담긴 메시지 때문입니다. 영화는 현실과 꽤나 닮아 있어 그냥 웃어넘길 수 없습니다. 주토피아에서는 모두가 평등하다고 말하지만 여전히 사회 내에는 '갑과 을', 그 뒤를 잇는 '병과 정'의 보이지 않는 계층이 존재합니다. 사회적 약자의 특성이 많을수록 권력 순위에서 뒤로 밀려납니다. 권력의 꼭대기에 있는 시장직은 육식 동물 중에서 가장 힘이 센 수컷 사자가 차지했습니다. 경찰 서장직은 초식 동물 중에서 가장 힘이 센 수컷 물소가 맡았습니다.

영화처럼 현실에서도 여성은 기회의 차별을 받고 있습니다. 영국의 주간지 『이코노미스트』는 '일하는 여성이 살기 좋은 나라와 나쁜 나라'라는 제목으로 OECD 국가별 유리 천장 지수를 발표하고 있습니다. 고등 교육, 경제 활동 참여, 임금, 보육 비용, 육아 휴직, 경영대 입학, 회

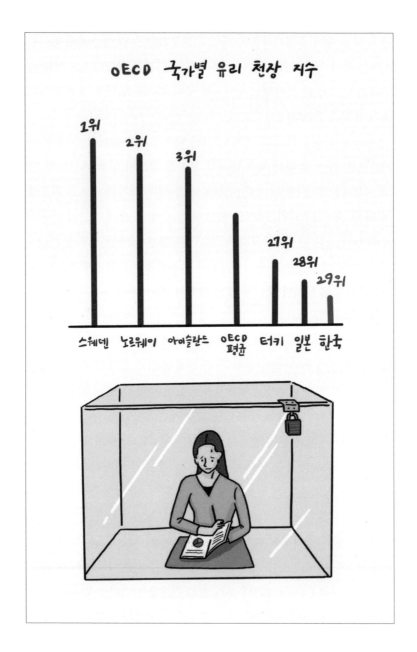

사 내 임원, 의회 참여에 대한 남녀 비율을 반영한 점수입니다. 2018년 한국은 29개 국가 중 29위로 6년째 꼴등을 차지했습니다. 스웨덴, 노르웨이, 아이슬란드가 100점 만점에 80점 이상으로 각각 1~3위에 이름을 올렸고, 우리나라는 겨우 20점을 넘겼습니다. OECD 평균은 약 60점이었습니다.

여러 항목 중 우리나라가 유독 뒤처진 부분은 남녀 임금 격차와 여성 임원 비율, 여성 이사회 비율입니다. 세 항목 모두 한국이 가장 낮은 점수를 받았습니다. 이사회 내 여성 비율은 2%, 여성 임원은 10% 정도입니다. 한국에서 여성이 사회생활을 하는 데 그만큼 큰 제약이 따른다는 의미입니다.

우리나라 직장에서 어떤 남녀 차별이 존재하는지 알기 위해 2017년, 국가인권위원회에서 조사를 실시했습니다. 100인 이상 기업에 다니는 정규직 남녀 노동자 402명, 인사 담당자 112명이 설문에 참여했습니다. 유리 천장 지수에서 유추할 수 있듯이 직급이 올라갈수록 여성 비율은 낮아졌습니다.

이런 현상에 대해 인사 담당자 10명 중 6명이 승진 기회에서 남녀 차이가 있다고 답하며, 가장 큰 이유로 '남성 중심적 회사 관행이나 조직 문화'를 들었습니다. 회사의 핵심 부서에 주로 남성을 배치하고, 성과를 낼 수 있는 업무에서 여성을 배제하며, 육아 휴직을 주지 않거나 경력에 포함하지 않는 일들이 벌어지고 있는 것입니다.

남성이 결정하고 여성이 따르는 식의 직장 구조는 성 평등 지수가 높은 나라에서도 놀라운 일은 아닙니다. 성 평등에 있어서 다른 나라의 본보기가 되는 노르웨이 역시 2000년 초반에만 해도 이사회 구성원의 94%가 남성이었습니다. 하지만 이제는 구성원 10명 중 4명이 여성입니다. 2003년 통과된 여성 임원 할당제 덕분입니다. 공기업을 비롯한 일정 규모 이상의 기업은 이사진을 조직할 때 성비를 고려해야 합니다. 만약 여성 비율이 40%가 넘지 않는다면 회사는 상장이 폐지될 위기에 처할 수 있습니다.

굉장히 엄격한 법이라고 생각할 수 있지만 반대로 생각하면 이 정도로 엄격해야 문제가 해결될 수 있다는 의미입니다. 평등한 세상을 만들기 위한 출발선은 차별이 존재함을 인정하는 것입니다. 여성이 사회에서 능력을 발휘하기 힘든 현실을 외면한다면 여성은 사회 안에서 배제될 수밖에 없습니다.

여성을 통제하면 성폭력이 사라진다?

2016년 어느 늦은 밤, 강남의 한 노래방 건물에서 남성이 휘두른 칼에 찔려 20대 여성이 사망한 일이 발생했습니다. 살인 사건에 대한 해석은 팽팽하게 엇갈렸습니다. 한쪽에서는 남자가 평소 정신 질환을 앓고 있었다는 점에서 누구나 피해자가 될 수 있는 '묻지 마 범죄'라고 주장했습니다. 반면 다른 쪽에서는 범인이 화장실에 들어온 남성 6명을 차례로 보내고 뒤이어 들어온 여성을 살해한 정황과 '여성들이 나를 무시해서 범죄를 저질렀다'는 범인의 진술을 근거로 '여성 혐오 범죄'라고 목소리를 높였습니다.

재판부는 '범인이 여성을 혐오하기보다는 남성을 무서워하는 경향이 있고 이에 대한 피해 의식으로 상대적 약자인 여성을 범행 대상으로 삼았다'는 다소 애매한 판결을 내렸지만 한 가지는 확실했습니다.

범행 대상이 여자일 수밖에 없었다는 것입니다.

강남역 살인 사건을 바라보는 시각은 다른 사건보다 유독 남녀 간의 온도 차가 컸습니다. 여성들은 남의 일 같지 않다며 여성을 대상으로 한 범죄에 불안감을 내비쳤습니다. 남성들은 여성이 남성을 잠재적 가해자로 보는 것 같다며 불쾌함을 드러냈습니다. 이는 어쩌면 당연한 결과일지도 모릅니다. 실제로 남녀가 느끼는 범죄에 대한 두려움의 차이가 그만큼 크기 때문입니다.

최근 여성가족부가 발표한 성폭력 실태 보고서에 따르면 폭행, 강도, 절도, 성폭행에 대한 두려움을 여성이 남성보다 훨씬 많이 느꼈습니다. 각 항목에 대해 두려움을 느끼는 비율이 남성은 10명 중 1~2명이라면, 여성은 5~8명으로 상당히 차이가 납니다.

그렇다면 실제로 한국의 범죄 피해자 중 여성의 비율이 높은지 살펴보겠습니다. 경찰청이 발표한 2017년 범죄 통계에 따르면, 살인을 저지른 범죄자 10명 중 8명은 남성입니다. 목숨을 잃은 피해자는 남녀 비율이 비슷했습니다. 강도와 폭력 사건은 남성이 남성을 대상으로 한 범죄가 더 많았습니다. 물론 이 결과로 여성 혐오 범죄를 판단하기에는 한계가 있습니다. 남성 가해자가 미리 여성을 대상으로 정해 놓고 범행을 저질렀는지, 또는 여성에 대한 편견을 기반으로 범행을 저질렀는지에 대한 통계가 없기 때문입니다.

여성이 압도적으로 높은 피해를 보는 범죄는 성범죄입니다. 강간 범죄자 중 98.7%가 남성이었고, 피해자의 98.4%가 여성이었습니다. 강제 추행은 범죄자의 97.3%가 남성이고, 피해자의 90.6%가 여성이었습니다. 통계청에서 분석한 자료에 따르면 지난 10년간 성범죄는 꾸준히 증가해 하루에 약 80건, 시간당 3건 이상의 성폭력 범죄가 발생하고 있습니다.

새로운 유형의 성범죄도 증가했습니다. 최근 한 해에 발생한 범죄 건수를 살펴보면 스토킹은 555건, 디지털 성범죄는 6,364건, 데이트 폭력은 1만 303건입니다. 범죄 통계를 보면 남성이 여성을 대상으로 한 범행이 반대의 경우보다 훨씬 많다는 것을 알 수 있습니다.

여성들의 이유 있는 두려움에도 불구하고 여전히 한국 사회는 피해 여성들에게 차갑기만 합니다. 특히 남성이 가해자이고 여성이 피해자 인 사건에서는 여성을 탓하는 목소리를 쉽게 들을 수 있습니다. 강남 역 살인 사건이 벌어졌을 때도 '밤늦게 돌아다녀서 화를 당했다'며 피 해자에게 일부 책임을 돌리는 반응이 있었습니다. 성범죄에 있어서도 마찬가지입니다. 성폭력 실태 보고서를 보면 응답한 남성의 10명 중 5명, 여성의 10명 중 4명 이상이 성폭력의 원인을 '여성이 노출이 심한 옷을 입었기 때문에'라고 답했습니다.

피해자를 비난하는 사회 분위기는 또 다른 상처를 낳습니다. 국가인 권위원회 자료에 따르면, 설문에 참여한 여성 10명 중 4명이 '성희롱 문제를 알리지 않을 것'이라고 답했습니다. 이유는 2차 피해에 대한 두 려움이었습니다. 사건이 제대로 해결되지 않은 채 피해 사실을 알렸다 가 직장에서 불이익을 받고, 따돌림을 당하거나, 악의적 소문에 시달 리는 일이 벌어질까 무서워 말하지 않겠다고 응답한 것입니다.

문제의 원인을 여성에게 돌리면 해결책 역시 여성에게로 귀결됩니 다. 2015년, 교육부가 만든 성교육 표준안이 화제가 됐습니다. '지하철 에서 성범죄를 당했을 때 가방끈을 길게 해서 가방을 뒤로 메거나 실 수인 척 (가해자) 발등을 밟는다', '대부분의 경우 여성은 특정 남성에 게만 성적으로 반응하는 데 비해 남성은 성적으로 매력적인 여성들과 널리 성교할 수 있다', '친구와 함께 여행을 가지 않는다', '데이트 비용을 많이 사용하게 되는 남성 입장에서는 여성에게 그에 상응하는 보답을 원하게 마련이다'와 같은 내용이 들어 있었습니다. 지침서는 남성에게 잘못된 행동이 어떤 것인지 가르치기보다 남성이기 때문에 어쩔 수 없다는 면죄부를 주었고 여성에게는 소극적으로 대응하고 스스로의 행동을 통제할 것을 제시했습니다.

성 평등은 남녀가 서로 존중하는 태도에서부터 시작합니다. 데이트 비용과 장소, 성관계에 관해 함께 상의하고, 공공장소에서 성범죄를 목격했다면 당연히 피해자를 돕고 경찰에 신고해야 합니다. 상대의 동의 없이 신체 접촉을 하지 않으며, 범죄 피해에 노출됐어도 나를 도와줄 누군가가 있다는 믿음을 가질 수 있는 사회를 만들어야 합니다. 그렇지 않으면, 세대가 바뀌어도 여성은 범죄의 대상이 될 수밖에 없습니다.

양성 징병제, 우리는 힘들고 그들은 가능한 이유

우리나라에서 성 평등 문제에 연관 검색어처럼 따라다니는 주제가 있습니다. 군대와 육아입니다. 아직 군대에 가지 않은 남성이라면 언젠가 치러야 하는 군 복무가 머릿속에 짐처럼 박혀 있습니다. 아이를 낳고 싶은 여성에게는 임신과 출산, 육아 과정에서 찾아오는 경력 단절이 큰 고민거리입니다.

그런데 군대와 육아가 각각 남성과 여성의 성 역할로 고정되어 평행선을 달리던 사회 분위기에 최근 균열이 일고 있습니다. 저출산 문제가 심각해지면서 여성도 군대에 가야 한다는 목소리가 나온 것입니다. 여기에 더해 노르웨이, 스웨덴, 네덜란드가 양성 징병제를 실시하면서 여성 군 복무에 대한 시각이 조금씩 긍정적으로 바뀌고 있습니다. 하지만 한국에서는 시기상조라는 우려의 목소리도 큽니다. 우리는 힘들고 그들은 가능한 이유는 무엇일까요?

2014년, 유럽 국가 중 최초로 노르웨이 국회는 양성 징병제 법안을 통과시켰습니다. 사회 모든 부분에서 권리와 의무, 기회가 남녀 모두에게 동등해야 된다는 취지에서였습니다. 인권과 평등을 외치는 나라는 많지만 성 평등의 가치를 정책에 녹여 유의미한 성과를 내는 나라는 드뭅니다. 누군가는 국회가 성 평등을 앞세워 부족한 군인 문제를 해결해 보려는 것은 아닌지 진정성에 의문을 던질 수 있지만 노르웨이가 인권을 향상하기 위해 그간 해 온 성과를 본다면 절로 고개가 끄덕여질 것입니다.

노르웨이는 성 평등 지표에서 항상 상위권을 차지하는 나라입니다. 눈에 띄는 부분은 여성의 사회 활동입니다. 우리나라에서 여성이 일하는 비율은 연령이 올라갈수록 증가하다 하락하고 다시 상승하는 알파벳 M자 형태를 보입니다. 반면 노르웨이는 위로 볼록한 포물선 형태를 띕니다. 육아로 인한 경력 단절이 없다는 의미입니다. 노르웨이에서는 아이가 태어난 첫해에는 부모가 육아를 전담하고 다음 해부터는 보육 기관의 도움을 받으며 직장과 가정생활을 병행할 수 있습니다. 이 배경에는 노르웨이 정부의 적극적인 육아 지원 정책이 있습니다.

특히 눈길을 끄는 정책은 육아 휴직 제도입니다. 1993년, 노르웨이는 여성 전담으로 여겨졌던 육아 문제에 대한 해결책으로 부모 할당제를 도입했습니다. 아이가 태어나면 부모는 두 가지 종류의 육아 휴직을 쓸 수 있는 권리가 주어집니다. 첫 번째는 어머니와 아버지에게 각각 할당되는 15주의 육아 휴직입니다. 15주 육아 휴직은 일부를 사용하든 전부를 사용하든 상관없지만 남은 기간을 배우자에게 양도할 수는 없습니다.

두 번째로 부모가 상황에 따라 나눠 사용할 수 있는 16~26주의 육아 휴직이 있습니다. 여기에 출산 전 어머니가 사용할 수 있는 3주의 휴직까지 모두 더하면 부모에게 총 49~59주의 육아 휴직이 주어집니다. 49주의 육아 휴직을 선택할 경우 급여의 100%를, 59주의 경우 80%를 받을 수 있습니다. 현재 남성 10명 중 7명이 본인에게 제공된 15주의 육아 휴직을 전부 사용하고 있습니다.

노르웨이는 군대 문제에 있어서도 인권 향상을 위해 노력해 왔습니다. 군대 내 인권 문제를 해결하기 위해 노르웨이는 1952년, 세계 최초로 국회에 군 감찰 기관을 만들었습니다. 군대에서 인권을 유린하는 일이 일어나지 않는지 군 외부에서 감시하는 것입니다. 주목할 점은 군을 견제하는 기구가 국회 안에 있다는 것입니다. 군은 행정부 내 국방부 소속입니다. 수사의 독립성을 위해서 행정부를 견제할 수 있는 국회에 군 감찰 기구를 둔 것입니다.

또 하나 주목할 점은 가고 싶은 군대를 만들기 위해 하고 있는 노력입니다. 노르웨이는 징병제이긴 하지만 병력 규모가 작아서 청년 중 일부만 군인으로 선발됩니다. 선발 기준은 최상의 신체 조건입니다. 다시 말해, 여성이든 남성이든 군인으로 뽑혔다는 사실은 남들보다 뛰어난 신체 능력을 가졌다는 의미로 자랑스러워할 만한 일인 것입니다.

남녀가 함께 훈련에 참여하고 생활하는 것도 노르웨이 군대의 특이한 점입니다. 여성과 남성 군인이 같은 내무반을 쓰는 모습은 다른 나라에서는 찾아볼 수 없는 진귀한 풍경이기 때문입니다. 남녀가 신뢰할 수 있는 군 문화를 만드는 데 앞장서고 있다는 노르웨이군의 자신감을 엿볼 수 있습니다.

저출산으로 미래에 병력이 감소할 것이라는 우려 섞인 목소리는 단순한 기우가 아닙니다. 필요하다면 누구나 나라를 지켜야 하지만 그전에 생각해 봐야 할 점이 있습니다. 지금의 한국군은 남녀 모두에게 균등한 기회를 제공하고 성범죄나 폭력으로부터 군인을 지켜 주고 있는지 돌아봐야 합니다. 저출산 문제의 해결책은 여성과 남성에게 무거운 짐을 떠안기는 것이 아니라 아이를 낳고 싶은 나라, 군대에 가고 싶은 나라를 만드는 데 있습니다.

성 평등 감수성을 깨우는 책

페미니스트란 '모든 사람이 성별에 상관없이 사회, 정치, 경제, 문화적으로 평등해야 한다'는 페미니즘을 믿고 실천하는 사람들을 말합니다. 페미니즘을 처음 접하거나 성 평등 감수성을 키우고 싶을 때 흥미롭게 읽을 수 있는 도서를 추천합니다.

하나, 치마만다 응고지 아디치에, 『우리는 모두 페미니스트가 되어야 합니다』
어린 시절 겪었던 성차별 일화를 통해 여성과 남성에게 고정된 성 역할이 사람들을 어떻게 억누르는지 보여 주고, 페미니즘을 통해 모두가 행복해질 수 있다고 전하는 책입니다. 페미니즘을 처음 접하는 사람들이 쉽고 가볍게 읽기 좋습니다.

둘, 게르드 브란튼베르그, 『이갈리아의 딸들』
남성이 가정을 돌보고, 여성이 사회 활동을 담당하는 세상을 그린 소설입니다. 하나의 성(性)이 주도권을 잡은 사회에서 다른 성은 권리를 빼앗기고, 착취당하게 됨을 유쾌하게 풀어냈습니다. 저자는 특정 성이 지배하지 않을 때 진정한 자유를 얻을 수 있다고 말합니다.

셋, 게일 피트먼, 『페미니즘 탐구 생활』
무심코 던지는 농담, 고정된 성 역할, 성에 따라 구분된 장난감 등 익숙한 나머지 의문을 갖지 않았던 26개의 주제에 대해 정리한 책입니다. 꼭지가 끝날 때마다 쉽게 실천해 볼 수 있는 활동들을 제안하고 있어서 페미니즘을 공부하는 청소년이 즐겁게 읽을 수 있습니다.

남성과 여성 모두
좀 더 행복해지기를.

지금보다 좀더 공정한 세상을.
스스로에게 좀더 진실함으로써
좀더 행복해진 남자들과
좀더 행복해진 여자들이
살아가는 세상을.

03.
22.

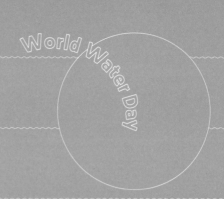

물을 가진 자가
세상을 지배한다

"20세기 전쟁의 원인이 석유였다면, 21세기에는 물이 될 것이다."
세계은행 부총재를 지낸 이스마일 세라겔딘의 말입니다. 물이 곧
인류의 미래라는 이 말은 왜 나왔을까요?
전 세계 인구 10명 중 1명은 깨끗한 물을 마시지 못하고, 3명 중
1명은 제대로 된 수도 시설을 갖추지 못한 채 살고 있으며, 오염된
물로 5세 이하 어린이가 2분에 1명씩 세상을 등집니다. 게다가 주
요 강줄기를 둘러싼 이웃 국가 간에 물을 차지하기 위해 벌어지는
분쟁은 끊일 줄을 모릅니다.
'세계 물의 날'은 물 부족과 수질 오염 문제에 대해서 고민하고, 물
의 소중함을 일깨우기 위해 1992년 제정됐습니다. 하지만 여전히
물 문제는 나와는 상관없는 이야기처럼 들립니다. 도대체 물은 내
삶에 얼마나 영향을 끼치고 있을까요?

매드맥스, 과연 상상 속의 일일까?

수백 년이 지난 후, 우리의 미래는 어떤 모습을 하고 있을까요? 누군가는 여름휴가를 해외가 아닌 화성으로 가는 상상을 하고, 또 누군가는 아침밥을 차려 주는 로봇을 생각할 겁니다. 어쩌면 100세 시대가 아닌, 300세 시대가 올지도 모르지요. 이처럼 대부분의 사람들은 지금보다 훨씬 더 발전되고 풍요로운 세상을 꿈꿉니다. 하지만 미래는 우리의 예상과 달리 전혀 다른 모습을 하고 있을지도 모르겠습니다.

녹색이라고는 찾아볼 수 없는 황량한 사막 한가운데, 먼지를 풀풀 날리며 낡은 차들이 경주하듯 빠르게 달립니다. 이곳은 22세기, 하늘을 나는 자동차도, 반짝반짝 빛이 나는 높은 빌딩도 없습니다. 먹을 것이라곤 모래 위를 기어 다니는 도마뱀과 지배자 임모탄 조가 어쩌다 한 번 내려 주는 물뿐입니다.

조지 밀러 감독이 영화 「매드맥스: 분노의 도로」에서 그려 낸 미래의 모습은 이러했습니다. 핵전쟁으로 모든 것이 파괴된 후 물을 차지한 소수의 사람이 세상을 지배한다는 내용이 펼쳐집니다. 조지 밀러 감독의 팬들에게 암울한 미래는 그리 낯설지 않은 소재입니다. 이전 작품에도 항상 모래로 가득한 사막이 등장했으니 말입니다. 하지만 달라진 점이 있다면 감독의 시선이 석유나 가스와 같은 에너지 쟁탈전에서 물로 옮겨 갔다는 것입니다.

그는 왜 이런 상상을 한 걸까요? 인도 여행 때문이었습니다. 몇 년 전 그는 여느 여행자들과 마찬가지로 『죽기 전에 꼭 봐야 할 세계 건축 1001』에 실린 호수 궁전을 보기 위해 인도 남부의 우다이푸르로 향했습니다. 그러나 예상과 달리 그에게 영감을 준 것은 아름다운 건축물이 아니라 인도의 아이들이었습니다.

"저 위쪽에 있는 카슈미르에서는 물 때문에 전쟁을 하고 있대요."[1]

공을 차고 놀던 아이들의 입에서 나온 충격적인 단어는 바로 물 전쟁이었습니다. 아이들에게 듣는 순간, 감독의 머릿속에 영화의 시나리오가 그려졌습니다. 100년 후, 지구는 어떤 모습을 하고 있을까요?「매드맥스」에서 그려진 것처럼 물을 가진 자가 세상을 지배하게 될까요?

물 때문에 세 번 결혼한 남자

세계 지도를 보면 육지보다 바다 면적이 훨씬 넓어 지구에 물이 넘쳐 날 것만 같습니다. 거기에 더해 매년 홍수가 날 정도로 비가 내리고 땅속에는 시원한 지하수가 흐릅니다. 이런 사실만 놓고 보면 아무리 시간이 흘러도 물은 마를 것 같지가 않습니다. 그렇지만 지구상의 물을 살펴보면 97.5%는 바닷물, 2.5%는 담수이며, 담수 중 1.76%는 빙하입니다. 다시 말해, 지구 위 70억이 넘는 사람들은 빗물과 지하수, 호수, 강으로 이루어진 1%도 안 되는 담수에 의존해 살아가고 있는 셈입니다.

인도 서부 지역에 사는 사크하람 바갓이라는 남자는 3명의 부인을 두고 있습니다. 돈이 많아서도, 매력이 넘쳐서도 아닙니다. 여러 부인을 얻게 된 사연은 바로 물 때문입니다.

"물을 길어다 줄 사람이 필요한 상황에서 제가 할 수 있는 일은 또다시 결혼하는 것밖에 없었습니다. 첫 번째 아내는 아이들을 돌보느라 바빴습니다. 두 번째 아내가 몸이 좋지 않아 물을 길어 오지 못하게 됐을 때 세 번째 아내를 얻었습니다."[2]

　바갓 씨가 사는 마하라슈트라주는 물이 매우 귀한 지역입니다. 이 지역에서만 2만여 가구가 물을 공급받지 못하고 있습니다. 그래서 매일 누군가 멀리까지 나가 양동이에 물을 길어 와야만 합니다. 먹고살

기 위해 사람들이 선택한 방법이 바로 결혼이었습니다. 인도에서 일부 다처제는 엄연한 불법이지만, 이 지역에서는 물을 길어 온다는 조건으로 여러 부인을 두는 것이 관습으로 자리 잡았다고 합니다.

이렇게 전 세계 곳곳에 깨끗한 물을 마시는 것이 소원인 사람들이 있습니다. 물이 곧 오늘의 생존을 뜻하기에 수많은 여성과 아이가 물을 긷는 일로 하루를 시작합니다. 물이 부족한 지역에서 가방 대신 물통을 메고 다니는 아이들의 모습을 흔히 볼 수 있는 것도 이 때문입니다.

물 부족으로 생긴 변화는 수도 시설을 제대로 갖추지 못한 가난한 나라의 일만은 아닙니다. 도시 역시 삶의 모습이 바뀌고 있습니다. 라스베이거스 하면 아마도 휘황찬란한 분수 쇼와 드넓은 수영장이 있는 호텔, 잔디가 깔린 정원이 있는 주택이 생각날 겁니다. 그런데 사막 한가운데서 이렇게 호화롭게 생활할 수 있는 이유는 무엇일까요? 바로 라스베이거스의 젖줄인 미드호 덕분입니다.

하지만 이 모습도 이제는 역사 속의 한 장면이 될지 모릅니다. 모두가 부러워하는 라스베이거스 주민들의 생활 방식이 변하고 있기 때문입니다. 미드호가 말라 가면서 네바다주는 대대적인 물 절약에 들어갔습니다. 대표적인 정책이 바로 잔디 줄이기입니다. 정원의 잔디를 줄인만큼 돈을 준다는 소식에 4만 8,000가구 이상이 집 앞의 잔디를 뽑았습니다. 이뿐만이 아닙니다. 골프장에서 하루에 사용할 수 있는 물 양이 정해져 있고, 세차 역시 일주일에 한 번만 할 수 있습니다. 사치와 욕망의 도시인 라스베이거스를 변하게 만든 것은 다름 아닌 물이었습니다.

가뭄 탓에 직업을 잃는 사람들도 생겨났습니다. 물은 농업, 어업, 공업, 서비스업까지 우리의 직업과 떼려야 뗄 수 없는 관계에 있습니다. 2000년대 초 미드호의 물이 줄어들자 관광객의 발길이 끊어지면서

680명이 갑작스럽게 일자리를 잃었습니다. 캘리포니아에서만 앞으로 30년 동안 물 부족으로 1년에 2만 개 넘는 일자리가 사라질 거라는 예측도 나돌고 있습니다. 직업 4개 중 3개가 물과 관련되어 있다고 하니, 그 영향은 실로 어마어마합니다. 이처럼 물은 당장의 생존만 결정짓는 것이 아닙니다. 우리 삶의 방식을 바꿔 놓을 만큼 다방면에 영향을 끼치고 있습니다.

코카콜라가 인도의 물을 말린다

'나는 이 회사의 주식은 평생 팔지 않을 것이다.' 세계적인 거부 워런 버핏이 가리킨 회사는 바로 코카콜라입니다. 코카콜라의 명성은 제2차 세계 대전에서 빛을 발했습니다. 당시 아이젠하워 사령관은 군의 사기를 높이기 위해 병사들에게 코카콜라를 나눠 줬는데, 그 양만 7,500만 병이 넘었다고 합니다. 코카콜라는 1950년 미국 음료수 시장의 절반을 차지하며, 미국의 대표 음료수로 떠올랐습니다.

하지만 모두가 반길 것만 같던 코카콜라가 인도에서는 불청객 취급을 받고 있습니다. 사람들은 '부자들을 위한 코카콜라', '코카콜라 반입 금지' 피켓을 들고 거리로 뛰쳐나와 마을에서 코카콜라 공장이 나가 줄 것을 요구하고 있습니다. 도대체 무슨 일이 벌어진 걸까요?

이유는 바로 물이었습니다. 코카콜라는 전 세계 인구수 2위를 자랑하는 인도에 진출해 50개가 넘는 공장을 세웠습니다. 칼라데라 지역에도 커다란 코카콜라 공장이 있습니다. 다국적 기업이 들어오면 일자리도 늘어나고, 더 살 만해질 줄 알았는데 주민들의 삶은 더욱더 팍팍해져 갔습니다.

공장에서 엄청난 양의 물을 끌어다 쓰면서 지하수가 바닥나기 시작했기 때문입니다. 어쩔 수 없이 주민들은 더 많이, 더 깊게 우물을 팠고 이제는 그조차 힘들어졌습니다. 결국 우물이 말라 버려 멀리까지 물을 뜨러 가야 하는 상황이 찾아왔습니다. 문제는 이 지역만의 일이 아니라는 것입니다. 인도의 메디간즈 지역 역시 같은 이유로 물 부족에 시달리고 있습니다.

메마른 우물만큼이나 주민들을 위협하는 것은 바로 생계였습니다. 마실 물도 부족한 상황에서 채소가 잘 자랄 리 없습니다. 작물이 제대로 결실을 맺지 못하자 수많은 농민이 농사를 포기하는 지경에 이르렀습니다. 이런 연유로 사람들은 공장이 사라지기를 바라는 것입니다.

코카콜라와 인도 농민 간의 갈등을 특별한 사례라고 생각할 수 있지만, 물을 둘러싼 갈등은 어제오늘, 그리고 특정 나라만의 일은 아닙니다. 볼리비아 티키파야에서는 맥주 공장, 미국 애리조나에서는 생수 공장이 주민들과 마찰을 겪고 있습니다. 인구가 늘어나고, 물 사용량이 많아지면서 전 세계적으로 물 스트레스 지수가 높아지고 있기 때문입니다. 인도처럼 심각한 물 스트레스를 겪는 나라가 전 세계에 37개나 됩니다.

높아져만 가는 물 스트레스, 도대체 무엇이 문제일까요? 우리가 매일 먹는 물의 양은 생각보다 많습니다. 물은 우리가 사용하는 물건을 비롯해 먹거리를 생산하는 데에도 쓰입니다. 예를 들어, 종이컵의 2/3만큼 들어가는 커피를 만들려면 7그램 정도의 커피 가루가 필요합니다. 7그램의 커피를 재배하고 가루로 만드는 과정에서 사용되는 물의 양을 계산하면 132리터가 나옵니다. 다시 말해, 우리 눈에는 보이지 않지만 커

사용한 가상수의 양을 보여 주는 물 발자국

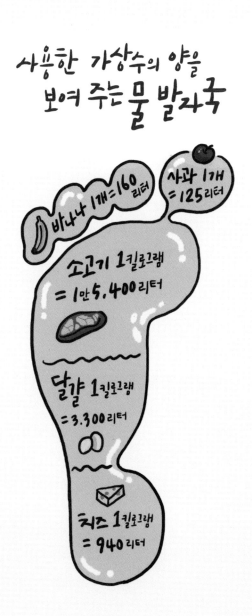

바나나 1개=160리터

사과 1개 =125리터

소고기 1킬로그램 = 1만 5,400리터

달걀 1킬로그램 =3,300리터

치즈 1킬로그램 = 940리터

피 한 잔을 마실 때 132리터의 물이 추가로 소모된 셈입니다. 이렇게 물건이나 먹거리를 생산하는 데 들어가는 물을 '보이지 않는 물', 즉 가상수라고 부릅니다.

사람들은 물을 자연이 주는 선물이라고 여겨 누구나 마음껏 사용할 수 있다고 믿습니다. 하지만 모두의 재산이었던 물이 돈벌이 대상이 되면서 상황은 빠르게 바뀌고 있습니다. 누군가는 충분한 물을 얻지 못해 매일 먼 길을 나서야 하지만, 누군가는 거대한 자본을 이용해 마을의 지하수를 모두 끌어다 쓸 수 있기 때문입니다. 물 사용을 둘러싼 불평등, 이제는 어떻게 물을 나눠 써야 할지 진지하게 고민해야 할 때입니다.

빗물 한 방울도 가져갈 수 없습니다

『정의란 무엇인가』로 유명한 마이클 샌델 교수의 저서 중에 『돈으로 살 수 없는 것들』이라는 책이 있습니다. 샌델 교수는 뭐든 돈으로 사고팔 수 있다고 여기는 오늘날에 '무엇이 가치를 결정하는가?'라는 질문을 던집니다. 돈을 더 주면 진료를 먼저 받을 수 있다거나 긴 줄을 서지 않아도 된다거나 희귀 동물을 사냥할 권리를 얻을 수 있는 사례처럼 정의와 시장의 효율성 중 무엇을 우선순위로 두어야 할지 고민하게 만듭니다. 여기 또 하나 중요한 문제가 있습니다. 깨끗한 물의 가격입니다.

"물은 신이 준 선물이지 상품이 아니다. 물은 생명이다!"[3]

볼리비아의 한 도시, 코차밤바는 성난 시민들의 함성으로 가득 찼습니다. 학교와 일터로 가지 않고 길거리로 뛰쳐나오는 시민들을 향해 정부는 최루탄을 쏘고, 계엄령까지 선포했습니다. 시위 과정에서 180명이 넘는 사상자가 발생할 만큼 정부와 시민의 첨예한 대립이 이어졌습니다. 이들이 대치한 이유는 무엇이었을까요? 그 중심에는 수도 민영화 이후 끝도 없이 올라간 물값이 있었습니다.

볼리비아가 처음부터 민영화를 원했던 것은 아닙니다. 1998년에 세계 경제가 휘청거리면서 볼리비아는 세계은행에 차관을 요청했습니다. 하지만 세계은행은 한 가지 조건을 내세웠습니다. 정부가 운영하는 수도 서비스를 민간에 넘기라는 것이었습니다. 당장 돈이 필요했던 볼리비아 정부는 결국 이 제안을 받아들여, 해외 기업에 코차밤바 지역의 수도 서비스를 맡겼습니다.

주민들에게 민영화는 재앙이나 다름없었습니다. 수도세가 매월 오르는 바람에 물값으로 임금의 1/5이나 되는 돈을 치러야 했습니다. 비싼 수도 요금을 감당할 수 없었던 사람들은 강물을 퍼오거나, 빗물을 받아 농사를 지었습니다. 하지만 이것도 잠시, 기업은 도시의 모든 물이 자신들의 소유라고 주장하며 이 모든 행위를 불법으로 못 박았습니다. 분노를 참지 못한 주민들은 정부에 강력하게 항의했습니다. 그렇게 1년 넘도록 계속된 시위 끝에 마침내 주민들은 물 운영 권리를 되찾았습니다.

수도 민영화로 어려움을 겪은 나라는 볼리비아만이 아닙니다. 민간에 물을 맡긴 지 20년이 지난 인도네시아 자카르타에서도 비싼 가격 탓에 가난한 사람들은 수돗물을 이용하지 못합니다. 탄자니아의 옛 수도 다르에스살람의 경우도 대표적인 실패 사례로 꼽힙니다. 2003년, 다국적 기업에 경영권을 넘겼지만 수도 배급이 처음 약속과 달랐고, 역시나 치솟는 물값을 감당하지 못한 사람들은 오염된 물을 사용하기 시작했습니다.

　이런 연유로 수도 민영화를 반대하는 흐름은 점점 더 거세지고 있습니다. 2007년 세계은행의 수도 민영화 프로젝트는 85개에 달했지만, 6년이 지난 후에는 1/4로 줄었습니다. 다른 개발 프로젝트에 비해 실패율이 높았기 때문입니다. 게다가 지난 15년 동안 전 세계 180개 도시에서 수도 민영화가 철회되는 일이 벌어졌습니다.

　물론 수도 민영화가 항상 부정적인 결과를 가져오는 것은 아닙니다. 민간 업체들이 자유롭게 경쟁에 참여해 서비스 질을 높이고, 주민들의 생계에 부담을 주지 않는 선에서 가격이 책정된다면 얼마든지 더 좋은 결과를 낼 수 있습니다. 하지만 수도 민영화 전에 잊지 말아야 할 것이 있습니다. 물 분배에 있어서 가장 중요한 가치는 돈이 아니라 모두가 물을 사용할 수 있어야 한다는 기본적인 권리입니다.

물은 기본권이다

　'태양이 흘린 땀방울.' 잉카 제국 사람들이 금을 가리켜 부른 이름입니다. 사람들은 환한 빛에 반해 금을 갖고 있는 것만으로도 귀신이 물러가고, 병이 사라지며, 사랑이 변치 않는다고 믿었습니다. 그래서 금을 자신이 가장 소중하게 생각하는 신에게, 왕에게, 연인에게 선물했습니다. 금은 그것을 소유한 자에게는 막대한 부를, 빼앗긴 자에게는 씻을 수 없는 고통을 안겨 주지만, 몇백 년이 지난 지금도 여전히 인기가 많습니다. 그런데 놀랍게도 이런 금을 과감하게 포기한 나라가 있습니다. 중앙아메리카에서 가장 작은 나라, 엘살바도르입니다.

"물이 금을 이겼다!"[4]

2017년, 엘살바도르는 전 세계 최초로 금속 채굴을 금지하는 법안을 통과시켰습니다. 금이나 은을 채굴하지 않고도 충분히 먹고살 만하기 때문은 아닙니다. 사실 국가 부채가 국내 총생산(GDP)의 70%에 육박할 만큼 경제 사정은 좋지 않습니다. 그래서인지 금속 채굴을 전면 금지했다는 소식이 조금 의아하게 들리기도 합니다. 이들이 지키려고 했던 것은 무엇일까요?

1990년부터 채광 붐이 불었던 산세바스티안 지역은 무분별한 금속 채굴이 어떤 재앙을 불러오는지 여실히 보여 줬습니다. 산세바스티안 강물은 푸른빛에서 오렌지빛으로 변했고, 물고기는 떼죽음을 당해 물 위에 둥둥 떠다녔습니다. 청산가리는 허용치의 9배를, 철은 1,000배를 뛰어넘었다는 수질 검사 결과가 나오면서 시민들은 충격에 빠졌습니다.

문제가 점점 심각해지자 정부도 팔을 걷어붙이고 나섰습니다. 2008년 이후부터는 새로운 채굴권을 발행하지 않겠다며 강수를 두었습니다. 그러자 다국적 기업들은 즉각 반발하고 나섰습니다. 자유 무역 협정을 위반하고 기업 활동을 규제했다는 이유로 세계은행에 엘살바도르를 제소했습니다. 거기에 더해 거액의 손해 배상까지 청구하며 으름장을 놓았습니다.

재판 결과는 어떻게 됐을까요? 다행히 세계은행은 돈보다 생명이 중요하다는 결론을 내렸습니다. 기업 측이 패소하면서 엘살바도르는 물이 오염되는 것을 막을 수 있었습니다. 그리고 2017년, 국민들의 전폭적인 지지를 받으며 금속 채굴을 금지하는 법이 만들어졌습니다. 먹을 수 없는 금보다 생명을 살리는 물이 더 귀하다는 것을 몸소 보여 준 셈입니다.

　더 나아가 물을 인간의 기본권에 넣어야 한다는 움직임도 일고 있습니다. 슬로베니아는 2016년, 유럽 최초로 헌법에서 물 마실 권리를 인정한 국가가 됐습니다. 모든 사람은 물을 마실 권리를 가지며, 수자원은 국가의 관리를 받는 공공재라는 내용이 헌법에 명시된 것입니다. 슬로베니아 외에도 오늘날 전 세계 15개 국가의 헌법에서 물을 기본권으로 인정하고 있습니다.

　물의 또 다른 이름은 '푸른 황금'입니다. 물이 점점 더 귀해지면서 금처럼 몸값이 뛰었다는 것을 의미합니다. 지금처럼 물 부족 문제를 내버려 둔다면 우리의 미래는 어떻게 될까요? 아마 세상은 물을 가진 자와 가지지 못한 자로 나뉘게 될지도 모릅니다. 물을 기본 권리로 인정해 이런 미래를 막아야 합니다.

물 스트레스를 낮추는 손쉬운 방법

우리나라는 현재 1년 내내 깨끗한 물을 넉넉하게 사용할 수 있지만, 2050년이면 OECD 국가 중 물 스트레스 지수 1위를 차지할 것으로 예상될 정도로 안심할 상황이 아닙니다. 소중한 자원인 물을 오래도록 사용하도록 일상에서 물 절약을 실천할 수 있는 아주 간단한 방법들을 소개합니다.

하나. 절수기를 설치한다

세면대나 싱크대 수도꼭지에 절수기를 설치하고, 샤워기를 절약 헤드로 바꿔 주는 것만으로도 물 낭비를 막을 수 있습니다. 절수기를 사용하면 수압이 높아져 일반 수도꼭지를 사용할 때보다 50% 이상 물을 아낄 수 있습니다.

둘. 노래를 들으며 샤워한다

자신이 좋아하는 노래 두 곡을 고르고, 노래가 끝날 때까지 샤워를 마칩니다. 시계가 없는 욕실에서 장시간 샤워를 하며 물을 낭비하는 것을 막을 수 있습니다. 템포가 빠른 곡을 선택하면 더 효과적입니다.

셋. 청바지를 냉동실에 넣어 둔다

신문지에 청바지를 돌돌 말아 비닐 봉투에 담고, 하루 정도 냉동실에 넣어 두면 저온을 견디지 못한 박테리아가 없어지면서 퀴퀴한 냄새가 빠집니다. 잦은 세탁으로 물 낭비를 줄이는 것은 물론 청바지의 색이 빠지거나 모양이 망가지는 것도 방지할 수 있습니다.

넷. 내가 남긴 물 발자국을 계산한다

물 발자국 계산기(www.watercalculator.org)는 실내외 활동, 식습관, 재활용에 대한 약 30개의 질문을 던져 하루 평균 자신이 얼마나 많은 물을 사용하는지 계산해 보여 줍니다. 특히 샤워나 설거지처럼 직접 물을 사용하는 경우 외에 물건이나 식량을 생산하고 폐기하는 데 가상수를 얼마나 많이 사용하는지 알려 줍니다.

옷을 냉장고에 넣는 것이 처음엔 꺼려졌지만… 냄새가 정말 빠진다!

04.
07.

World Health Day

에이즈가 사라질 수 없는 이유

오늘날, 인류는 보이지 않는 적과 맞서고 있습니다. 이 적의 정체는 매일 2,700명을 죽음으로 이끄는 전염병, 에이즈입니다. 에이즈를 포함한 감염성 질환에 걸린 사람의 대부분은 제때 치료 약을 공급받으면 수명을 연장하고, 건강하게 사회생활을 할 수 있습니다. 하지만 치료 시기를 놓친다면 죽음의 문턱을 넘어야 할지도 모릅니다.

유엔은 2030년까지 감염성 질환을 퇴치한다는 목표를 세웠습니다. 하지만 그 미래는 밝아 보이지 않습니다. 바로 비싼 약값 때문입니다. 세계보건기구는 매년 1억 명이 의료 비용을 감당하지 못해 빈곤에 빠진다고 말합니다. 그러나 제약 회사는 연구 개발, 마케팅, 유통에 사용된 비용을 이유로 높은 약값을 책정할 수 있다고 주장합니다. 기업의 이익과 환자의 생명권 중, 무엇이 우선되어야 할까요? 어떻게 해야 에이즈를 지구상에서 몰아낼 수 있을까요?

조용한 살인자의 등장

1981년 1월, 미국에서 세상을 발칵 뒤집어 놓을 만한 새로운 병이 등장했습니다. 미지의 병으로 고통받은 사람은 마이클이라는 30대 초반 남성이었습니다. 마이클은 면역력 상태도 굉장히 안 좋았지만 젊은 남성이 잘 걸리지 않는 주폐포자충 폐렴을 앓고 있었습니다.

마이클의 소식이 알려진 후 비슷한 증상의 환자를 봤다는 의사들이 나타났습니다. 의사들은 병의 추이를 살피기 위해 유사 병증을 겪는 3명의 환자를 마이클과 같은 병원에 입원시켰습니다. 4명의 환자를 관찰한 끝에 의사들은 이 병을 '남성 동성연애자 관련 면역 결핍증'이라고 불렀습니다. 당시 환자를 진찰했던 고트립 교수는 이런 병명이 나온 이유를 설명했습니다.

"4명의 환자 모두 남성 동성애자였기 때문에 저희는 이 병이 특정 성적 지향과 관련이 있다고 추측했습니다. 환자들의 공통점이 그것밖에 없었으니까요. 4명의 환자는 서로 모르는 사이였습니다. 병원에 오기 전까지 서로 만나거나 성 접촉을 한 적은 없었어요. 게이 커뮤니티를 모욕하려는 의도는 없었습니다. 저희가 본 대로 말했을 뿐입니다."[1]

1981년 6월, 미국 질병통제예방센터는 치명적인 병의 존재를 세상에 알렸습니다. 로스앤젤레스에서 최종 5명의 환자가 발견되었는데 그중에 2명이 목숨을 잃었다는 슬픈 소식도 함께 전했습니다. 병의 특징은 체내의 면역력을 떨어뜨려 결국 사망에 이르게 하는 것이었습니다. 이 소식이 전해진 후, 같은 증세를 호소하는 환자들이 아메리카, 아프리카, 유럽, 아시아, 오세아니아 대륙 곳곳에서 속출했습니다.

환자 수가 늘어나면서 병에 대한 새로운 정보가 밝혀졌습니다. 의

사들의 처음 생각과 달리 이 병은 이성애자, 성 소수자, 남녀노소 할 것 없이 누구나 걸릴 수 있는 전염병이었습니다. 병의 정체는 에이즈 (AIDS)라고 불리는 후천성 면역 결핍증입니다. 에이즈는 전염병의 최고 경고 등급인 판데믹에 해당합니다. 정부가 방치하면 병원균이 전염되어 수많은 목숨을 앗아 갈 수 있는 위험한 병이라는 의미입니다.

에이즈의 원인은 인체 면역 결핍 바이러스(HIV)입니다. 하지만 HIV에 감염되었다고 해서 곧바로 에이즈에 감염되는 것은 아닙니다. HIV 감염인 중 면역력이 일정 수준 이하로 떨어진 사람을 에이즈 감염인이라고 합니다. 에이즈는 왜 갑자기 20세기에 나타나게 되었을까요?

HIV의 등장은 우연이 아니다

세계적인 전염병의 공통점은 동물의 몸속에 있던 병원균이 인체에 들어왔다는 것입니다. HIV의 기원은 침팬지라고 알려져 있습니다. 전문가들은 침팬지를 사냥하고 도살하는 과정에서 인간의 몸에 침팬지의 혈액이 닿았고, 상처 부위를 통해 병원균이 인간의 몸 안으로 들어와 변이가 일어났을 것이라고 말합니다. 하지만 단지 사냥만으로 에이즈가 20세기에 등장한 이유를 설명하기에는 무리가 따릅니다.

HIV라는 병원균의 존재를 알게 된 후, 질병에 대한 연구가 시작됐습니다. 밝혀진 사실 중 하나는 1981년 전에도 이미 에이즈 환자가 있었다는 것입니다. 첫 번째 에이즈 혈액 샘플이 발견된 곳은 콩고민주공화국의 수도인 킨샤사입니다. 하지만 킨샤사 역시 HIV의 시작점은 아니었습니다. 지금까지 밝혀진 바에 의하면 HIV가 나타난 시점은 20세기 초로 거슬러 올라갑니다. 부족한 자료 탓에 정확한 연도를 예측하기는 어렵지만 대략 1800년대 후반에서 1900년대 초반 사이로 추정하고 있습니다.

병원균이 전이된 장소는 카메룬이 유력합니다. 카메룬 남동쪽 지역에 서식하는 침팬지에게서 HIV와 유사한 '유인원 면역 결핍 바이러스(SIV)'가 발견됐기 때문입니다. HIV가 최초로 발생했다고 여겨지는 카메룬 남동부 지역은 열대 우림으로 뒤덮여 있습니다. 침팬지를 비롯해 다른 야생 동물이 살기에 매우 좋은 조건이지만 인간이 마을을 이루고 살기에는 열악한 지역입니다.

오랜 시간 방치되어 있던 카메룬 열대 우림에 본격적으로 인간의 손길이 닿기 시작한 때는 19세기 후반입니다. 당시 카메룬은 독일의 지배를 받고 있었는데, 독일은 고무와 코끼리 상아를 얻기 위해 카메룬 남동부 지역까지 개발하기 시작했습니다. 운송 수단이 발달하면서 사람들은 증기선을 타고 카메룬의 깊은 숲속까지 들어갔습니다. 열대 우림이 개발되면 인간은 그 전보다 더 많이, 더 자주 야생 동물을 잡을 수 있습니다. 야생 동물과의 접촉이 높아질 수밖에 없습니다. 증기선 때문에 병원균이 멀리까지 퍼져 나갈 수 있는 여건도 마련되었습니다.

그렇지만 병원균이 타인에게 전파됐다고 해서 곧바로 전염병으로 발전하는 것은 아닙니다. 에이즈가 널리 퍼지려면 숙주인 사람의 수가 많아야 하고, HIV 감염인이 다른 사람에게 병원균을 전달할 수 있는 환경이 만들어져야 합니다. 이 조건이 충족된 곳이 킨샤사였습니다.

20세기 초반, 콩고는 벨기에의 지배를 받았습니다. 벨기에는 수많은 사람을 동원해 킨샤사와 다른 지역을 잇는 철도를 건설하는 중이었습니다. 철도 건설에는 주로 강한 육체 노동이 가능한 젊은 남자들이 동원되었고, 이에 따라 킨샤사에 성매매 종사자도 늘어났습니다. HIV는 콘돔을 사용하지 않고 성 접촉을 하면 전염될 수 있습니다. HIV가 새로운 숙주를 찾을 수 있는 최상의 환경이 킨샤사에 마련된 셈입니다.

HIV가 20세기 후반에 전 세계로 급속히 퍼진 것도 우연이 아닙니다. 교통수단은 점점 더 발달해 1960년대에는 비행기의 시대가 찾아왔습니다. 배, 비행기, 기차, 자동차를 통해 사람들은 전 세계를 여행했고, 병원균은 더 빠르게 더 넓은 지역으로 퍼져 나갔습니다. 에이즈와 같은 전염병은 개발과 세계화가 낳은 결과 중 하나입니다.

오늘부터 약 가격을 55배 인상합니다

당신이 약을 꾸준히 먹으면 살 수 있는 병에 걸렸다고 가정해 봅시다. 그런데 만약, 약 가격이 하루아침에 50배 이상 오른다면 당신의 삶은 어떻게 될까요? 상상하고 싶지도 않은 이런 일이 실제로 벌어지고 있습니다. 2015년 9월, 미국의 제약 회사 튜링이 에이즈와 암 환자들의 치료제로 쓰이는 다라프림의 가격을 55배 인상해 미국을 발칵 뒤집어 놓았습니다. 당시 우리나라 돈으로 90만 원가량 되는 가격입니다. 이 사건으로 에이즈 약값 문제가 또다시 수면 위로 올라왔습니다.

HIV 감염인의 수명은 전적으로 치료제에 달려 있습니다. 1996년, 20세 HIV 감염인의 기대 수명은 19년이었습니다. 불행히도 40세를 넘기기 힘들었습니다. 다행히 지금은 이 청년이 꾸준히 치료를 받는다면 70세 이상 살 수 있습니다.

안타깝게도 이는 치료제를 복용하는 사람들만 가질 수 있는 희망입니다. 유엔에이즈의 통계에 따르면, 전 세계에 3,690만 명의 HIV 감염인이 있는데 이 중에서 치료를 받을 수 있는 비율은 대략 60% 정도입니다. 지역별 통계를 보면, 서유럽과 북아메리카는 치료를 받는 비율이 80%에 달하는 반면 동유럽, 중앙아시아, 서아프리카와 중앙아프리카는 약 40%, 중동과 북아프리카는 약 30%에 불과합니다.

약을 구입하지 못하는 원인은 비싼 가격입니다. 다국적 제약 회사들은 투자 비용이 많이 든다는 이유로 약 가격을 높게 책정하고 있습니다. 그나마 재정 상황이 나은 선진국은 약값을 부담할 수 있지만, 개발 도상국은 그러지 못합니다.

비싼 약값의 대책으로 나온 것이 바로 복제 약입니다. 약이 있음에도 먹지 못해 죽어 가는 환자들을 살리기 위해 1972년, 인도는 특허법을 개정해 복제 약을 생산하기 시작했습니다. 인도는 에이즈 치료제도 복제 약으로 생산하고 있습니다. 복제 약은 약효도 뛰어날 뿐 아니라 가격도 저렴해서 개발 도상 국가의 환영을 받았습니다. 복제 약 사용으로 인도는 선진국에서 매년 에이즈 감염인 1인당 1만 달러 이상 들이는 비용을 100달러로 줄이는 성과를 냈습니다. 그 결과 인도는 전 세계에서 에이즈 치료제로 사용되는 복제 약의 80% 이상을 생산하면서 세계의 약국 역할을 하고 있습니다.

다국적 제약 회사들은 전 세계가 의약품 특허권을 보장해야 한다고 주장하며 복제 약 생산을 반대했습니다. 1995년, 복제 약 생산에 빨간불이 들어왔습니다. 세계무역기구가 무역 관련 지적 재산권 협정(TRIPS)을 발효하면서 제약 회사는 20년간의 특허 기간을 보장받으며 약의 생산, 판매, 수입, 수출에 대한 독점권을 갖게 됐습니다.

그 후, 제약 회사의 지적 재산권은 점점 더 공고해지기 시작했습니다. 제약 회사가 더 오래 약을 독점할 수 있도록 만드는 제도들이 생겨났고, 선진국은 각종 무역 협정에 독점 조항을 반영했습니다. 에이즈 치료제를 수입하는 나라들은 고민에 빠졌습니다. 무역을 하지 않고 살아남거나, 독점 조항을 지키며 비싼 약을 수입해야 하는 막다른 선택의 기로에 놓인 것입니다.

　의약품에 대한 지적 재산권 문제는 여전히 국제 사회의 뜨거운 감자입니다. 에이즈 치료제뿐만 아니라 모든 약에 해당되는 일이기 때문입니다. 문제의 핵심은 가격입니다. 제약 회사의 입장에서 약은 상품입니다. 약이 그만큼 높은 수익을 가져다주기를 바라는 건 당연할지도 모릅니다. 반면, 환자의 입장에서 약은 사도 그만 안 사도 그만인 기호품이 아니라 생명 줄입니다. 선진국이 무역 협정을 통해 제약 회사의 특허권을 보장하고 제약 회사가 약값을 결정하는 현재의 시스템에서 돈이 없는 사람은 약을 손에 넣기 힘듭니다. 적절한 약 가격에 대한 논의 없이는 에이즈와 같은 판데믹이 세상에서 사라질 수 없습니다.

내 이웃의 조건

　미국 매사추세츠 출신의 제프리 바워스라는 남성이 있습니다. 명문대인 브라운대학교를 졸업하고 6개 국어에 능통한 그의 직업은 많은 이가 선망하는 변호사입니다. 바워스는 자신의 능력을 국제 무대로 넓히기 위해 1984년, 베이커&맥켄지 법률 회사에 입사합니다.

　하지만 유명 로펌에서 일하면서 전 세계를 여행하고 싶던 그의 꿈은 2년 만에 산산조각이 났습니다. 에이즈라는 믿기 힘든 건강 검진 결과와 함께 해고 통보가 날아온 것입니다. 회사는 해고의 이유를 바워스의 부족한 업무 능력이라고 했지만, 바워스는 에이즈가 원인이라고 생각했습니다. 해고 사유를 받아들일 수 없었던 바워스는 회사를 상대로 소송을 제기했습니다. 회사의 결정은 정당한 걸까요?

1986년이면 에이즈에 대한 공포와 편견이 극에 달했던 시기입니다. 그 당시 에이즈는 불치병이었고, 동성애자나 마약 중독자가 걸리는 병이라는 편견이 만연했던 때입니다. 바워스 역시 동성애자였습니다. 에이즈에 대한 공포와 성 소수자에 대한 혐오가 맞물려 바워스는 대중의 지지를 받지도 못했습니다.

논쟁적인 사건인 만큼 판결이 나기까지도 오랜 시간이 걸렸습니다. 7년이 지난 1993년, 법원은 바워스의 손을 들어 줬습니다. 인종이나 민족, 종교, 성, 피부색, 정치적 의견이 다름을 존중받아야 하듯이 질병의 유무에 따라서도 차별받지 않아야 한다는, 인권을 존중한 결과였습니다.

시간이 지나 에이즈는 치료할 수 있는 병이 되었지만 감염인은 여전히 근거 없는 편견에 시달리고 있습니다. 아직도 많은 사람이 HIV 감염인을 동성애자이거나 성적으로 문란한 사람이라고 단정 짓고, 곁에 가면 안 되는 사람 취급을 합니다. 이런 편견은 결국 차별을 낳고 HIV 감염인을 사회적으로 고립시키는 문제를 일으킵니다.

대표적인 편견이 바로 HIV 전염 방법에 대한 것입니다. HIV가 이동하기 위해서는 충족되어야 하는 몇 가지 조건이 있습니다. 첫째, HIV가 감염인의 몸 밖으로 나와야 하고 둘째, 생존한 병원균이 타인의 혈관으로 들어가야 합니다. 마지막으로 병원균의 양이 타인을 감염시킬 수 있을 만큼 충분해야 합니다.

HIV 바이러스가 이동하기 위해서는 감염인의 혈액이나 체액이 타인과 공유되어야 합니다. 체액의 종류에는 정액, 질 분비물, 모유가 있습니다. 먼저, 혈액을 통한 전염에 대해 알아보겠습니다. 잘 알려진 것처럼 HIV에 오염된 혈액이나 혈액제를 수혈받았거나 감염인과 주사기를 공유했을 경우에 HIV에 감염될 수 있습니다. 약물에 중독된 사람들의 감염 확률이 높은 이유도 주사기에 있습니다. 타인과 주사기를 공유하는 과정에서 병원균이 이동하기 때문입니다.

두 번째 감염 경로는 성 접촉입니다. 대개 HIV 감염인과 한 번이라도 성관계를 가지면 무조건 감염된다고 생각하는데 이는 사실이 아닙니다. 한 번의 성 접촉으로 감염이 될 확률은 1% 미만입니다. 또한, 성 접촉으로 인한 감염은 콘돔을 사용하면 예방할 수 있습니다. 콘돔 사용을 꺼려 하는 사람이 많을수록 성 접촉을 통한 감염이 높을 수밖에 없는데 우리나라도 이런 경우가 많은 나라 중 하나입니다. 성 소수자와 성매매 종사자들이 HIV 감염에 취약한 이유 역시 콘돔을 사용하지 않는 성관계에 노출될 확률이 높기 때문입니다.

마지막으로 HIV 감염인이 임신했을 경우 분만 과정 또는 모유 수유를 통해 자식에게 HIV를 전달할 수 있습니다. 하지만 부모가 감염됐다고 해서 자식도 무조건 감염되는 것은 아닙니다. 임신과 출산, 모유 수유 과정에서 약을 복용하면 충분히 감염을 예방할 수 있습니다. HIV 감염인이 안심하고 아이를 낳을 수 있는 나라도 있습니다. 체 게바라의 나라, 쿠바입니다. 쿠바는 세계 최초로 사전 검사와 약물 치료를 통해 산모가 아이에게 HIV를 전파하는 것을 근절했습니다.

누군가는 침을 통해 전염되지 않을까 걱정하기도 합니다. 다행히 HIV는 일상생활을 통해 전염되지 않습니다. HIV에 감염되기 위해서는 병원균의 양이 충분해야 하는데, 침은 이 조건을 만족시키지 않습니다. 따라서 HIV 감염인과 밥을 먹거나 키스하거나 대화하는 행동으로는 HIV에 감염되지 않습니다. HIV 감염인의 혈액이나 체액이 피부에 닿았을 경우에도 상처가 없다면 걱정할 필요 없습니다. 또한, HIV 감염인을 문 모기를 두려워할 필요도 없습니다. HIV는 곤충이나 벌레를 통해 이동하는 질병이 아니기에 모기 역시 감염 통로가 되지 않습니다.

세계가치관조사(WWS)에서 한국 사람들에게 물었습니다. 'HIV 감염인을 이웃으로 맞이할 수 있습니까?'라는 질문에 10명 중 9명에 달하는 수가 '아니요'라고 답했습니다. 10명 중 9명이 '예'를 외친 스웨

아래 상황에서는 HIV에 감염되지 않습니다

키스 / 포옹 / 식사 / 모기 / 샤워 / 화장실 공유

덴과는 반대되는 결과였습니다. 이 밖에 국내에서 실시한 조사에서도 '함께 식사할 수 있습니까'라는 문항에 우리나라 사람 10명 중 6명이 '없다'고 응답했습니다. 절반 이상은 HIV 감염인이 자녀와 같은 학교에 다니는 것도, 나와 같은 직장에 다니는 것도 힘들다는 반응을 보였습니다. 반면에 10명 중 9명은 자신이 에이즈에 걸릴 확률은 낮다고 스스로 낙관했습니다. 또 10명 중 8명은 성관계 시 콘돔을 전혀 또는 거의 사용하지 않는다고 대답했습니다. 에이즈에 대한 우리의 인식 수준은 1980년대에 머물러 있는지도 모르겠습니다.

의약품 접근은 권리입니다

2003년, 에이즈 환자들에게 희소식이 전해졌습니다. 푸제온이라는 새로운 약이 출시된 것입니다. 에이즈 환자들은 보통 세 가지 약을 함께 병행하는 칵테일 요법을 받는데, 푸제온은 다른 약들과 함께 복용할 경우 효과적이라는 평가를 받았습니다. 특히 기존의 약에 내성이 생긴 환자들에게는 한 줄기 빛과 같았습니다. 다음 해, 우리나라도 푸제온을 필수 약제로 지정하며 수입을 추진했습니다. 하지만 제약 회사 로슈가 원한 푸제온 가격은 1병당 3만 원 이상이었고, 우리 정부가 제시한 가격은 약 2만 5,000원이었습니다. 회사는 끝내 물러서지 않았고, 우리 정부는 이 가격을 수용하지 못했습니다. 협상이 결렬되면서 우리나라에서는 이 약을 4년 동안 볼 수 없었습니다.

다국적 제약 회사와 정부의 약값 줄다리기는 어제오늘 일이 아닙니다. 제약 회사가 약의 원가를 공개하지 않는 상황에서 정부가 협상에서 유리한 위치를 선점하기는 어렵습니다. 그렇다고 시민들이 약이 없어 죽어 가는 상황을 보고만 있을 수도 없습니다. 난제를 해결하기 위해 일부 국가에서는 정부가 '강제 실시'를 시행하기도 합니다. 정부가 위급한 상황이라고 판단하면 공공의 이익을 위해 특허권자의 허락 없이 복제 약을 생산하고 공급할 수 있도록 하는 조치입니다.

강제 실시를 통해 의약품 접근성을 높인 나라가 태국입니다. 2006년, 태국 정부는 새로운 에이즈 치료제를 수입하기 위해 미국의 다국적 제약 회사 두 곳과 가격 협상을 벌였지만 결국 실패하고 말았습니다. 태국 정부는 약을 포기하는 대신 두 약에 대해 강제 실시 처분을 내리며 회사에 맞섰습니다. 다국적 제약 회사 역시 물러서지 않았습니다. 강제 실시를 철회하지 않으면 다른 신약도 태국에 출시하지 않겠다며 엄포를 놓았습니다.

태국의 결정에 대한 미국 정부와 시민 단체의 반응은 엇갈렸습니다. 미국 정부는 자국 회사 편을 들며 태국 정부가 강제 실시권을 발동해 회사의 지적 재산권을 침해한다고 비난했습니다. 반대로, 국제 시민 단체들은 다국적 제약 회사가 환자의 생명을 놓고 거래하는 것이 문제라며 거세게 맞섰습니다.

양쪽은 자신들의 주장을 관철하기 위해 행동에 들어갔습니다. 미국 정부는 태국을 지적 재산권 분야에서 최우선으로 감시해야 할 나라로 지정하며 외교적 압박을 가했고, 시민 단체들은 문제의 다국적 제약 회사를 상대로 불매 운동을 시작했습니다. 대체할 수 없는 약을 제외한 나머지 모든 제품을 사지 말자는 운동이 태국을 넘어 전 세계로 퍼져 갔습니다.

의약품 특허권을 가지고 있는 머크와 애보트사는 고민에 빠졌습니

다. 두 회사에 대한 전 세계 여론의 반응이 싸늘했고 태국 정부의 입장
도 강경했기 때문에 이대로 가면 회사가 불리할 수밖에 없었습니다.
두 회사는 개발 도상국에 한해 약 가격을 절반 이상 내리겠다고 발표
하며 한발 물러서는 모습을 보였습니다. 태국 정부는 압박과 회유에도
강제 실시를 철회하지 않았습니다. 오히려 에이즈 외에도 폐암, 유방
암, 심장 질환에 필요한 약에 대해 강제 실시를 발휘해 시민들에게 저
렴한 약을 공급했습니다.

　다시 푸제온 이야기로 돌아가겠습니다. 2009년, 제약 회사 로슈는
마음을 바꿔 푸제온을 한국에 공급하기로 했습니다. 그것도 무상으
로 말입니다. 푸제온의 높은 약가로 환자들이 피해를 입자 시민 단체
는 정부에 강제 실시를 발휘해 달라고 요청했습니다. 강제 실시는 제
약 회사가 가장 피하고 싶은 일입니다. 최악의 경우 약 가격을 낮추거
나 복제 약이 생산되는 상황이 벌어질 수도 있기 때문입니다. 이를 피
하기 위해 제약 회사 로슈가 고안해 낸 묘책이 약을 무상으로 공급하
는 '동정적 접근 프로그램'이었습니다. 일단 약이 들어오면 정부가 강
제 실시를 발휘할 명분이 사라지기 때문입니다.

　에이즈는 더 이상 멈출 수 없는 특급 열차가 아닙니다. 병원에 가지
않아도 편의점에서 에이즈 진단 키트를 살 수 있으며, 피임약처럼 먹
으면 HIV 감염을 예방하는 약도 있습니다. 치료제도 1차부터 3차 치료
제까지 다양하게 출시되었습니다. 에이즈는 약만 구입할 수 있다면 충
분히 근절할 수 있는 질병입니다. 약이 사람을 살리기 위해 만들어진
것이라면 약 가격은 환자와 정부가 부담할 수 있는 수준에서 결정되어
야 합니다. 의약품 접근은 생명권이기 때문입니다.

에이즈를 물리치는 용감한 물건

에이즈에 감염된 고아를 위한 신발, 병원 진료를 받으러 다닐 수 있는 교통비, 비상약이 담긴 구급 박스, 전문 의사와의 상담 및 치료, 에이즈 인식 개선까지 에이즈 환자를 돕는 특별한 물건들이 있습니다. 구매할 때마다 에이즈 퇴치에 힘을 보태는 물건들을 소개합니다.

하나. 맥(MAC) 립스틱

메이크업 회사, 맥에서 출시하는 비바글램 립스틱과 립글로스는 판매액 전액을 에이즈 환자를 위해 사용합니다. 1994년, 맥은 대중의 편견을 깨기 위해 비바글램 캠페인을 시작했고, 지금까지 3,500억 원을 기부했습니다.

둘. 애플(Apple)의 빨간 휴대폰

애플은 2006년부터 에이즈 환자를 돕는 빨간색 제품들을 출시하고 있습니다. 빨간색의 아이폰, 애플 워치, 맥 프로, 휴대폰 케이스 판매액의 일부는 에이즈 퇴치를 위해 기부됩니다.

셋. 에어아시아(Air Asia)의 인스피 햄버거

에어아시아 항공을 이용하면 유명 태국 셰프인 홍타이미가 개발한 빨간 버거를 맛볼 수 있습니다. 태국 북부 요리와 서양 요리를 결합한 인스피 버거는 맛도 좋지만, 버거 매출의 10%를 아시아 지역 에이즈 환자를 위해 쓰기 때문에 의미도 남다릅니다.

넷. 아마존(Amazon)의 에이즈 퇴치 물건

쇼핑몰 아마존에서는 에이즈 퇴치를 목적으로 출시된 물건들을 한 자리에서 살펴볼 수 있습니다. '에이즈와 싸우는 빨간 물건(Red Products to Fight Aids)'으로 검색하면 의류, 액세서리, 전자 제품, 화장품 등 에이즈를 돕는 착한 물건들을 구매할 수 있습니다.

케이스 영롱도 하다.
판매글 전액 기부라니, 멋짐.

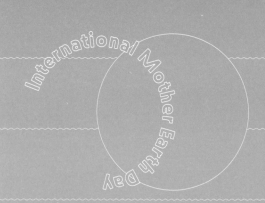

04.
22.

International Mother Earth Day

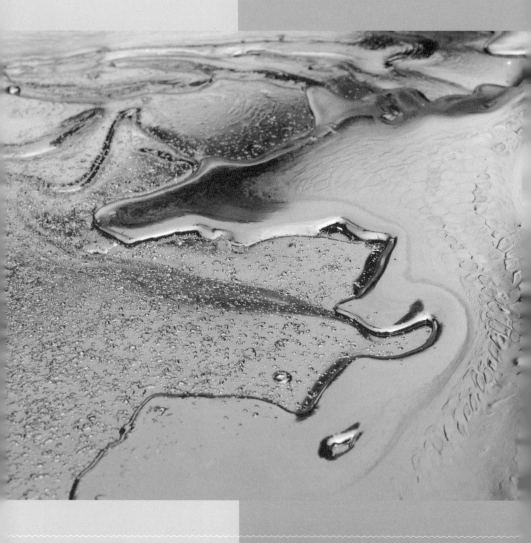

아마존에 검은
눈물이 흐른다

"바다가 끓고 있다."

1969년, 미국 샌타바버라에서 끔찍한 사고가 났습니다. 석유를 뽑던 시추선이 폭발해 10만 배럴의 원유가 바다로 흘러 들어간 것입니다. 파란 바다가 시커멓게 변하고, 끈적한 석유를 뒤집어 쓴 동물들의 사진이 공개되자 미국 시민들은 '지속 가능한 환경'을 외치며 길거리로 뛰쳐나왔습니다.

유엔은 시민들의 정신을 이어 가고자 '세계 지구의 날'을 제정했습니다. 경제 성장을 이유로 지구의 대지와 환경이 파괴되는 것을 막고, 자연과 인류가 조화를 이루어야 한다는 것을 알리기 위해서였습니다.

하지만 석유가 만들어 낸 비극은 여전히 사라질 줄을 모릅니다. 석유를 채취하는 과정에서 기름 유출 사고는 끊임없이 반복되고, 석유를 쟁취하기 위한 전쟁은 인류의 행복마저 빼앗고 있습니다. 석유가 가져온 저주를 풀 방법은 없을까요?

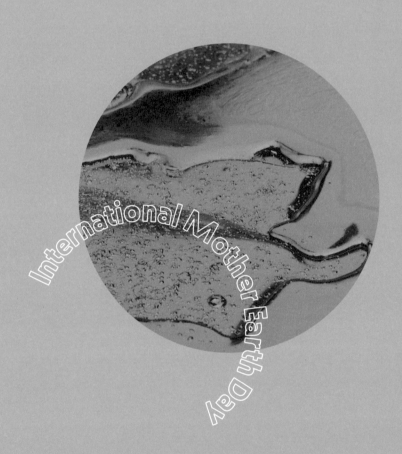

International Mother Earth Day

석유가 고래를 살렸다고?

사람은 생존을 위해 어떤 일까지 할 수 있을까요? 먹을 것이 없는 상황에서 살기 위해 인육도 마다하지 않을 것인가, 아니면 모든 것을 운명에 맡기고 그대로 굶을 것인가. 굉장히 대답하기 어려운 질문입니다. 1820년, 에식스호의 선원들에게 이런 일이 닥쳤습니다. 배가 난파되면서 선장과 일등 항해사, 그리고 18명의 선원 모두가 바다에 빠진 것입니다.

바다에 표류한 선원들은 그때부터 가혹한 운명에 맞서 싸워야 했습니다. 생존자들은 소형 작살 보트 세 척에 몸을 실어 겨우 목숨을 건졌지만, 망망대해에서 구조선을 만나기란 하늘의 별 따기 같은 일이었습니다. 처음에는 비스킷과 케이크, 물을 먹으며 목숨을 연명해 갔습니다. 그러나 일주일, 한 달이 지나면서 상황은 점점 악화됐습니다. 마실 물과 식량이 바닥나자 뜨거운 태양 아래 선원들은 하나둘씩 생을 마감했습니다.

생사를 넘나드는 두려움 속에서 생존자들은 엄청난 결단을 내립니다. 살기 위해 인육을 섭취하기로 합의한 것입니다. 생존자들은 숨이 끊긴 동료의 시체를 바다에 버리는 대신 식량으로 사용했습니다. 더 이상 시체가 발생하지 않자 제비뽑기로 죽을 사람을 결정하는 사태까지 벌어졌습니다. 제비뽑기에 당첨된 사람은 18세 소년이었습니다. 약속대로 소년은 총을 맞고 세상과 작별했습니다.

언제 끝날지 모를 죽음의 릴레이는 지나가던 포경선을 만난 뒤에야 끝이 났습니다. 조난당한 지 3개월 만에 최종 생존자 8명은 무사히 바다를 탈출할 수 있었습니다. 이 사건이 바로 19세기의 가장 잔혹한 사건이라고 불리는 에식스호의 비극입니다.

　자연 재난처럼 어쩔 수 없는 일이었다고 생각할 수 있지만 사실 에
식스호의 비극은 예견된 것이나 다름없었습니다. 기름이 아니었다면
선원들은 무시무시한 향유고래를 만나지 않았을 테니 말입니다. 19세
기 초에 사람들은 향유고래기름으로 등불을 밝혔습니다. 향유고래는
이빨 고래 중 가장 덩치가 큰 종입니다. 몸길이가 최대 20미터까지 자
랄 수 있는데, 전체 길이의 1/3을 차지할 정도로 머리가 큽니다. 향유
라는 기름은 커다란 머리 안에 들어 있습니다. 미국의 뉴베드퍼드와
낸터킷 지역이 향유고래잡이의 중심지였는데, 에식스호 역시 낸터킷
에서 출항하는 포경선 중 하나였습니다.

　에식스호의 비극에도 불구하고 포경 산업은 날로 번창했습니다. 미
국 포경선은 일본 근해까지 영역을 넓히며 향유고래를 잡아들였습니
다. 1853년, 미국이 일본에 개항을 요구한 배경 중 하나도 포경선이었
습니다. 미국 포경선이 쉬어 갈 항구가 필요했던 것입니다. 포경 산업
이 번창함에 따라 향유고래 역시 수난 시대를 겪었습니다. 남획으로
순식간에 멸종 위기에 처한 것입니다. 고래가 줄어들자 고래기름값이
급등했고, 미국에서는 경제 위기론까지 대두했습니다.

　경제 위기로까지 번질 뻔한 기름 문제는 다행히 1859년, 펜실베이
니아에서 석유 유정이 개발되면서 해결됐습니다. 향유고래기름보다
더 싸고 우수한 석유를 소비자들이 마다할 이유가 없었고, 덕분에 향
유고래는 가까스로 멸종 위기에서 벗어났습니다.

　그 뒤로 100년이 지난 지금까지 석유의 인기는 식을 줄 모르고 있습
니다. 석유가 사랑받는 이유는 다양한 용도로 쓰일 수 있기 때문입니
다. 석유는 정제 방법에 따라 LPG, 휘발유, 나프타, 등유, 경유, 중유, 아

스팔트 같은 여러 원료로 변신할 수 있습니다. 따라서 연료로 사용될 뿐만 아니라 휴대폰, 텔레비전, 옷, 화장품, 페인트, 플라스틱 용기, 세제, 의약품, 비료, 타이어까지 각종 물건의 원료가 됩니다.

하지만 석유 역시 향유고래기름처럼 인류에게 축복만을 가져다주지는 않았습니다. '20세기 이후의 전쟁에는 석유가 있었다'는 미국의 에너지 전문가, 윌리엄 엥달의 말처럼 석유가 있는 곳엔 언제나 갈등이 끊이지 않았기 때문입니다. 도대체 석유는 어떤 문제를 만들었을까요?

석유가 전쟁을 부른다

19세기 세계사는 식민지를 빼놓고 이야기할 수 없습니다. 식민지 확보에 열을 올렸던 서구 열강은 더 많은 땅을 점령하기 위해 육지와 바다 할 것 없이 전쟁을 벌였습니다. 당시 철도나 군함을 이끈 원료는 석탄이었습니다. 석탄의 단점은 무게가 무거워 실어 나르는 데 많은 인원과 시간이 필요하다는 것입니다. 특히 군함의 경우에는 연료를 충전하기 위해 작은 배를 해안으로 보내거나 직접 가야만 하는 번거로움까지 감수해야만 했습니다.

전쟁에서 이기기 위해서는 적보다 빠르게 이동할 수 있어야 합니다. 다시 말해, 석탄의 단점을 극복하는 방안을 먼저 마련하는 쪽이 승기를 잡을 수 있다는 의미입니다. 이때, 주목을 받은 원료가 석유입니다. 석유의 위력은 제1차 세계 대전에서 나타났습니다. 바다에서는 석탄보다 석유 군함이, 육지에서는 말이 아닌 군용 트럭이 속도에서 우위를 차지하며 전쟁을 승리로 이끌었습니다.

아마존에 검은 눈물이 흐른다

제1차 세계 대전으로 연료의 중요성을 느낀 국가들은 너나없이 석탄 대신 석유로 원료를 바꿨습니다. 제2차 세계 대전은 예상대로 석유 쟁탈전이 됐습니다. 독일은 석유를 갖기 위해 불가침 조약을 맺은 소련을 침공하기도 했습니다.

초조하기는 일본도 마찬가지였습니다. 당시 미국은 석유 공급을 중단하며 일본에 압박을 가했습니다. 일본은 진주만을 공격하며 반전을 꾀했지만 원하는 성과를 거두지 못했습니다. 반면, 상대편인 연합국은 미국이 석유를 지원해 준 덕분에 상대적으로 석유 걱정을 덜었습니다. 결국, 전쟁을 지속할 힘을 잃은 독일과 일본은 항복을 외쳤고, 두 차례의 세계 대전은 석유가 곧 국가 안보라는 것을 각인시켜 주며 막을 내렸습니다.

세계 대전이 끝난 후, 아무 걱정이 없을 것 같았던 미국에도 시련이 찾아왔습니다. 석유에 대한 수요는 갈수록 늘어 가는데, 미국 내 석유 생산량이 눈에 띄게 줄어든 것입니다. 한때 미국은 전 세계 석유의 1/2 이상을 생산할 정도로 위상이 대단했지만 그 양이 어느새 1/5로 줄어들었습니다. 미국 역시 점점 석유 수입을 늘릴 수밖에 없는 상황에 놓인 것입니다.

미국의 상승세가 주춤하는 사이 석유를 가진 중동 국가들이 무섭게 치고 올라왔습니다. 산유국들은 석유수출국기구(OPEC)를 만들어 전 세계 석유 공급에 영향을 미치기 시작했습니다.

석유 부족은 미국을 전쟁에 뛰어들게 만들었습니다. 1990년, 이라크는 이란과 8년간의 전쟁을 치른 후 경제적 어려움을 겪고 있었습니다. 다른 나라에 진 부채를 갚기 위해 이라크는 석유 가격이 오르기를 바랐습니다. 하지만 국가마다 이해관계가 달랐기 때문에 이라크의 뜻대로 일이 풀리지는 않았습니다. 쿠웨이트와 아랍에미리트가 석유를 많이 생산하는 바람에 석유 가격이 떨어진 것입니다.

날로 커져 가는 경제 위기와 시민들의 원성에 이라크 대통령인 사담 후세인은 위기를 타개할 다른 해결책을 모색했습니다. 이웃 나라인 쿠웨이트를 침공해 해묵은 국경 문제를 해결함과 동시에 쿠웨이트의 석유를 차지해 경제 위기를 모면하겠다는 생각을 품었습니다.

계획대로 이라크는 쿠웨이트를 점령했지만 이 일은 다른 나라들을 불안에 떨게 만들었습니다. 이라크가 쿠웨이트에 이어 사우디아라비아를 공격한다면, 그 누구도 넘볼 수 없는 세계 최대 석유 생산국이 될 테니 말입니다. 그렇게 되면, 이라크가 전 세계 석유 패권을 거머쥐는 일은 시간문제였습니다.

이라크를 막기 위해 미국을 비롯한 유럽과 중동, 아시아 지역의 33개국은 다국적군을 조직했습니다. 1991년, 미국이 이끈 다국적군은 '사막의 폭풍'이라는 작전을 펼치며 이라크를 공격했고, 전쟁이 시작된 지 두 달이 채 되기도 전에 이라크는 항복을 선언했습니다. 걸프 전쟁은 미국의 석유 패권을 공고히 해 주며 막을 내렸습니다.

끝난 줄 알았던 석유 전쟁은 21세기에도 이어졌습니다. 2001년 9월 11일, 보잉 767 비행기가 뉴욕의 110층짜리 건물인 세계무역센터 쌍둥이 빌딩과 충돌하면서 전쟁의 서막을 알렸습니다. 세계무역센터가 붕괴되면서 약 3,000명이 목숨을 잃고 6,000명 이상이 부상을 당했습니다.

미국 정부는 끔찍한 사건을 일으킨 범인으로 국제적인 무장 세력인 알카에다를 지목하며 테러와의 전쟁을 선포했습니다. 미국은 최첨단 무기를 이끌고 두 나라로 향했습니다. 알카에다의 지도자 오사마 빈라덴을 숨겨 줬다는 명목으로 아프가니스탄을, 대량 살상 무기를 가진 테러 지원국이라는 이유로 이라크를 공격했습니다.

이라크가 또다시 미국과 맞붙는 상황이 벌어졌습니다. 그러나 이 전쟁에 대한 다른 국가들의 반응은 첫 번째 전쟁 때와 사뭇 달랐습니다. 쿠웨이트전은 이라크의 일방적인 공격이 있었기 때문에 유엔안전보장이사회가 연합군에 무력 사용을 승인했지만, 이라크전은 미국에 공격을 승인할 명분이 없었습니다.

그럼에도 미국은 전쟁을 시작했고 결국 이라크 점령에 성공했습니다. 문제는 미국이 전쟁의 명분으로 내세웠던 대량 살상 무기가 이라크에 없었다는 사실입니다. 전문가들은 수천 명의 미군과 수만 명의 이라크 시민의 목숨을 앗아 간 이 전쟁의 진짜 목적을 석유라고 분석했습니다. 전쟁 이후 서방의 석유 기업들이 이라크의 석유 개발권을 장악했기 때문입니다.

"쿠웨이트가 당근이나 키웠다면 우리는 전쟁에 관여하지 않았을 겁니다."[1]

미국 국방부 차관보를 지냈던 로렌스 코브가 걸프전을 두고 했던 말입니다. 이 말처럼 많은 전쟁의 중심에 석유가 있습니다. 석유가 없었다면 이라크전에서 영국이 미국을 도와주지도, 여러 국가들이 카스피해를 둘러싸고 바다인지 호수인지 논쟁하지도, 수단과 앙골라에 내전이 지속되지도 않았을 것입니다. 국가의 안보를 책임졌던 석유가 이제는 세계를 불안에 떨게 만들고 있습니다.

아마존을 구해 주세요

2010년, 시청률 20%라는 어마어마한 기록을 세우며 '다큐멘터리는 지루하다'는 편견을 깬 프로그램이 있었습니다. MBC에서 방영한 「아마존의 눈물」입니다. 「아마존의 눈물」은 자연과 어울려 사는 원시 부족들의 삶을 보여 주며 시청자들에게 경이로움을 선사하는 동시에, 인간의 욕심으로 무너져 가는 생태계의 실상을 비추며 분노를 자아냈습니다.

「아마존의 눈물」이 전파를 탄 지 3년이 흐른 뒤, 아마존에 사는 세코야족 대표가 한국을 방문했습니다. 에더 파야구아제 씨가 먼 길을 온 이유는 방송에 나오지 않은 또 다른 이야기를 들려주기 위해서였습니다. 아마존에서는 도대체 어떤 일이 벌어지고 있는 걸까요?

지구의 허파라 불리는 아마존 분지는 호주와 거의 비슷한 크기로, 대한민국 면적의 70배에 달합니다. 어마어마한 크기를 자랑하는 만큼 여러 나라에 걸쳐 있는데 브라질, 페루, 콜롬비아, 에콰도르를 포함해 총 9개 국가가 아마존을 나눠 갖고 있습니다. 에더 파야구아제 씨가 속한 세코야족은 에콰도르의 아마존에서 자신들의 문화를 지켜 나가고 있습니다.

자연 속에서 평화로울 것만 같던 세코야족에게도 큰 시련이 찾아왔습니다. 미국 석유 기업인 텍사코가 아마존의 원유를 개발하는 과정에서 나온 유독성 폐수를 그대로 자연에 버리기 시작한 것입니다. 폐수의 일부는 땅으로 스며들어 지하수를 오염시켰고, 나머지는 강으로 흘러갔습니다. 문제는 이 일이 텍사코가 에콰도르를 떠나기 전까지 20년 넘게 지속됐다는 사실입니다.

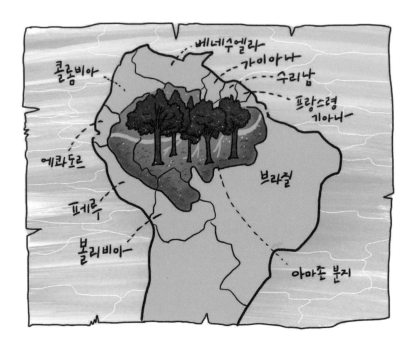

오랜 시간 동안 벌어진 일인 만큼 폐기물의 양도 상당합니다. 텍사코가 에콰도르 아마존에 남겨 놓은 폐기물 웅덩이만 900개가 넘고, 강에 버린 양은 4억 2,880만 배럴이 넘습니다. 송유관 파열로 유출된 기름은 40만 배럴 이상입니다. 2017년 우리나라 원유 수입량이 11억 180만 배럴이라는 점을 고려해 보면, 텍사코가 버린 폐기물이 얼마나 많은 양인지 가늠할 수 있습니다.

물과 땅이 까맣게 물들어 가자 아마존 부족들의 삶에도 그림자가 드리워졌습니다. 부족들은 폐수가 흘러들어 갔다는 사실도 모른 채 오염된 물을 마시고 몸을 씻었습니다. 주민 3만 명의 건강에 곧바로 적신호가 켜졌습니다. 갓난아이가 백혈병에 걸리고 어른과 아이들은 구토와 두통을 호소하며 암으로 하나둘 세상을 떠났습니다.

　전문가들이 토양과 물을 검사한 결과, 그 안에 바륨, 카드뮴, 구리, 크롬, 수은, 나프탈렌, 니켈, 납과 같은 건강에 치명적인 중금속이 다량 함유되어 있었습니다. 놀랄 만한 피해 규모에 환경 단체는 이 일을 '아마존의 체르노빌'이라 불렀습니다.

　1993년, 참다 못한 부족들은 거대 석유 기업을 뉴욕 연방법원에 고소했습니다. 다윗과 골리앗의 대결 같은 이 싸움은 역시나 쉽지 않았습니다. 텍사코는 판결을 유리하게 끌어내기 위해 미국이 아닌 에콰도르에서 재판받길 원했고, 결국 환경 소송은 뉴욕이 아닌 에콰도르 법원으로 넘어갔습니다. 그리고 10년이 지난 2003년에야 에콰도르에서 소송이 진행됐습니다. 그 사이, 텍사코는 셰브론이라는 미국 석유 회사와 합병했고, 소송의 주인공은 아마존 주민들과 셰브론이 됐습니다.

　이로써 '빅 오일'이라 불리는 세계적인 석유 기업 셰브론과 에콰도르 아마존 부족들의 기나긴 줄다리기가 시작됐습니다. 수십만 장의 문서와 100개가 넘는 보고서가 오간 끝에 2011년, 에콰도르에서 첫 판결이 났습니다. 법원은 아마존 주민들의 손을 들어 주며 셰브론에 우리 돈 20조에 달하는 180억 달러를 배상하라고 선고했습니다. 대법원 판결에서 배상금은 절반으로 줄어들었지만 기업의 잘못이라는 결과는 달라지지 않았습니다.

　이렇게 일단락된 줄 알았던 분쟁은 셰브론이 소송을 미국으로 끌고 가는 바람에 다시 원점으로 돌아갔습니다. 2017년, 미국 대법원은 에콰도르에서 재판이 벌어지는 과정에서 뇌물이 오갔다는 이유로 셰브론이 배상금을 지불할 책임이 없다는 판결을 내렸습니다.

　석유는 한때 부를 가져다준다는 의미에서 '검은 황금'이라고 불렸습니다. 실제로 석유는 국가와 회사에 엄청난 돈을 안겨 주었습니다. 석유에 대한 욕심이 점점 커지면서 지금은 육지에 이어 바다에서까지 석유를 끌어올리고 있습니다. 문제는 석유를 확보하는 것에 급급한 나머지 환경에 신경 쓰지 않는다는 점입니다.

그 결과 자연은 검게 물들어 가고 있습니다. 미국의 멕시코만에서는 영국 석유 회사인 비피의 시추선이 폭발하면서 수백만 배럴이나 되는 석유가 바다에 흘러갔습니다. 나이지리아의 나이저 델타 지역에서는 네덜란드와 영국의 합작 정유 회사인 로열더치셸그룹의 송유관이 터져 아름다운 맹그로브 숲을 잃었습니다. 페루는 송유관 폭발로 석유가 유출되자 국가 비상사태를 선포했습니다. 우리나라도 지난 2007년, 삼성중공업의 배가 유조선과 부딪히면서 태안, 전라도, 제주도 바다를 오염시켰습니다.

오염된 강과 바다로 피해를 보는 것은 인근에 사는 주민들과 자연입니다. 석유 유출로 수천 마리의 돌고래가 떼죽음을 당하고, 산호초는 병들어 갑니다. 피해 주민들 역시 생계와 건강을 위협받습니다. 인간의 탐욕 속에서 석유는 '검은 황금'이라는 찬란했던 명성을 잃고 '검은 눈물'로 변해 죄 없는 생명을 빼앗고 있습니다.

옥수수가 석유를 대신할 수 있을까?

옥수수로 비행기가 날 수 있다면 어떤 일이 벌어질까요? 왠지 비행기가 하늘을 날면 매캐한 매연 냄새 대신 고소한 팝콘 향이 날 것 같습니다. 2016년, 재미있는 상상이 현실이 됐습니다. 비행기가 발효 옥수수로 만든 연료로 하늘을 난 것입니다. 알래스카 항공사는 항공유 80%와 바이오 연료 20%를 넣은 친환경 비행기가 성공적으로 운행을 마쳤다고 발표했습니다.

사실 이 일은 항공업계에서 그리 놀라운 일은 아닙니다. 항공기에 바이오 연료를 사용하려는 시도는 2011년부터 계속 있었기 때문입니다. 그럼에도 이번 비행이 호평을 받은 이유는 비싼 바이오 연료 비용을 낮추며 녹색 비행에 대한 기대감을 높였다는 점에 있습니다. 바이오 연료는 정말 지구를 살릴 수 있을까요?

바이오 연료에 먼저 관심을 보인 나라는 미국과 브라질입니다. 바이오 연료가 관심을 받게 된 배경에는 1970년대 벌어진 오일 파동이 있습니다. 그 당시, 중동 국가들과 이스라엘의 전쟁, 그리고 이란의 정치적 변화로 석유 생산량이 두 차례나 급격히 떨어지는 일이 있었습니다. 그때마다 자연히 석유 가격은 급등했고 관련 제품 가격도 덩달아 치솟았습니다. 석유 생산량이 줄어들었을 뿐인데 전 세계 물가가 요동친 것입니다. '석유수출국기구가 기침을 하면 세계 경제는 감기에 걸린다'라는 말이 나돌 정도로 석유의 영향력은 대단했습니다.

이 일을 계기로 브라질과 미국은 차세대 에너지인 바이오 에탄올 개발에 박차를 가했습니다. 바이오 에탄올은 옥수수, 밀, 사탕수수와 같은 곡물을 발효시켜 만든 알코올의 한 종류로 1세대 바이오 연료라고 불립니다. 브라질과 미국은 각각 사탕수수와 옥수수를 발효시켜 바이오 에탄올을 만들었습니다.

그 뒤 온난화가 국제적인 문제로 떠오르면서 다른 나라도 바이오 에탄올에 관심을 가졌습니다. 석유보다 이산화탄소 배출이 적다는 연구 결과가 발표되면서 유럽연합은 바이오 에탄올 사용을 적극 권장했습니다.

그러나 모두가 바이오 에탄올을 환영하지는 않았습니다. 환경 단체를 중심으로 바이오 에탄올을 반대하는 움직임이 일어났습니다. 기존의 연구 결과를 뒤집는 새로운 연구들이 나왔기 때문입니다. 연구 결과가 바뀐 이유는 바이오 연료용 농작물이 만들어지는 과정에 있었습니다. 연료용 작물을 재배하기 위해 숲이나 초원을 없애고 땅을 개간하는 과정에서 오랜 시간 저장되어 있던 이산화탄소가 바깥으로 방출된다는 사실이 밝혀진 것입니다.

미국의 프린스턴대학 연구진은 옥수수로 만든 바이오 에탄올을 생산하면, 휘발유를 사용할 때보다 온실가스 배출량이 2배나 더 많다고

옥수수 227.7 킬로그램
(한 사람의 1년치 식량) = 바이오 에탄올 81.7리터

발표했습니다. 여기에 더해 바이오 에탄올이 식량 가격을 올리고, 가난한 사람들의 땅을 빼앗는다는 비판도 일어났습니다. 환경 단체인 교통환경연맹도 바이오 에탄올이 사회적 문제를 일으킨다고 주장하며 유럽연합의 정책에 쓴소리를 했습니다.

"바이오 연료라고 하면 당연히 지속 가능하다고 생각합니다. 하지만 저희는 바이오 연료를 만들기 위해 곡식과 나무를 태운다면, 사회뿐만 아니라 자연환경과 기후에 오히려 문제를 줄 수 있다는 사실을 발견했습니다. 유럽연합 집행위원회는 2030년까지 곡식을 이용한 바이오 연료 사용을 폐지하고, 태양열, 풍력, 지력, 조력을 이용한 지속 가능한 재생 에너지 사용에 힘써야 할 것입니다."[2]

화석 연료가 고갈되어 가는 시점에서 바이오 연료에 대한 전 세계의 관심은 뜨겁습니다. 다행히 유럽연합은 비판 여론에 응답하며 수송 분야에서 바이오 에탄올이 차지하는 비중을 줄이겠다고 했지만, 중국과 미국을 포함한 많은 나라는 여전히 차세대 에너지로 바이오 에탄올을 주목하고 있습니다. 이들의 생각처럼 옥수수가 석유를 대신할 수 있을지도 모릅니다. 하지만 그 전에 옥수수가 만들어지는 과정이 윤리적인지를 고민하지 않는다면, 에너지 종류만 바뀔 뿐 문제는 또다시 반복될 것입니다.

지속 가능한 에너지가 평화를 만든다

2015년, 파리에서 유엔기후변화회의가 개최됐습니다. 참가국들은 산업화 이후 지구의 온도 상승 폭을 섭씨 2도 이하로 제한하겠다는 목표에 합의하며, 온난화 문제를 해결하려는 의지를 보였습니다. 파리기후협약이 높게 평가받는 이유는 처음으로 전 세계가 온실가스를 줄이겠다고 약속한 자리이기 때문입니다. 그전까지 중국이나 인도와 같은 개발 도상국들은 기후협약에 회의적인 입장을 보였습니다. 온난화는 오랜 시간 무분별하게 온실가스를 배출해 온 선진국이 책임져야 할 문제이며, 당장 화석 연료 사용을 줄인다면 자국의 개발 속도가 늦어진다는 연유에서입니다.

반대하던 국가들이 마음을 돌리면서 전 세계가 하나가 되나 싶었지만, 이번엔 미국이 돌연 태도를 바꾸며 전 세계를 놀라게 했습니다. 2017년, 미국의 도널드 트럼프 대통령은 '나는 파리가 아닌 피츠버그 시민을 대변하기 위해 당선된 것이다'라는 말과 함께 파리기후협약을 탈퇴하겠다고 선언했습니다.

도널드 트럼프 대통령은 탈퇴 연설에서 파리기후협약이 미국에 도움이 되지 않는다는 점을 이유로 내세웠습니다. 화석 연료 사용을 줄이면 일자리가 사라지고 삶의 질도 떨어져 시민들이 고통받을 것이라고 주장했습니다. 또한 있는 자원을 묵히는 일은 국가적 손실이며, 여기에 더해 녹색기금까지 내야 한다면 득보다 실이 크다고 덧붙였습니다. 내전 중인 시리아까지 파리기후협약에 가입하면서 미국은 온실가스 감축에 반대하는 유일한 나라가 됐습니다.

"기후 변화를 어떻게 해결할 것인지에 대한 의견의 차이는 있지만, 기후 변화가 현실이며 인간이 만들어 낸 결과라는 것을 의심하는 사람은 없을 것입니다. 정부가 행동하기를 거부한다면, 도시가 시장을 통해 개별적인 성과를 만들어 냄으로써 새로운 국가 정책을 만들어 나가야 할 것입니다."[3]

미국에서는 곧바로 도널드 트럼프 대통령의 선택에 반대하는 목소리가 나왔습니다. 미치 랜드류 뉴올리언스 시장은 각 시의 대표들이 모인 자리에서 미국이 다른 나라처럼 재생 에너지 사용을 늘려야 한다고 주장했습니다. 미국 시장협의회가 주최한 이 회의에서 시장들은 기후 협약을 이행해야 한다며 트럼프 정부와 상반되는 입장을 보였습니다.

실제로 미국에서는 트럼프 정부의 입장과 달리 화석 연료 대신 재생 에너지를 사용하는 도시들이 늘고 있습니다. 그 배경은 몸으로 느낀 불안함 때문입니다. 2011년 8월, 태풍 아이린이 미국 동부를 강타했습니다. 태풍은 노스캐롤라이나의 아우터뱅크스에서 뉴저지, 브루클린, 뉴욕으로 이동하면서 강한 비를 퍼부었고, 강물이 불어나 8개 주가 피해를 입었습니다. 다음 해 10월, 후유증이 채 가시기도 전에 또다시 동부에 태풍이 불어닥쳤습니다. 태풍 샌디는 뉴저지, 뉴욕, 코네티컷을 포함한 24개 주에 영향을 미치면서 아이린보다 더 많은 피해를 남겼습니다.

태풍이 남긴 가장 큰 문제는 에너지였습니다. 태풍이 몰고 온 해일은 발전소, 변전소, 정유 공장, 송유관, 저유소와 같은 에너지 시설에 큰 타격을 입혔습니다. 미국 연방재난관리청의 조사에 따르면, 태풍 아이린과 샌디로 동부 지역 에너지 시설 371개가 물에 잠겼습니다. 석유를 비롯한 모든 에너지 공급이 중단되면서 수백만 명의 시민들의 일상이 무너졌습니다. 특히, 태풍 샌디의 후유증이 컸습니다. 뉴욕뿐만 아니라 뉴저지, 펜실베이니아, 뉴잉글랜드로 석유를 공급해 주는 뉴욕항이 마비되자 시민들은 휘발유를 구하기 위해 플라스틱 통을 들고 거리를 배회해야 했습니다.

두 번의 태풍은 에너지에 대한 시민들의 생각을 바꿔 놓았습니다.

미국의 대표 도시인 뉴욕도 태풍 앞에서는 맥을 쓰지 못한다는 사실에 시민들은 온난화 문제가 심각함을 깨달았습니다. 온난화가 심해질수록 태풍은 더 자주 찾아오고 피해는 점점 더 커질 테니 말입니다.

온난화의 피해를 몸소 체험한 도시들은 화석 연료가 아닌 재생 에너지로 관심을 돌렸습니다. 버몬트주에 있는 벌링턴이라는 도시도 그중 하나입니다. 온난화가 벌링턴의 주요 산업인 스키와 메이플 시럽에 부정적인 영향을 끼친 것입니다. 벌링턴시는 온난화를 막기 위해 화석 연료 사용을 줄이고 재생 에너지 사용 비중을 높이기 시작했습니다.

전쟁, 기름 유출, 온난화처럼 석유와 관련된 문제의 공통점은 인간이 만들어 낸 비극이라는 것입니다. 그럼에도 여전히 일부 사람들은 전쟁을 치르는 국가나 태풍 피해 지역 주민만의 문제, 또는 기업과 주민 간의 갈등으로만 여기며 이 일에 쉽게 관심을 갖지 않습니다.

하지만 국가와 지역이라는 틀을 벗어나 문제를 바라보면 피해자는 항상 시민이라는 사실을 알 수 있습니다. 언제, 어디서 터질지 모르는 시한폭탄 같은 재난과 책임의 부재 속에 시민들의 삶은 점점 더 불안해지기만 합니다. 미국 도시들의 변화가 고무적인 이유는 주민들이 주체가 되어 공동체를 만들어 나간다는 것입니다. 지속 가능한 공동체를 만드는 일이야말로 불확실한 위험을 줄여 미래를 지키는 일일지도 모릅니다.

친구들과 함께 만드는 어스아워

매년 3월 마지막 주 토요일이 되면 지구는 잠시 눈을 감고 쉴 수 있습니다. 1년에 한 번, 1시간 동안 불을 끄는 전 세계적인 캠페인, 어스아워 (Earth Hour)가 진행되기 때문입니다. 이 시간 동안 친구들과 함께 색다른 경험을 해 볼 수 있는 활동들을 소개합니다.

하나, 운동을 한다

불이 꺼진 거실에서 촛불을 켜고 잔잔한 음악에 맞춰 1시간 동안 요가를 합니다. 뻐근했던 몸의 근육을 풀어 주고, 자신에게 집중할 수 있습니다. 활동적인 걸 좋아한다면 자전거 타기를 추천합니다. 불빛이 사라지고 어두워진 도시 곳곳을 돌아다니며 그동안 보지 못했던 도시의 새로운 모습을 찬찬히 감상해 봅니다.

둘, 포트락 파티를 연다

각자 음식을 준비해 와서 함께 나눠 먹는 포트락 파티를 열어 봅니다. 지구의 소중함을 일깨우려는 어스아워의 취지에 맞게 음식은 가능하면 제철 식재료를 이용해 준비하고, 플라스틱 용기 대신 스테인리스나 유리통에 담아 올 것을 요청합니다. 음식을 맛있게 나눠 먹은 후에는 보드게임을 하며 시간을 보냅니다.

셋, 지구를 지키기 위한 약속을 한다

어스아워에 참여한 소감을 간단히 나눈 뒤, 일상에서 에너지 낭비를 줄이기 위한 아이디어를 공유합니다. 플라스틱 빨대 안 쓰기, 가까운 거리는 자전거로 이동하기, 프린터 덜 사용하기처럼 쉽게 실천할 수 있는 약속 10개를 적고, 휴대폰 배경화면으로 설정하거나 자주 시선이 가는 곳에 붙여 두고 매일 실천합니다.

지구에게 하는
나의 약속을 붙여 보았다.

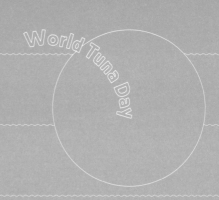

World Tuna Day

황금 알을 낳는 바다

지금까지 바다는 인류에게 풍요롭고 넉넉하기만 했습니다. 30억이 넘는 사람들에게 생선은 주요 단백질 공급원이 되었고, 2억 6,000명의 사람들에게는 기꺼이 일자리를 내주었습니다. 하지만 인류는 이러한 혜택을 언제까지고 누릴 수 있을까요?

"2048년이 되면 바다는 텅텅 비어 버릴 것이다."

세계자연기금은 해양 생태계가 빠르게 무너지고 있다고 경고했습니다. 우리가 즐겨 먹는 참치 역시 멸종 위기에 처해 있습니다. 문제는 참치 같은 최상위 포식종이 사라질수록 하위 해양 동물들이 심각한 영향을 받는다는 것입니다. 참치를 보호해 후세대가 활용할 수 있게 하자는 취지로 유엔은 5월 2일을 '세계 참치의 날'로 선포했습니다. 바닷속에서는 무슨 일이 벌어지고 있는 걸까요?

World Tuna Day

황금 알을 낳는 거위

어느 날, 밭에서 일을 하고 있는 노부부에게 거위가 한 마리 다가옵니다. 이게 웬 횡재인가 싶어 부부는 거위를 집으로 가져갑니다. 다음 날 아침, 마당으로 나온 두 노인은 화들짝 놀랍니다. 거위 옆에 번쩍번쩍 빛나는 황금 알이 놓여 있는 것입니다. 다음 날에도, 그 다음 날에도 거위는 황금 알을 낳으며 노부부를 기쁘게 했습니다.

황금 알 덕분에 부자가 된 부부는 힘든 농사를 그만두고 안락한 생활을 누렸습니다. 하지만, 어느 날부터 황금 알을 볼 수 없게 됐습니다. 한 번에 많은 황금 알을 가지려는 욕심에 노부부가 거위의 배를 갈랐기 때문입니다.

이 이야기는 누구나 한 번쯤 들어 봤을 '황금 알을 낳는 거위'라는 제목의 이솝 우화입니다. 책을 읽은 사람들은 말합니다. 과한 욕심이 화를 불렀다고. 그리고 생각합니다. 한 번쯤 내 인생에도 「황금 알을 낳는 거위」 같은 일이 벌어지면 좋겠다고.

그런데 「황금 알을 낳는 거위」는 동화 속 이야기만은 아닙니다. 우리에게는 황금만큼 값어치 있는 생선을 제공해 주는 바다가 있기 때문입니다. 가축처럼 사료를 줄 필요도, 농작물처럼 비료나 살충제를 사야 할 일도, 힘들여 기를 필요도 없습니다. 그저 배를 타고 나가 광활한 바닷속을 헤엄치는 물고기를 잡기만 하면 됩니다.

바다의 혜택을 톡톡히 본 지역으로 캐나다 동부에 위치한 뉴펀들랜드가 있습니다. 인근 바다에 차가운 해류와 따뜻한 해류가 만나는 그랜드뱅크스가 있는데, 1~3월이면 대구가 알을 낳으러 이곳으로 몰려듭니다. 대구가 한 번에 낳는 알의 개수만 900만 개입니다. 덕분에 주민들은 힘들이지 않고 대구를 잡아 돈을 벌 수 있었습니다. 한때는 대구가 너무 많아 그물이 아닌 양동이로 퍼 올리는 게 빠를 정도였다고 합니다. 대구 어업에 종사하는 사람 수만 4만 명이 넘었습니다.

일본에서는 참치가 곧 잭팟입니다. 일본 바다에서는 참치 중 최고라고 평가받는 참다랑어가 잡히는데, 한 마리의 가치가 적게는 수천만 원에서 많게는 수십억 원에 달합니다. 몸값이 비싼 만큼 참다랑어가 손질되는 과정도 인기입니다. 참다랑어가 팔렸다는 소식이 들려오면 기자들은 앞다퉈 달려가 200킬로그램이 넘는 참다랑어가 가게로 들어오고 회로 만들어지는 전 과정을 생생하게 보도합니다. 이 때문에 참치 마을이라고 불리는 오오마 마을 어부들은 거친 파도를 헤치고 바다로 떠납니다.

"대구, 청어, 정어리, 고등어 등 바다의 어류 자원은 무한합니다. 다시 말하자면, 우리가 무엇을 하든 물고기 수는 줄지 않을 겁니다."

영국의 유명한 생물학자 토머스 헨리 헉슬리의 말을 증명이라도 하듯 바다는 무한히 많은 자원을 공짜로 안겨 줍니다. 바다가 매년 제공하는 이익만 2조 5,000억 달러가 넘습니다. 헉슬리의 말대로, 우리 모두의 기대처럼, 물고기는 정말 잡아도 잡아도 줄지 않는 황금 알일까요?

바다가 텅텅 비어 간다

보통 바닷속을 상상하면 오색 빛깔의 물고기가 떼를 지어 몰려다니고, 그 사이에 바다거북과 해마가 한가로이 떠돌고 있는 장면이 떠오릅니다. 누구나 그렇듯 캐나다의 뉴펀들랜드 주민들도 바다는 항상 대구로 가득 차 있을 거라고 생각했습니다. 그랜드뱅크스가 사라지지 않는 이상 말입니다. 그런데 1992년, 뉴펀들랜드에서 캐나다 사상 최대의 실업 사태가 벌어졌습니다. 대구가 모습을 감추면서 수만 명이 일자리를 잃은 것입니다.

맨 처음 바다가 이상하다고 느낀 사람들은 지역 어부들이었습니다. 물 반 대구 반이라고 해도 과언이 아닐 정도로 풍성했던 바다에서 언제부터인지 어린 대구가 잡히기 시작했습니다. 어부들은 대구가 줄어들고 있다는 생각에 곧바로 정부에 문제를 알렸습니다. 하지만 캐나다 정부는 어부들의 말을 신뢰하지 않았습니다. 매년 어선들이 잡아 올린 대구 수는 늘어나고 있었기 때문입니다. 기업은 지금까지 그래 왔던 것처럼 커다란 배로 대구를 마구 잡아들였습니다.

결국 1992년, 문제가 터졌습니다. 대구 어획량이 급격히 줄어들자 정부는 대구잡이를 전면 금지했습니다. 대구를 팔아 가정을 꾸리고, 아이들을 학교에 보냈던 사람들은 한순간에 직장을 잃었습니다. 500년 동안 이어져 왔던 역사 깊은 대구잡이는 허무하게 막을 내렸습니다. 캐나다 정부는 20년 이상 고기잡이를 금지하면서까지 대구 수를 늘리려고 노력했지만 아직까지 과거의 명성을 되찾지 못했습니다.

무분별한 고기잡이로 멸종 위기를 맞은 것은 대구만이 아닙니다. 바다 저 깊은 곳에 살고 있는 오렌지 러피도 이제는 보기 힘들어졌습니다. 뉴질랜드와 호주에서 오렌지 러피를 잡기 시작한 시기는 1970년대 후반입니다. 오렌지 러피를 먹어 본 사람들은 새로운 생선의 맛에 빠져들었습니다. 1990년대 초까지 어선들은 앞다퉈 오렌지 러피를 잡아들였습니다. 그러던 어느 날, 이상한 일이 벌어졌습니다. 오렌지 러피가 생각만큼 잡히지 않는 것입니다.

사람들은 그제야 어떻게 된 일인지 관심을 보였습니다. 오렌지 러피 는 일반 물고기와 달리 120년 이상 되는 기나긴 세월을 살아갑니다. 긴 수명 때문인지 성장도 그만큼 더딘 편인데, 20~30년은 되어야 알을 낳 을 수 있는 몸이 됩니다. 하지만 성장 속도를 고려하지 않고 잡아들인 탓에 오렌지 러피는 지금 멸종 위기에 놓였습니다. 오렌지 러피가 종 적을 감추자 그 다음으로 호키라는 심해어가 어선들의 표적이 됐습니 다. 최근 호키 역시 어획량이 급격히 줄어들면서 오렌지 러피처럼 곧 사라질 것이라는 우려의 목소리가 커지고 있습니다.

우리나라에도 종적을 감춘 생선이 있습니다. 그 주인공은 생태, 동 태, 황태, 북어, 코다리, 먹태, 노가리라는 다양한 이름을 가진 명태입 니다. 한때 17만 톤 이상 잡히던 동해 명태는 지금 1톤도 건지기 힘듭 니다. 동해 명태를 사라지게 만든 가장 큰 요인은 노가리잡이입니다. 1970년, 정부가 어린 명태인 노가리의 어획을 허용하면서 대대적인 노 가리잡이가 시작됐습니다. 1976년에는 잡은 명태의 90% 이상이 노가 리였다고 합니다. 역시나 명태 어획량은 급격히 떨어졌고, 이제는 해마 다 열리는 명태 축제에 러시아산 명태가 그 자리를 대신하고 있습니다.

가늠할 수 없는 깊이와 넓이를 가진 바다. 그 때문에 누구도 바닷속 이 텅텅 비어 가고 있다는 생각은 하지 않습니다. 모두가 마음을 놓고 있는 사이 해양 생물의 절반가량이 사라졌습니다. 40년이라는 짧은 시 간 동안 말입니다. 같은 기간, 우리가 먹을 수 있는 물고기도 절반가량 없어졌는데 그중에 특히 고등어과에 속하는 종들이 70% 이상 줄어들 며 적색경보를 울렸습니다. 이 밖에도 상어와 가오리, 홍어는 4종 중에 1종이 멸종 위기에 처해 있고, 갈라파고스에서는 해삼 어업이 허용된 지 10년 만에 해삼이 모습을 감췄습니다. 거위의 배를 갈라 버린 욕심

많은 노부부와 우리의 삶이 참으로 많이 닮아 있습니다.

참치 캔을 먹을수록 거북이가 사라진다

전쟁의 역사가 곧 인간의 역사라고 할 만큼 다툼은 끊이지 않았습니다. 프랑스 황제 나폴레옹도 전쟁에서 승리하는 법을 생각하는 데 많은 시간을 할애했습니다. 러시아 원정을 앞두고 그는 음식이 상해서 먹지 못해 병사들의 체력이 떨어질까 걱정했습니다. 오랜 고심 끝에 나폴레옹은 음식을 오래 보관하는 방법을 공모한다는 방을 내걸었습니다. 1등에게 엄청난 상금을 준다는 소식에 니콜라 아페르는 자신의 경험을 살려 병조림 아이디어를 제출했습니다. 병에 음식을 넣은 뒤 마개를 막고 물에 끓인 적이 있었는데, 놀랍게도 몇 달이 지나도 음식이 상하지 않았던 것입니다.

당당히 1등을 차지한 병조림 아이디어는 인류에게 통조림이라는 위대한 발명품을 안겨 주었습니다. 음식을 담은 용기가 병에서 양철로 바뀌면서 통조림이 됐기 때문입니다. 그런데 바다거북 입장에서는 이날의 발명이 그리 좋은 일이 아니었습니다. 병조림이 병사들을 살렸을지는 모르지만, 바다거북은 참치 캔 때문에 목숨에 위협을 받고 있기 때문입니다.

사방을 둘러 봐도 섬이라고는 찾아볼 수 없는 남태평양 한가운데에 배 한 척이 물살을 가르며 가고 있습니다. 다른 어선들처럼 참치잡이를 하러 왔나 싶지만, 이 배가 찾고 있는 것은 참치 떼가 아니라 대형 어선들이 바다에 띄워 놓은 집어 장치입니다.

기다란 원통 모양의 집어 장치는 겉으로 보기에는 무엇에 쓰는지 도통 감이 오지 않습니다. 여기저기 녹이 슨 흔적이 보이는 게, 바다에 버려진 쓰레기 같기도 합니다. 그런데 바닷속에서 집어 장치를 관찰하면 용도가 무엇인지 한눈에 알 수 있습니다. 집어 장치 주변에 다양한 해양 생물이 모여 있기 때문입니다.

집어 장치의 원리는 간단합니다. 먹이로 물고기를 유인하는 것입니다. 먼저, 통 바닥에 조개를 붙여 놓아 작은 물고기를 끌어모읍니다. 작은 물고기가 모이면 큰 물고기가 저절로 찾아오고, 나중에는 참치를 비롯해 돌고래, 가오리, 바다거북과 같은 상위 포식자들까지 주변을

배회합니다. 이렇게 물고기들을 끌어모은다는 의미에서 이 통을 집어 장치라고 부릅니다.

집어 장치를 찾아다니는 배의 주인은 그린피스라는 환경 단체입니다. 참치 기업들이 운영하는 대형 어선들은 집어 장치를 이용해 참치를 유인하는데, 문제는 그 과정에서 다른 해양 생물들까지 모조리 잡아들인다는 것입니다. 집어 장치가 참치 떼를 유인했다 싶으면, 대형 어선은 통 주변에 커다란 그물을 쳐 물고기를 한 번에 건져 올립니다. 나중에 배 위에서 선별 작업이 이루어지는데, 참치를 제외한 다른 생물들은 모두 죽은 채로 바다에 던져집니다.

참치잡이 과정에서 바다에 버려지는 해양 생물만 매년 참치 캔 10억 개의 양에 달합니다. 다시 말해, 참치 캔 10개가 만들어질 때마다 1캔 분량에 해당하는 다른 해양 생물이 희생되는 셈입니다. 물고기를 많이 잡는 남획도 문제지만, 종에 관계없이 마구잡이로 잡아들이는 혼획 역시 바다 생태계를 위협하는 일입니다. 이런 연유로 그린피스는 두 가지 문제를 동시에 일으키는 집어 장치 사용을 반대하고 있습니다.

100년 전만 해도 참치보다는 정어리 통조림이 인기였습니다. 그 당시, 정어리 캔을 찾는 사람이 많아지자 어선들은 정어리를 마구 잡아들였고, 역시나 점점 잡기가 힘들어졌습니다. 이때, 정어리를 대신할 생선으로 떠오른 것이 참치였습니다.

참치 캔은 세계 대전에서 먹을 것이 부족한 병사들에게 더없이 유용한 식량이었고, 전쟁이 끝난 후에는 영양이 부족한 시민들에게 단백질을 제공해 줬습니다. 참치 캔은 병사들을 구했을지 모르지만, 대신 바닷속을 전쟁터로 만들었습니다. 바다거북을 비롯해 다른 해양 생물들은 오늘도 집어 장치라는 덫에 허우적대고 있기 때문입니다.

프랑켄피쉬

세계에서 수산물을 가장 많이 먹는 나라는 어디일까요? 한 해에 한 사람이 먹는 수산물은 평균 20킬로그램 정도인데, 1위 국가의 시민들은 이 양의 3배 가까이 되는 58킬로그램 이상을 먹는다고 합니다. 회를 많이 먹는 일본을 떠올릴 수 있지만, 예상과 달리 일본의 1인당 소비량은 50킬로그램으로 2위에 그쳤습니다. 인구가 많은 중국은 3위를 차지했습니다.

2013~2015년 통계에서 두 나라를 제치고 당당히 1위를 차지한 나라는 놀랍게도 대한민국입니다. 수산물을 가장 많이 먹는 나라라면 어획량이 줄어들수록 불편함도 커져야 합니다. 그런데 국내에서 수산물을 구하기란 식은 죽 먹기입니다. 시장이나 마트에 수산물이 넘쳐 나기 때문입니다. 우리가 먹는 수산물은 어디서 오는 걸까요?

우리나라를 비롯해 전 세계 사람이 섭취하는 수산물의 절반은 양식장에서 옵니다. 인구는 늘어 가는 반면 바다 생물은 줄어드는 위기를 극복하기 위해 인간은 바다가 길러 주던 생물을 직접 기르기 시작했습니다. 자연이든 사람이든 둘 중 하나가 바다 생물을 기른다면 미래를 걱정할 필요가 없다는 생각에서입니다. 멍게, 굴, 새우부터 광어, 우럭, 송어까지 없는 게 없을 정도로 양식장에는 다양한 생물이 살고 있습니다. 동해에서 모습을 감춘 명태도, 어획량이 줄어들고 있는 참치도 양식으로 기를 수 있는 방법을 연구하고 있습니다.

"양식 때문에 야생 물고기가 사라지고 있습니다."[1]

하지만 세계자연기금은 양식이 해결책이 될 수 없다고 목소리를 높이고 있습니다. 양식을 문제 삼은 가장 큰 이유는 사료였습니다. 야생과 달리 인간이 쳐 놓은 울타리 안에서 물고기들은 사료를 먹고 자랍니다. 육지 동물이 모두 풀만 뜯어 먹고 사는 것이 아니듯, 바다 생물도 상위 포식자는 육식을 합니다. 다시 말해, 사료로 만들 야생 물고기가 필요한 것입니다. 일반적으로 1킬로그램의 양식 생선을 얻기 위해서는 4킬로그램의 야생 물고기가 사료로 쓰입니다. 물고기를 사람이 키워도 바닷속은 횅해질 수밖에 없습니다.

여기에 더해 환경적인 부담도 만만치 않습니다. 양식장은 좁은 공간에 수많은 고기를 풀어놓기 때문에 수질이 금방 나빠집니다. 오염된 물에서는 병균이 발생하기도 쉽습니다. 또한, 양식장은 물고기들이 새끼를 낳고 기르는 곳인 맹그로브 숲을 파괴하고 있습니다. 맹그로브 숲이 감소하는 원인 중의 하나가 바로 우리가 즐겨 먹는 새우입니다. 민물과 바닷물이 만나는 맹그로브 숲의 서식지에 새우 양식장이 들어서면서 숲이 사라지고 있기 때문입니다. 1980년에서 2005년 사이에 맹그로브 숲의 1/5이 파괴됐습니다.

사료에 환경 문제까지 겹치면서 양식장에 대한 비판이 일자 이를 보완할 방법이 나왔습니다. 유전자 변형 기술입니다. 양식장의 물고기가 좀 더 빨리 자란다면 필요한 사료의 양도 줄어들어 야생 물고기를 많이 잡지 않아도 됩니다. 기업들은 유전자 변형 기술이 미래의 먹거리 해결책이 될 것이라는 생각으로 막대한 예산을 투자하고 있습니다. 일반 생선보다 빨리 자라게 함은 물론이고, 수컷이 필요 없는 자웅 동체 물고기도 연구 중입니다. 연구를 마친 생선은 시중에 판매되기도 합니다. 캐나다에서는 일반 연어보다 2배나 빨리 자라는 유전자 변형 연어가 팔리고 있습니다.

1818년, 메리 셸리 작가의 소설 『프랑켄슈타인』이 세상에 나왔습니다. 주인공인 빅터 프랑켄슈타인은 시체를 가지고 인조인간을 만드는 실험을 합니다. 사람이라고도, 그렇다고 시체라고도 할 수 없는 생명체는 이름도 없이 그저 괴물이라고 불립니다. 소설『프랑켄슈타인』은 인기를 얻어 영화로 만들어질 정도로 유명해졌고, 그 뒤로 '프랑켄'이라는 말은 인간이 만들어 낸 유전자 변형 식품이나 가축, 생선 앞에 수식어로 사용되기 시작했습니다. 지금처럼 물고기가 사라지게 놔둔다면 결국 인간이 만들어 낸 양식장 속 프랑켄피쉬만 남게 될 것입니다.

좋은 밥상의 조건

불과 얼마 전까지만 해도 좋은 밥상이라고 하면, 탄수화물, 지방, 단백질 등 영양소가 골고루 들어간 균형 있는 식단을 떠올렸습니다. 하지만 최근 먹거리 속 화학 약품이 문제로 떠오르면서 밥상을 바라보는 기준이 달라졌습니다. 살충제나 항생제를 사용하지 않는 유기농 밥상이 인기를 끌게 된 것입니다. 그런데 여기서 한발 더 나아가 먹거리의 지속 가능성을 외치는 단체가 있습니다. 영국에 본사를 두고 있는 해양관리협의회입니다.

1992년, 그랜드뱅크스에 대구가 사라지자 해양학자를 비롯해 많은 환경 운동가들이 충격에 빠졌습니다. 이를 계기로 건강한 바다를 만들고자 뜻있는 사람들이 모여 만든 단체가 바로 해양관리협의회입니다. 해양관리협의회는 지속 가능한 바다를 만들기 위해 다양한 노력을 기울이고 있습니다. 대표적인 활동이 인증 제도입니다. 인증 마크는 어종이 개체 수를 유지할 수 있도록 지속 가능한 방식으로 고기잡이를 하는 업체에 붙여집니다. 덕분에 윤리적 소비를 원하는 가게나 소비자들은 안심하고 생선을 구입할 수 있습니다. 뿐만 아니라, 학생들을 대상으로 마구잡이식 조업 활동의 문제점을 알리는 교육 자료도 제공하고 있습니다.

해양관리협의회의 노력에 영국 정부도 부응했습니다. 영국 정부는 최근 학교 급식 기준을 개정했는데, 여기에 해양관리협의회 인증을 받은 해산물을 구입하도록 권고하는 문구를 넣었습니다. 이 결과 영국 초등학교 6개 중 한 곳에서 지속 가능한 생선을 이용하고 있습니다. 새로운 학교 급식 기준을 만드는 데 참여한 헨리 딤블비 씨는 이번 개정에 건강한 식단 이상의 의미가 있다고 설명했습니다.

"많은 학생이 지속 가능한 생선을 먹고 있는데, 이는 지속 가능한 어업을 지지하는 일이자 해양 보호를 배우는 과정이라고 할 수 있습니다. 우리 아이들에게 물려줄 수 있는 매우 훌륭한 유산인 것이죠."[2]

그린피스는 2013년에 「한국에는 없는 착한 참치」라는 보고서를 발간해 우리나라 참치잡이의 비윤리성에 대해 알렸습니다. 한국을 포함해 영국, 호주, 뉴질랜드, 캐나다, 미국, 이탈리아에서 생산되는 참치를 조사했는데, 안타깝게도 우리나라에만 지속 가능한 방법으로 참치를 잡는 기업이 없었습니다. 바다에 이로운 참치를 먹고 싶어도 먹을 수 없는 상황에서 다행히도 이를 바꾸고자 노력하는 단체가 있습니다. 행복중심생협연합회입니다. 친환경 농산물 직거래 운동을 펼쳐 온 행복중심생협연합회는 수산물 역시 친환경적이어야 한다는 데 의견을 모으고 착한 참치 만들기에 나섰습니다.

2014년에 우리나라 최초로 해양수산관리협의회의 인증을 받은 '착한 참치 캔'이 출시됐습니다. 이 제품에 들어가는 참치는 집어 장치를 쓰지 않고 몰디브의 지역 주민들이 낚싯대를 이용해 한 마리씩 잡아 올린 것입니다. 착한 참치 캔을 구입하면 해양 생물이 죽어 가는 것을 막을 수 있고, 지역 주민들에게 일자리도 제공하는 일석이조의 효과를 거둘 수 있습니다.

1800년대 영국에서는 과학계에 없어서는 안 될 2명의 학자가 태어났습니다. 토머스 헨리 헉슬리와 찰스 다윈입니다. '다윈의 불독'이라고 불릴 만큼 진화론을 추종했던 헉슬리. 그러나 그도 간과했던 이론이 하나 있습니다. '어떤 종이 살아남기 위해서는 천적보다 더 많은 수를 유지해야 한다'는 다윈의 주장입니다. 헉슬리가 '인간의 욕심'이라는 변수를 머릿속에 넣었다면 물고기 수가 줄지 않을 거라는 허황된 말은 하지 않았을지도 모릅니다.

이제는 우리가 결정해야 할 차례입니다. 헉슬리의 말을 믿고 지금처럼 무분별하게 바다 생물을 잡아들일지, 아니면 황금 알을 낳는 거위가 영원할 수 있도록 바다를 보존할지, 선택할 시간입니다.

지속 가능한
수산물을 알려 주는 에코 라벨

바다 생물을 해치지 않고 잡은 수산물인지 확인하는 방법이 있습니다. 상품 위에 인증 마크가 부착되었는지 보는 것입니다. 인증을 받은 수산물을 구매하면 소비자는 수산물의 유통 경로를 투명하게 확인해 안심할 수 있고, 생산자는 소비자의 신뢰를 얻을 수 있다는 장점이 있습니다. 지속 가능한 수산물에 부여하는 에코 라벨들은 다음과 같습니다.

하나. 세계해양책임관리회(Marine Stewardship Council, MSC) 에코 라벨
MSC 에코 라벨은 수산 자원의 양을 일정한 수준으로 유지하고, 멸종 위기에 처한 종을 잡지 않으며, 어업 노동자들의 인권을 보호하고, 유통 과정을 추적할 수 있는 자연산 수산물에 부여합니다. 우리나라에서는 고등어, 새우를 포함한 17개의 MSC 인증 제품이 판매되고 있습니다.

둘. 세계양식책임관리회(Aquaculture Stewardship Council, ASC) 에코 라벨
ASC 에코 라벨은 양식장 주변의 해양 생물에 최소한의 영향을 끼치고, 항생제나 화학물을 적게 사용하며, 양식장 종사자의 인권을 보호할 때 인증됩니다. 우리나라에서도 ASC 에코 라벨을 부착한 양식 새우와 양식 연어가 판매되고 있습니다.

셋. 수산물 이력제
수산물 이력제 홈페이지(fishtrace.go.kr)에 들어가거나 모바일 앱을 다운받아 상품 위에 부착된 바코드를 찍거나, 인증 번호 13자리를 입력하면 구매한 수산물의 생산자, 가공·유통업체에 대한 정보를 검색할 수 있습니다.

마트에서 에코 라벨과
수산물 이력제가 붙은 제품을
찾기 어려웠다.

05.
22.

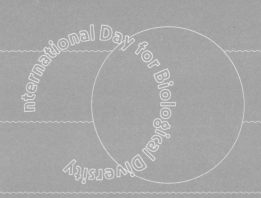

International Day for Biological Diversity

제3의 지구는
성공할 수 있을까

"봄이 와도 새들이 노래하지 않는다."
반세기 전, 환경 운동가 레이첼 카슨은 인류를 향해 경고했
습니다. 과학 기술의 기적이라 불렸던 살충제를 계속 남용
한다면, 새들의 노랫소리가 사라지고 고요한 침묵만이 남게
될 거라고 말입니다.
오늘날, 그녀의 예측은 그대로 맞아떨어지고 있습니다. 매
일 150~200종의 생물이 지구에서 사라지고 있기 때문입
니다. 하지만 어떤 사람들은 여전히 이렇게 주장합니다.
"과학 기술이 생물 다양성을 지켜 낼 수 있다."
과연 과학 기술은 침묵의 봄으로부터 지구를 지켜 낼 수 있
을까요? 왜 우리는 다양한 생물을 보전해야 할까요?

International Day for Biological Diversity

8명의 노아와 사막 위의 방주

인간은 다른 행성에서 살 수 있을까요? 물론 상식적으로 생각하면 산소도 물도 충분하지 않은 곳에서 인간이 살 수 있을 리 없습니다. 하지만 만약, 외부와의 접촉이 완벽하게 차단된 인공 생태계를 건설한다면 어떻게 될까요? 바닥에 흙을 깔아 식물과 곤충, 그리고 동물이 살 수 있게 한다면, 다른 행성으로 이주하는 게 가능할지도 모릅니다.

과학자들은 이 궁금증을 해결하기 위해 1991년, 미국 애리조나 사막에 인공 생태계를 만들었습니다. 작은 지구의 이름은 '바이오스피어 2'였습니다. '생물권'이라는 의미의 바이오스피어는 동식물이 살아갈 수 있는 영역을 뜻합니다. 지구가 바이오스피어 1이라고 한다면 새로 만들어진 인공 생태계는 또 다른 지구라는 의미로 뒤에 숫자 2를 붙인 것입니다. 4,000평에 달하는 유리온실 안에는 열대 우림, 산호초, 바다, 맹그로브 숲, 초원, 사막이 조성됐고, 4,000여 종의 동식물이 자랐습니다. 외부에서 받을 수 있는 것이라고는 유리를 통과해 들어오는 햇볕뿐이며, 바이오스피어 2에서 생활할 인간은 오직 8명입니다. 이들의 임무는 2년 후 건강한 모습으로 걸어 나오는 것입니다. 프로젝트는 과연 성공했을까요?

전 세계 언론이 지켜보는 가운데 실험은 시작됐습니다. 사방이 유리로 에워싸여 있어 취재진과 관광객, 프로젝트를 기획한 사람들은 안에서 어떤 일이 벌어지고 있는지 한눈에 볼 수 있습니다. 바이오스피어 2에 들어간 대원들은 가장 먼저 식량 문제를 해결하기 위해 노력했습니다. 가진 것이라곤 농작물이 자라기 전까지 먹을 수 있는 몇 달간의 식량이 전부였습니다. 대원들은 계획했던 대로 농작물을 기르고, 가축을 돌보고, 순번을 정해 식사를 준비하며 순조로운 출발을 보였습니다. 주말에는 책을 읽거나 밀린 집안일을 하고, 틈틈이 연극 연습도 하며 지구에 사는 여느 인간처럼 느긋한 휴식을 취하기도 했습니다.

그러나 휴식도 잠시, 시간이 갈수록 예상치 못한 문제가 생기기 시작했습니다. 생활에 가장 큰 영향을 준 것은 산소였습니다. 바이오스피어 2 안에서는 식물이 광합성을 해야만 산소를 공급받을 수 있습니다. 애리조나의 날씨가 흐리거나 해가 사라지는 밤이면 이산화탄소 농도가 치솟았습니다. 또 다른 변수는 박테리아였습니다. 자급자족이라는 환경에서 농사는 가장 중요한 일입니다. 작물이 잘 자라도록 유기물이 많은 토양을 사용하자 박테리아가 증가했고, 산소가 급격히 줄어들었습니다.

알 수 없는 이유로 산소가 사라지기도 했습니다. 파악된 요인들은 관리를 하면 어느 정도 통제가 가능했지만, 뚜렷하지 않은 요인 때문에 산소가 줄어드는 문제는 손 놓고 바라볼 수밖에 없었습니다. 유리돔 바깥에서도 머리를 맞대고 원인을 파악하려고 노력했지만, 아무도 이렇다 할 대답을 내놓지 못했습니다. 공기 중 이산화탄소가 많아지자 대원들은 두통에 시달렸고, 당연히 일의 효율은 급격히 떨어졌습니다.

생태계에도 적신호가 찾아왔습니다. 식물은 제대로 열매를 맺지 못했고, 바다도 산성으로 변해 산호를 위협했습니다. 곤충과 동물도 버티지 못하고 서서히 멸종됐습니다. 생태계가 무너지자 해충이 득실거렸고, 대원들은 극심한 허기와 영양실조에 허덕였습니다. 그럼에도 포기하지 않고 열악한 환경 속에서 꿋꿋하게 버텼습니다. 2년 20분 후, 대원들은 프로젝트를 마치고 바이오스피어 2 밖으로 당당히 걸어 나왔습니다.

세간에서는 바이오스피어 2를 현대판 노아의 방주라고 합니다. 역사 속 이야기처럼 필요한 종들만 선별해 오염된 지구를 떠나 새로운 행성에서 새로운 삶을 살겠다는 부푼 꿈을 안고 시작했지만 안타깝게도 거대한 프로젝트는 실패로 돌아갔습니다. 약속한 기간은 채웠지만 대원들이 보여 준 삶의 모습은 우리가 꿈꾸던 것이 아니었습니다. 누군가는 꿈을 버리지 못하고 바이오스피어 2의 경험을 바탕으로 바이오스피어 3을 만들어야 한다고 주장합니다. 인간은 생태계를 완벽하게 통제할 수 있을까요?

인도 독수리가 증가하면 광견병 환자가 줄어든다

지구에는 얼마나 많은 생물이 살고 있을까요? 현재까지 밝혀진 것은 175만여 종뿐이지만 과학자들은 1,300만에서 1억 종의 생물이 있을 것으로 추정하고 있습니다. 이렇게 많은 생물이 사는데 이 중 몇몇 종이 없어진다고 문제가 될까라고 생각할 수도 있습니다. 정말 그럴까요?

인도에는 사체를 처리하는 독수리가 있습니다. 그런데 언제부터인가 가축의 사체 옆에 독수리도 함께 죽어 있는 광경이 목격됐습니다. 원인은 바로 가축 치료에 쓰인 디클로페낙이라는 약이었습니다. 1990년대에 이 약을 사용하기 시작했는데, 독수리가 사체를 먹다가 거기에 남아 있는 약까지 섭취해 죽음에 이른 것입니다. 결국 인도 독수리 3종이 모두 순식간에 멸종 위기에 처했습니다.

사라진 독수리는 인도 생태계에 큰 변화를 가져왔습니다. 먼저 개가 독수리의 뒤를 이어 사체를 처리하기 시작했습니다. 아닐 마칸디야 박사와 동료들이 이끈 연구에 따르면, 1992년에는 인도 전역에 약 1,000만 마리의 독수리가 있었습니다. 하지만 2003년에는 약 7만 2,000마리밖에 발견되지 않았습니다. 10년이 조금 넘은 시간 동안 99% 이상이 사라진 셈입니다. 같은 기간, 개의 개체 수는 중성화 프로그램을 실시했음에도 700만 마리가 증가했습니다. 먹이가 많아지자 개의 수가 눈에 띄게 늘어난 것입니다.

개가 많아지자 관련 사고도 잇달았습니다. 1992년에서 2006년 사이에 개에 물린 사고는 4,000만 건, 사망자 수는 5만 명에 달했습니다. 수많은 사람이 병원비를 지출해야 했고, 병으로 직장과 목숨을 잃기도 했습니다. 1993년에서 2006년, 14년간 인도가 입은 피해를 경제적 가치로 환산하면 약 340억 달러라고 합니다. 우리나라 환경부를 7년 이상 이끌어 갈 수 있을 정도의 경제적 가치가 사라진 셈입니다.

이뿐만이 아닙니다. 독수리가 없어지자 인도에 사는 파시교도들의 오랜 관습도 사라져 갔습니다. 조로아스터교를 믿는 파시교도는 신이 주신 자연을 소중히 보존해야 한다고 생각합니다. 이런 믿음 때문에 마을과 멀리 떨어진 높은 언덕에 침묵의 탑을 세우는 독특한 장례 문화가 있습니다. 땅에 묻거나 화장을 해 자연을 더럽히기보다는 침묵의 탑에 사체를 두어 동물들의 먹이로 내어 주는 방법을 택한 것입니다.

하지만 장례에 없어서는 안 될 독수리가 사라지자 다른 방법을 찾아야 했습니다. 뭄바이에 사는 파시교도들은 태양 집열기를 이용해 120도가 넘는 높은 열로 시체를 처리하기도 하는데, 한 번에 2,500만 원이 넘는 비용이 든다고 합니다. 이제는 돈이 없으면 장례도 치를 수 없는 상황이 된 것입니다.

독수리의 멸종에서도 알 수 있듯이 다양한 종을 보존해야 하는 이유는 바로 관계에 있습니다. 인도 독수리는 거리를 청소하며 다양한 생물과 관계를 맺었습니다. 독수리 대신 개가 그 일을 맡았지만, 독수리만큼 깔끔하게 일을 처리하지는 못했습니다. 동물의 사체에 살점이 남아 박테리아가 증식하자 사람들은 사체를 땅에 묻거나 태우기 시작했습니다. 그뿐만 아니라 파시교도들의 오랜 관습을 개가 대신 지켜 주지도 못합니다. 생물 다양성을 보존하자는 것은 다양한 생물이 존재하게 하자는 의미만은 아닙니다. 개개의 생물이 맺고 있는 다양한 관계를 바탕으로 생태계의 균형을 지키자는 뜻이기도 합니다.

꿀벌이 인류의 운명을 좌우한다

영화 「인터스텔라」에 등장하는 지구의 모습은 그야말로 죽음의 땅입니다. 눈을 뜰 수 없을 정도로 심한 먼지바람이 날리고, 유일하게 살아남은 작물이라고는 옥수수뿐입니다. 지구의 유일한 식량이지만 그조차도 그리 싱싱해 보이지 않습니다. 아쉽게도 감독은 지구가 왜 이렇게 끔찍한 모습으로 변했는지 설명해 주지 않았습니다. 만약 이 영화를 천재 과학자 아인슈타인이 봤다면, 지구의 위기를 꿀벌 때문이라고 했을 겁니다. 꿀벌이 사라지면 4년 안에 인류가 멸종한다고 경고했던 아인슈타인. 그는 왜 이런 말을 했을까요?

중국 사천성의 한원현에 슬프고도 웃긴 광경이 벌어졌습니다. 마치 꽃에 묻은 먼지라도 터는 것처럼 농민들이 하나같이 손에 붓을 들고 꽃을 문지르고 있었습니다. 그것도 꽤나 진지한 표정으로 말입니다. 농민들은 지금 농사에서 가장 중요한 꽃가루받이를 하는 중입니다. 한

원현은 배가 많이 나기로 유명한 지역입니다. 전에는 꿀벌이 꽃가루를 옮겼기 때문에 별문제가 없었습니다. 그런데 언제부터인가 꿀벌이 안 보이기 시작하면서 열매 맺기에 차질이 생겼습니다. 결국, 어쩔 수 없이 꿀벌 대신 사람이 손으로 꽃가루받이를 해야 하는 사태가 벌어진 것입니다.

이는 비단 중국 농민들만의 문제가 아닙니다. 미국에서는 꿀벌 대여가 각광받는 사업으로 떠오르고 있습니다. 중국은 인건비가 저렴하기 때문에 사람 손을 빌리지만, 인건비가 비싼 미국에서는 꽃가루받이를 위해 매년 벌집을 대여해야 합니다. 캘리포니아에서는 아몬드나무에 꽃이 피는 2월이 되면 꿀벌 대여가 활발한데, 벌집 하나에 20만 원이 넘는다고 합니다. 12년 전에 비해 비용이 5배나 올랐습니다. 대여비가 오르자 덩달아 범죄도 증가했습니다. 벌통을 훔치거나 벌을 다른 곳으로 옮겨 되파는 사람들이 많아졌습니다.

꿀벌을 사라지게 만든 원인은 바로 현대식 농업 방식입니다. 제2차 세계 대전 이후 전 세계 인구가 급격히 증가하면서 식량 문제가 발생했습니다. 때마침 개발된 비료와 제초제, 그리고 살충제 덕분에 농민들은 벌레나 잡초 걱정 없이 드넓은 땅에 식량이 되는 작물을 대량으로 심었습니다. 그 결과 전 세계 인구를 먹이고도 남을 만큼의 식량이 매년 생산됐습니다.

하지만 '녹색 혁명'으로 불리던 획기적인 일들이 꿀벌에게는 치명적이었습니다. 제초제와 비료의 등장으로 꿀벌의 먹이이자 흙 속의 질소를 잡아 줘 자연 비료 역할을 했던 클로버가 자연스레 밭에서 사라졌습니다. 또한, 한 가지 작물을 대량으로 심는 단일 재배가 인기를 얻으면서 꿀벌의 먹이가 줄어들었습니다.

예를 들어, 아몬드 농장에 꽃이 아무리 많아도 피어 있는 시기는 단 며칠입니다. 아몬드꽃이 지면 꿀벌은 다른 꽃을 찾아야 하는데, 단일 재배 방식에서는 그게 불가능합니다. 결국 아몬드꽃이 사라지면 꿀벌은 굶어 죽기 십상입니다. 이에 더해, 살충제도 치명적입니다. 한 가지 작물만 심을 경우 가장 큰 골치가 바로 해충입니다. 살충제를 뿌리면 벌레 걱정 없이 농사를 지을 수 있지만, 꿀벌은 떼죽음을 면치 못합니다.

누군가는 과학 기술이 이 문제를 해결할 수 있을 것이라 생각합니다. 실제로 꿀벌의 멸종에 대비해 꽃가루받이 드론도 개발됐습니다.

하지만 꿀벌만큼 효율성이 있을지는 아직 미지수입니다. 식량농업기구는 꿀벌이 사라지면 농작물의 75%가 사라질 것이라고 경고합니다. 꿀벌이 우리 곁을 떠나기 전에, 아인슈타인의 경고를 들어야 하지 않을까 싶습니다.

라면을 먹을수록 숲이 사라진다

희뿌연 창문, 외출을 자제하라는 안내 방송, 계속 들리는 기침 소리. 싱가포르 사람들은 매년 난데없이 날아오는 연기에 곤욕을 겪습니다. 근처에 불이 난 것이라면 힘을 모아 끄면 되지만, 그럴 수도 없습니다. 산불이 난 곳은 싱가포르가 아닌 이웃 나라 인도네시아이기 때문입니다. 인도네시아 사람들의 사정도 별다를 바 없습니다. 자욱한 연기로 학교는 휴교령을 내리고, 수십만 명의 사람들이 호흡기 질환을 호소합니다. 두 나라를 괴롭히는 산불의 원인은 무엇일까요?

라면, 샴푸, 화장품, 세제, 과자, 빵. 이것들의 공통점이 있습니다. 바로 팜유가 들어간다는 사실입니다. 다소 생소한 이름이지만 우리가 사용하는 생필품의 절반에 재료로 들어갈 정도로 팜유는 인기가 많은 기름입니다. 팜나무 열매에서 추출한 팜유는 신기하게도 동물성 기름과 식물성 기름을 모두 가지고 있습니다. 독특한 특성 때문에 이곳저곳에 쓰임이 많습니다.

팜유의 인기가 높아지자 다국적 기업들은 너나없이 팜유 사업에 뛰어들었고, 인도네시아의 열대 우림을 태워 그 위에 거대한 팜 농장을 만들었습니다. 매년 인도네시아와 주변 나라들이 연기로 곤욕을 겪는 이유도 이 때문입니다. 인도네시아는 숲을 내준 대신 최대 팜유 생산 국이라는 타이틀을 거머쥐었습니다.

숲이 불에 타면 사람만 피해를 보는 것이 아닙니다. 인도네시아는 브라질과 콩고에 이어 세계에서 세 번째로 큰 숲을 가지고 있습니다. 지구 면적의 1%밖에 차지하고 있지 않은 열대 우림이지만, 이곳에는 다른 어느 나라보다 다양한 포유동물이 살고 있습니다. 지금까지 밝혀진 포유동물만 515종에 달합니다. 하지만 숲이 재가 되면서 이곳의 많은 동물이 목숨을 잃었습니다.

살아남은 동물이라고 안심할 수 없습니다. 숲에 불을 낸다는 소식을 제일 먼저 반기는 사람은 밀렵꾼입니다. 숲이 사라지면 굳이 덫을 놓거나 힘겹게 쫓지 않아도 동물들의 위치를 쉽게 알 수 있기 때문입니다.

운 좋게 밀렵꾼을 피해 인근 마을로 도망친 동물도 있지만 숲만큼 안락한 보금자리를 찾을 수는 없습니다. 마을 사람들 입장에서 야생동물은 그저 골칫거리일 뿐입니다. 수마트라 코끼리는 먹이를 찾아 팜 농장에 나타났다가 총에 맞기도 합니다. 갈 곳을 잃은 수마트라 호랑이 역시 이제 500마리도 채 안 남았습니다. 이런 연유로 인도네시아 열대 우림에 있던 포유동물의 1/3이 멸종 위기에 처했습니다.

다양한 생물이 살기 위해서 가장 중요한 것은 서식지인 숲을 지키는 일입니다. 안타깝게도 21세기가 시작된 뒤 12년 동안 대한민국 면적의 23배가량 되는 숲이 사라졌습니다. 이렇게나 쉽게 숲이 사라지는 이유는 숲의 가치를 매기는 기준이 생명이 아니라, 돈벌이이기 때문입니다. 우리는 자연이 주는 혜택은 고스란히 받으면서 돈을 벌어다 주지 않는다는 이유로 자연을 쉽게 훼손하기도 합니다. 마치 우주 어딘가에 또 다른 지구가 존재한다는 듯이 말입니다.

자연에 정당한 비용을 지불하세요

　도시에서는 어디를 가든 장소를 사용하는 데 돈을 내야 합니다. 공간을 관리하고 쾌적한 서비스를 제공하려면 비용이 들어가니 이는 당연한 일입니다. 그렇다면, 자연이 제공하는 서비스를 누리는 데에는 얼마를 내야 할까요?

　중앙아메리카에 위치한 코스타리카는 비록 작지만 국토의 99%가 숲으로 뒤덮였을 정도로 아름다운 자연 경관을 자랑하던 나라였습니다. 하지만 세계화가 진행되면서 숲은 돈이 되는 커피와 바나나, 사탕수수 농장, 그리고 소를 키우는 목장으로 바뀌었습니다. 수출 위주의 정책은 1950년대 이후 급격한 경제 성장을 가져왔습니다. 정부는 학교와 병원, 도로를 건설하며 삶의 질을 높였고, 덕분에 인구는 2배 이상 늘었습니다.

　하지만 경제적 풍요의 대가는 오롯이 자연이 치러야 했습니다. 땅은 침식되고, 숲에 살던 곤충과 동물들도 멸종 위기에 내몰렸습니다. 시민 단체들은 환경을 보호해야 한다고 목소리를 높였지만 수출이 가져다준 경제 성장은 정부의 눈과 귀를 가렸습니다.

　영원할 것 같았던 부귀영화는 오래가지 못해 끝이 났습니다. 1980년대에 커피, 설탕, 육류, 바나나 가격이 급락하면서 수출에 차질이 생긴 것입니다. 농민들은 하나둘 농사를 포기했고, 실업률은 높아져 갔습니다. 1980년대 말이 되자 남은 것이라곤 1/5밖에 남지 않은 숲과 황량한 토지뿐이었습니다.

　나라를 위기에서 구해야 했던 정부는 큰 결단을 내립니다. 또 다른 수출품을 찾는 대신, 자연을 되살리는 획기적인 선택을 합니다. 정책의 핵심은 강력한 처벌과 보상입니다. 자연의 가치를 돈으로 환산할 수 없다는 생각을 고스란히 법에 반영해, 숲을 훼손할 경우 벌금형이 아닌 실형을 선고하는 반면, 숲을 보호하면 그에 따른 보상을 지불했습니다.

대표적인 보상 제도가 바로 생태계 서비스 지불제입니다. 지불 방식은 다양한데 그중 하나가 자연이 주는 혜택을 받는 사람이 그 대가를 지불하는 것입니다. 예를 들어, 아랫동네 사람들이 윗동네 사람들에게 물세를 지불하는 방법이 있습니다. 산에서 내려오는 깨끗한 지하수를 사용할 수 있는 것은 숲을 보존한 윗동네 주민들 덕분이기 때문입니다. 또 다른 방식은 숲을 보존한 대가로 정부가 보상금을 지급하는 것입니다. 받을 수 있는 돈은 기여도에 따라 다릅니다. 가장 큰 문제인 재원 마련 역시 다양한 방법으로 이루어집니다. 환경 자원 사용에 대한 세금을 걷거나, 카드에 쌓인 포인트를 기부할 수 있는 그린 카드를 만들어 사람의 손이 닿지 않는 숲을 보호하는 비용으로 사용합니다.

결과는 어떻게 됐을까요? 코스타리카는 다시 국토 절반을 차지할 정도로 넓은 숲을 갖게 되었습니다. 그야말로 놀라운 성과를 거둔 셈입니다. 더 좋은 소식은 아름다운 자연 경관이 회복되자 이를 보러 오는 관광객이 늘어난 것입니다. 매년 300만 명 이상의 관광객이 코스타리카를 찾습니다. 그 결과 관광은 코스타리카가 벌어들이는 전체 수익의 6% 이상을 차지할 정도로 국가의 중요한 수입원이 되었습니다.

생태계에 대한 정보가 많아질수록 인간은 자연을 모두 안다고 착각합니다. 유전자 정보만 있으면 사라진 동물도 되살릴 수 있고, 훼손된 숲도 쉽게 복원할 수 있다고 생각합니다. 인간이 망쳐 놓은 생태계가 언제까지 제대로 작동할 수 있을지 모른 채 미래를 낙관합니다. 그래서인지 동물과 곤충이 사라지고 있다는 소식에 좀처럼 귀를 기울이지 않습니다.

바이오스피어 2라는 거대한 실험은 우리에게 알려 줍니다. 지구가 우리에게 준 환경이 얼마나 소중한지, 그리고 인간은 동식물이 없는 환경에서는 살아갈 수 없다는 사실을 말입니다. 우리에게는 두 가지 선택밖에 없습니다. 바이오스피어 3을 찾아 나설 것인지, 아니면 바이오스피어 1을 보존할 것인지입니다. 어떤 선택을 하시겠습니까?

팜유에 작별 인사를 고하는 방법

우리가 매일같이 사용하는 물건의 절반에 식물성 기름인 팜유가 들어갑니다. 실온에서도 상하지 않고, 가격도 저렴해 장점만 있을 것 같지만, 세계 곳곳에서는 팜유 불매 운동이 벌어지고 있습니다. 팜유 농장이 늘어나면서 열대 우림과 야생 동물이 사라지고 있기 때문입니다. 일상에서 팜유를 줄일 수 있는 방법을 소개합니다.

하나. 팜유의 진짜 이름을 찾는다

팜유를 줄이고 싶어도 줄이지 못하는 가장 큰 이유는 성분표에 '팜유'가 아닌 다른 이름으로 표기돼 구분이 어렵기 때문입니다. 팜유의 다양한 이름을 아는 것은 팜유 불매 운동의 첫 단추를 끼우는 일입니다. 팜유의 또 다른 이름으로는 식물성 유지, 식물성 지방, 팜 오일, 글리세린, 기름야자, 팔메이트, 팔미트산, 스테아르산, 팜올레인유 등이 있습니다.

둘. 팜유가 없는 제품을 구매한다

팜유가 들어 있지 않은 친환경 제품을 모아 판매하는 온라인 상점들이 있습니다. 팜유가 포함된 샴푸, 바디 워시, 세제 등을 대체할 수 있는 비건 비누와 팜유를 사용하지 않은 과자와 쿠키를 주문할 수 있습니다. 자신이 사용하는 물건 중 하나를 골라 바꿔 볼 수 있습니다.

셋. 비건 페스티벌에 참여한다

동물 실험을 하거나, 동물성 재료가 포함되거나, 환경을 파괴하는 제품을 소비하지 않는 사람들을 위한 비건 페스티벌이 있습니다. 비건 페스티벌에서는 동물과 환경을 해치지 않는 음식은 물론 생활용품까지 직접 경험한 후, 구매할 수 있습니다. 페스티벌에서 시식을 하려면 개인 식기와 텀블러를 챙겨야 합니다.

팜유 없는 비건 비누부터 주문했다.
예뻐서 기분도 좋음.

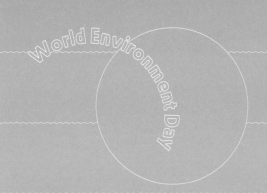

06.
05.

World Environment Day

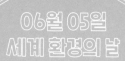

화이트 크리스마스의 악몽

다 녹아 버린 빙하 위에 아슬아슬하게 서 있는 북극곰, 태풍에 무너진 집을 바라보는 이재민, 뎅기열과 말라리아 같은 열대성 질병으로 목숨을 잃는 온대 지방 사람들, 갑자기 쏟아진 폭설에 발길이 묶여 버린 여행객… 지구 온난화가 만들어 낸 기이한 풍경들입니다.

지구의 평균 온도가 1도 올라가면 고산 우림 지대가 절반으로 줄어들고, 2도 올라가면 북부 지역에 얼음이 사라져 거대한 바다가 열리고, 3도 올라가면 극심한 가뭄으로 인류는 기아에 시달리게 되며, 4도 올라가면 인류가 거주하는 대도시들이 물에 잠겨 사라지게 됩니다.

기후 변화의 심각성이 나날이 커져 가는데도 온실가스 배출량은 매년 증가하고 있습니다. 2017년에 배출된 양은 1970년대보다 무려 4배나 상승했습니다. 뜨거워지는 지구, 이대로 내버려 둬도 정말 괜찮은 걸까요?

World Environment Day

크리스마스에 눈이 온다면

매년 12월이 되면, 단골로 나오는 기사가 있습니다. '올해는 과연 화이트 크리스마스가 될 것인가'입니다. 왜 사람들은 유독 크리스마스에 눈이 오기를 바라는 걸까요?

지금은 크리스마스가 종교에 관계없이 모두가 즐기는 축제가 됐지만, 17세기만 해도 크리스마스는 그리 환영받지 못했습니다. 영국을 이끌었던 청교도인들은 나라를 어지럽힌다는 이유로 크리스마스를 금지했습니다. 그러나 사람들은 불법임에도 불구하고 몰래 캐럴을 부르며 축제를 즐겼습니다. 결국 크리스마스금지법은 폐지되고 말았습니다. 이때까지만 해도 사람들은 크리스마스를 좋아했지만 눈이 오기를 바라지는 않았습니다.

화이트 크리스마스에 대한 환상은 그로부터 200년이 지나 찰스 디킨스가 쓴 『크리스마스 캐럴』이라는 책이 나오면서 시작됐습니다. 주인공인 스크루지 영감이 유명한 이 책은 지금도 수많은 아이들이 읽고 있는 명작입니다. 책에서는 성탄절이 꽤나 즐겁게 묘사되어 있습니다. 거리에는 경쾌한 음악이 흐르고 사람들은 장난치며 눈을 치웁니다. 크리스마스 하면 자동으로 떠오르는 화이트 크리스마스에 대한 이미지는 찰스 디킨스가 만들어 냈다고 해도 과언이 아닙니다.

또 다시 100년이 흐르고, 이번에는 크리스마스를 대표하는 노래가 탄생합니다. 역사상 가장 많이 팔린 싱글 음반으로 기네스북에 이름을 올린 적이 있는 「화이트 크리스마스」입니다. 빙 크로스비의 감미로운 목소리를 듣고 있으면, 크리스마스에 눈이 오면 얼마나 좋을까라는 상상을 하게 됩니다.

2013년 12월, 여느 겨울처럼 그때도 어김없이 눈이 내렸습니다. 화이트 크리스마스가 될지도 모른다는 기대감을 안겨 주면서 말입니다. 그런데 눈을 본 사람들의 반응은 달랐습니다. 기뻐해야 할지, 무서워해야 할지 몰라 고민에 휩싸였습니다. 텔레비전에서 본 것처럼 눈을 뭉쳐 눈사람을 만들고 눈싸움도 했지만, 마음 한편에서는 불안과 걱정이 일어났습니다. 도대체 무슨 일이 있었던 걸까요?

지구가 뜨거워질수록 눈이 내린다

2004년, 과학계의 정설 하나가 무너진 역사적인 사건이 있었습니다. 브라질에 허리케인 카타리나가 불어닥친 것입니다. 불어난 강물은 마을을 삼키고, 바람은 순식간에 지붕을 날려 버렸습니다. 물로 가득한 집 안에서는 사람들이 오도 가도 못한 채 벌벌 떨며 무시무시한 허리케인이 지나가기를 기다렸습니다.

브라질 기상학자들은 이 광경을 눈으로 목격하고도 허리케인의 존재를 믿지 못했습니다. '남대서양에서는 허리케인이 발생할 수 없다'는 것이 지금까지 전해져 내려온 정설이었기 때문입니다. 그 누구도 예측하지 못했던 카타리나는 브라질에 4,000억 원이 넘는 피해와 혼란을 남긴 후에야 모습을 감췄습니다.

태풍, 사이클론, 허리케인. 어느 바다에서 생겼는지에 따라 이름이 다를 뿐 모두 같은 기후 현상입니다. 열대성 저기압으로 생긴 강한 폭풍으로, 주로 따뜻한 적도 부근에서 발생합니다. 이론에 따르면, 남대서양은 수온이 낮아서 카타리나 같은 허리케인이 생길 수 없습니다.

2004년 전까지는 말입니다.

그런데 지구가 따뜻해지면서 변수가 생겼습니다. 남대서양의 수온이 올라간 것입니다. 허리케인의 존재를 부정하던 브라질 기상학자들은 카타리나가 지나간 1년 후에야 남대서양에서도 허리케인이 발생할 수 있다고 인정했습니다.

전 세계 사람들을 깜짝 놀라게 한 일은 2013년도에도 있었습니다. 2013년 12월, 눈으로 뒤덮인 이집트의 모습이 인터넷에 올라왔습니다. 눈이 내릴 리 없는 이집트에 새하얀 풍경이라니, 누군가 합성한 사진이 아닌지 의심부터 하게 됩니다. 하지만 눈 위에 다소곳이 앉아 있는 낙타, 눈 덮인 피라미드 사진이 줄줄이 올라오면서 누군가의 장난이 아니라는 것이 증명됐습니다. 실제로 112년 만에 이집트에 눈이 내린 것입니다.

눈이 내린 곳은 이집트만이 아니었습니다. 터키, 시리아, 레바논, 요르단, 예루살렘에도 난데없는 폭설이 불어닥쳐 시민들을 당혹스럽게 했습니다. 갑자기 불어닥친 눈 때문에 시리아 난민 캠프에서는 아기가 목숨을 잃었고, 예루살렘에서는 일부 도로가 폐쇄됐으며, 터키에서는 항공편이 취소되기도 했습니다.

건조한 중동 지역에 눈이 내린 원인 역시 온난화입니다. 지구가 뜨거워지면 오히려 눈이 안 내릴 거라고 생각하지만 실제로는 그렇지 않습니다. 온난화로 기온이 올라가면 물은 쉽게 증발하고, 대기는 평소보다 더 많은 수분을 머금게 됩니다. 그 결과 지구 곳곳에 극심한 가뭄과 홍수가 발생합니다.

문제는 이뿐만이 아닙니다. 대기 중에 수증기가 많아지면 폭풍 역시 더 강해지고 자주 일어납니다. 2013년 이집트 사람들에게 첫눈을 안겨

준 것도 알렉사라는 겨울 폭풍이었습니다. 태풍, 사이클론, 허리케인, 겨울 폭풍이 점점 더 잦아지는 현상도 모두 온난화의 결과입니다.

우리도 난민입니다

야자수에 줄을 매달아 그네를 만들고 땅거미가 내리도록 물놀이하는 아이들. 물은 또 어찌나 투명한지 사진만 봐서는 여기가 강인지 바다인지 구분하기 힘듭니다. 모래사장에 누워 파란 하늘을 바라보면 그동안의 스트레스가 싹 날아갈 것만 같은 남태평양의 섬나라, 키리바시의 모습입니다.

보기에는 지상의 낙원 같지만, 충격적이게도 키리바시 사람들은 지옥 같은 삶을 살고 있습니다. 매일 밤, 다음 날 무사히 눈뜰 수 있기를 기도하며 머리맡에 구명조끼를 놓아두는 사람들. 불안에 떨며 선잠을 잘 수밖에 없는 이들의 사정은 무엇일까요?

키리바시 주민들의 목숨을 위협하는 원인은 바로 온난화입니다. 해수면이 상승하면서 키리바시와 같은 작은 섬나라들은 물에 잠길 위험에 처했습니다. 물이 차오르자 섬나라 주민들은 하나둘씩 나라를 떠나기 시작했습니다. 이주 외에는 달리 살아남을 방법이 없기 때문입니다.

"전쟁으로 목숨을 잃을까 무서워 도망치는 피난민이나 저나 다를 게 없습니다. 저 역시 생사의 기로에 놓여 있으니까요."[1]

이와네 테이시오타 씨 역시 키리바시를 떠나 뉴질랜드로 갔습니다. 이와네 테이시오타 씨는 농장에서, 부인은 식당에서 일하며 세 아이를 키웠습니다. 그런데 뉴질랜드 이민법이 강화되면서 이와네 테이시오타 씨네 가족에게도 문제가 생겼습니다. 영주권을 얻지 못한 것입니다. 이 말인즉슨 아이들을 데리고 키리바시로 다시 돌아가야 한다는 의미입니다. 물이 차오르는 섬으로 간다는 것은 전쟁터에 뛰어드는 일과 같습니다. 이와네 테이시오타 씨는 가족을 살리고자 뉴질랜드 정부에 난민 신청을 했습니다.

하지만 법원은 이와네 테이시오타 씨 가족의 처지가 난민에 해당하지 않는다는 판결을 내렸습니다. 결국 이와네 테이시오타 씨 가족은 키리바시로 쫓겨났습니다.

키리바시에서의 삶은 불안의 연속입니다. 수도인 타라와섬에서 가장 높은 곳이라고 해 봤자 해수면에서 겨우 3미터 정도 올라왔을 뿐입니다. 파도가 크게 몰아치기라도 하면 주민들은 쉽게 겁에 질릴 수밖에 없습니다. 깨끗한 물을 구하는 것도 큰일입니다. 우물이 깊지 않아 쉽게 오염이 되기 때문에 식수는 주로 빗물에 의존하고 있습니다. 더러운 물 때문에 아이들이 피부병에 걸리기도 하고, 농사가 제대로 되지 않아 식량도 부족합니다. 이와네 테이시오타 씨는 아이들이 아프지는 않을까 항상 노심초사하고 있습니다.

상황이 심각해지자 키리바시 정부는 10만 명이 넘는 시민들을 살리기 위해 '존엄한 이주' 정책을 발표했습니다. 존엄한 이주 정책이란 시민들이 어느 나라로 가든 새로운 공동체에서 존엄성을 잃지 않고 살아가도록 준비시키는 프로그램입니다. 키리바시 사람들은 이주를 위해 직업 훈련과 외국어 교육을 받고 있습니다. 시민들이 천덕꾸러기가 아닌, 공동체의 건강한 일원이 되기를 바라는 정부의 간절한 마음이 담긴 정책입니다.

물에 잠길 위험에 처한 나라는 키리바시뿐만이 아닙니다. 투발루,

화이트 크리스마스의 악몽

몰디브 같은 작은 섬나라들은 모두 같은 문제를 안고 있습니다. 지구가 지금처럼 뜨거워진 데에는 산업화를 이끌어 온 나라들의 책임이 더 큰데도 피해는 오롯이 작은 섬나라가 감당하고 있습니다. 억울함을 호소할 곳도, 자신을 받아 주는 나라도 없습니다. 존엄한 이주, 그들이 할수 있는 일은 이것밖에 없습니다.

배추 대신 양배추를 먹어라?

이명박 전 대통령이 재임할 당시, 대통령의 식탁에 양배추 김치가 올라왔다는 소식이 화제가 됐습니다. 대통령은 배추값이 비싸다는 소식을 듣고, 양배추 김치를 준비하라는 지시를 내린 것입니다. 이 말은 굶주린 국민들에게 빵 대신 케이크를 먹으라고 했던 마리 앙투아네트를 연상시키며 시민들의 분노를 샀습니다. 대통령은 양배추도 배추 못지않게 가격이 올랐다는 사실을 몰랐던 것입니다. 당시 배추 한 포기는 1만 2,000원, 양배추는 1만 원을 호가했습니다. 도대체 2010년도에 무슨 일이 있었던 걸까요?

배추는 서늘한 기후에서 자라는 식물입니다. 이 때문에 가을에 출하되는 배추의 85% 이상이 강원도 고랭지 지역에서 생산됩니다. 그런데 그해 여름, 갑자기 이상 이후가 찾아오면서 농사에 차질이 생겼습니다. 비가 한창 많이 필요한 6월 파종기에는 그 어느 때보다 가물었습니다. 비가 평년 수준의 1/6밖에 내리지 않았습니다. 배추가 자라야 할 7~8월에는 기온이 평년보다 2~3도나 높았고, 엎친 데 덮친 격으로 수확할 시기인 9월에는 폭우가 내렸습니다. 결국 배추 생산량은 40%나 감소했습니다. 그해에 잠깐 기후가 달랐던 것이라면 걱정할 필요가 없겠지만, 문제는 그 뒤로 폭염과 폭우가 수시로 찾아오고 있다는 사실입니다.

기후 변화로 피해를 보는 건 다른 나라도 마찬가지입니다. 최근 뉴질랜드에서는 평년보다 비가 많이 내리면서 감자 농사에 비상등이 켜졌습니다. 오클랜드 남쪽 지역인 푸케코헤에서 60년간 감자 농사를 지어 온 바랏 바나 씨 가족은 폭우로 농사의 1/3을 망쳤다고 하소연했습니다.

"올해는 매우 이상했습니다. 이런 일을 겪은 적은 없었어요. 기후 변화에 어떻게 대처해야 할지 모르겠어요. 감자를 좀 더 일찍 캐는 방법도 있지만, 그만큼 보관 비용이 많이 들 거예요. 할 수 있는 건 다 해 봐야죠. 그런데 과연 할 수 있는 게 있기나 할까요?"[2]

온난화는 다른 먹거리도 위협하고 있습니다. 기후 변화에 취약한 대표적인 작물이 옥수수입니다. 지구 온도가 1도 올라가면 옥수수 생산량의 7%가 줄어듭니다. 적은 수치라고 생각할 수 있지만, 예전만 못한 옥수수 수확량이 지금보다 줄어든다면 육류 가격도 크게 오를 것입니다. 우리나라는 전 세계에서 손에 꼽히는 옥수수 수입 국가인데, 수입한 옥수수의 3/4이 가축의 사료로 쓰입니다.

커피도 귀족 음료가 될지 모릅니다. 가뭄은 물론이고 병충해까지 심해져 커피 농민들의 근심은 날로 늘어가고 있습니다. 이 밖에 초콜릿, 콩, 와인, 체리, 메이플 시럽, 해산물 역시 마음껏 먹기 힘들어질 것입니다. 온난화는 결코 섬나라만의 문제가 아닙니다.

석탄과 '친구 끊기'를 해 주세요

삶의 활력소, 인생의 동반자, 자유, 추억, 만남. 이런 말들을 떠올리게 하는 것이 있습니다. 다름 아닌 인터넷입니다. 일기나 편지, 종이 앨범, 전화가 하던 모든 기능을 이제는 인터넷이 대신합니다. 그런데 환경 단체들은 인터넷 사용이 늘어날수록 지구가 뜨거워진다고 말하고 있습니다. 인터넷과 지구는 어떤 관계가 있을까요?

우리나라 인터넷 이용자 수는 4,500만 명이 넘습니다. 만 3세 이상 인구 10명 중 9명이 인터넷을 사용하고 있는 셈입니다. 전 세계 인터넷 사용자를 모두 합치면 39억 명이나 됩니다. 인터넷이 일상을 정복하면서 2025년이 되면 전 세계 전력의 20%가 정보 통신 분야에서 사용될 것이라는 전망도 나오고 있습니다. 문제는 인터넷에 꼭 필요한 에너지원인 전기가 화석 연료로 만들어진다는 사실입니다.

환경 단체 그린피스는 깨끗한 인터넷을 만들고자 캠페인을 시작했습니다. 첫 번째 대상이 바로 페이스북이었습니다. '사람들의 최대 관심사는 다른 사람이다'라는 마크 저커버그의 말처럼 페이스북은 나오자마자 인기를 얻었습니다. 2010년, 이용자 수가 5억 명을 돌파하면서 페이스북은 명실상부 대표적인 SNS로 자리매김했습니다. 그런데 같은 해, 그린피스가 페이스북을 겨냥한 동영상을 만들면서 또다시 화제가 됐습니다. 귀여운 어린아이의 목소리로 시작하는 이 영상은 페이스북 사용자들의 마음을 움직였습니다.

"한 남자아이가 학교에 가요. 이 아이의 이름은 마크 저커버그예요. 어찌 된 일인지 친구들은 마크를 자꾸만 따돌려요. 그러던 어느 날, 친구를 사귀고 싶은 마크가 기발한 생각을 해냈어요. 친구를 사귈 수 있는 페이스북이란 것을 만들었어요. 순식간에 마크에게는 5억 명의 친구가 생겼고, 괴롭힘도 사라졌어요.

마크가 만든 페이스북은 컴퓨터라는 커다란 박스 안에 살고 있어요. 이 박스는 미국의 오리건주에 있는데, 전기라는 특별한 음식을 먹어요. 전기는 구름 아저씨가 풍차에 후 하고 바람을 불어넣으면 만들어져요. 하지만 어리석은 마크는 더러운 석탄을 이용해 전기를 만들려고 해요. 석탄은 공기를 더럽히고 지구를 뜨겁게 만드는데도 말이에요. 다행인 건, 아직 마음을 돌릴 수 있는 기회가 있다는 거예요. 마크가 친구들을 실망시키지 않으면 좋겠어요."[3]

당시 페이스북은 오리건주에 데이터 센터를 건설한다고 발표했습니다. 페이스북 사용자가 늘면서 자료를 저장할 데이터 센터가 필요하게 된 것입니다. 그린피스는 아름다운 추억이 저장될 데이터 센터가 지구에 해를 끼치는 방법으로 운영되지 않기를 바랐습니다. '석탄과 친구 끊기' 캠페인을 벌이며 마크 저커버그의 마음을 돌리기 위해 노력했습니다.

놀랍게도 캠페인은 전 세계 시민들의 뜨거운 반응을 얻었습니다. 캠페인이 올라온 지 하루 만에 기네스북에 오를 정도로 지대한 호응을 받았습니다. 다양한 국적의 시민들은 각양각색의 방법으로 캠페인에 참여했습니다. 캠페인 기간만 무려 1년하고도 8개월, 참가자만 70만 명이 넘었습니다.

다행히 마크 저커버그는 수억 명의 친구들을 실망시키지 않았습니다. 페이스북은 청정에너지 사용률을 100%로 만들기 위한 장기적인 계획을 발표하며, 깨끗한 인터넷 만들기에 동참할 것을 약속했습니다. 페이스북을 선두로 다음 해에는 애플과 구글이 청정에너지 사용에 합류했고, 지금은 그 수가 19개 기업에 다다릅니다. 아직 100% 달성은 하지 못했지만, 그린피스의 청정에너지 사용 평가에서 애플, 페이스북, 구글은 A등급을 받으며 비교적 성실히 약속을 이행하고 있습니다.

지구를 구할 해결책으로 IT 기술이 급부상하고 있습니다. 적은 연료로 목적지까지 갈 수 있게 도와주는 길 안내 서비스 앱, 이동하지 않고도 만날 수 있는 화상 회의 프로그램, 온도와 습도를 체크해 물을 절약해 주는 스마트 워터 그리드까지 다양한 기술이 소개되고 있습니다. IT 기술을 활용할 경우, 온실가스를 16.5%나 줄일 수 있다는 연구 결과도 있습니다.

하지만 기술을 사용하기 전에 던져야 할 질문이 있습니다. '기술에 사용될 에너지가 친환경적인가?'입니다. 지구의 평균 온도가 산업화 이전에 비해 2도 이상 올라가면, 생태계에 돌이킬 수 없는 일이 벌어진다는 것은 자명합니다. 이제 한계선까지 1도 남았습니다. 석탄과 친구 끊기를 하지 않으면 화이트 크리스마스가 악몽이 될지도 모릅니다.

지구의 온도를 내리는 식단

지구 온난화를 해결하고 싶지만 어디부터 시작해야 할지 모르겠다면, 평소 즐겨 먹는 식단에 약간의 변화를 주는 것만으로도 도움이 될 수 있습니다. 식재료를 생산, 유통, 조리, 폐기하는 과정에서 발생하는 온실가스는 지구 온도를 높이는 주범이기 때문입니다.

하나, '고기 없는 월요일' 캠페인에 참여한다

비틀스 멤버인 폴 매카트니는 세계를 향해 '고기 없는 월요일'을 제안했습니다. 축산업에서 발생하는 온실가스는 전체 배출량의 14.5%를 차지할 만큼 많기 때문에 고기 소비를 줄인다면 이산화탄소 발생량을 줄일 수 있습니다. 꼭 월요일일 필요는 없습니다. 일주일에 하루를 정해 고기 없는 식단을 만들어 봅시다.

고기 생산량	이산화탄소 배출량
닭고기 1킬로그램	5킬로그램
돼지고기 1킬로그램	7.9킬로그램
양고기 1킬로그램	22.9킬로그램
소고기 1킬로그램	26킬로그램

둘, 제철 과일과 현지 식품을 먹는다

수입 과일과 야채는 주로 항공을 통해 운송되기 때문에 어마어마한 양의 이산화탄소를 내뿜습니다. 환경 단체들이 아보카도를 먹지 말자고 주장하는 이유가 여기에 있습니다. 제철 과일과 현지 식품을 이용하면 저렴하고, 신선하며, 영양이 풍부할 뿐만 아니라 이산화탄소를 줄이는 데도 도움이 됩니다.

셋, 가공식품을 구매하지 않는다

가공하지 않은 농산물, 축산물, 수산물을 화학 물질로 처리해 만든 가공식품은 기후 변화에 영향을 미칩니다. 가공에 필요한 첨가물을 운송하고, 각 제조 단계를 거치면서 더 많은 에너지를 사용하기 때문입니다.

쉽지 않았지만 고기 없는
화요일을 지내보았다.

06.
08.

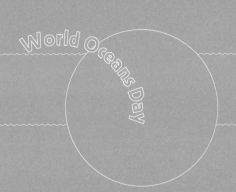

World Oceans Day

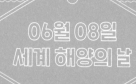
얼마나 많은
플라스틱을 드셨나요

우리는 플라스틱으로 시작해 플라스틱으로 끝나는 삶을 살고 있습니다. 1950년대부터 지금까지 생산된 플라스틱은 무려 83억 톤으로 파리 에펠 탑 82만 개, 코끼리 10억 마리의 무게와 같습니다. 이 많은 플라스틱은 도대체 어디로 가고 있을까요?
플라스틱의 최종 정착지는 바다입니다. 오늘날 해변에 버려지는 쓰레기의 70%가 플라스틱입니다. 플라스틱 쓰레기가 늘어나면서 바다 생물들의 삶은 위기에 빠졌습니다. 바다거북의 52%, 바닷새 90%의 배 속에 플라스틱이 들어 있을 정도입니다.
그런데 바다에 버려진 플라스틱은 동물들의 삶만 위협할까요? 플라스틱은 우리 몸에 어떤 흔적을 남기고 있을까요?

World Oceans Day

콜럼버스도 놀랄 일곱 번째 신대륙

1997년, 4명의 남녀는 하와이에서 캘리포니아 해안까지 직행하겠다는 포부를 안고 바닷길에 올랐습니다. 햇볕에 반짝이는 바다는 눈을 뗄 수 없을 정도로 아름다웠지만 기상 상황은 그리 좋지 않았습니다. 북태평양을 잠식한 엘니뇨가 무역풍을 꼼짝 못 하게 만들었기 때문입니다. 바람이 불지 않는 바다에서 항해한다는 것은 연료가 언제 떨어져도 이상하지 않다는 의미입니다. 예상치 못한 상황에 알기타호의 선장 찰스 무어 씨는 초조해지기 시작했습니다.

바다와 씨름하던 중 찰스 무어 씨의 눈길을 끄는 것이 있었습니다. 인간의 발길이 거의 닿지 않는 먼바다 위를 떠다니는 육지의 물건이었습니다. '이제는 없겠지'라는 생각으로 바다를 확인했지만, 볼 때마다 어김없이 플라스틱 조각이 떠 있었습니다. 쓰레기로 뒤덮인 바다의 모습은 마치 묽은 플라스틱 수프 같았습니다. 여행을 마친 후 찰스 무어 씨는 바다 한가운데 떠 있는 플라스틱 쓰레기의 존재를 세상에 알리며 전 세계에 경종을 울렸습니다.

찰스 무어 씨가 발견한 것은 일곱 번째 신대륙이라고 불리는 플라스틱 섬입니다. 쓰레기 양이 점점 불어나 섬은 한반도의 7배에 달할 정도로 커졌습니다. 미국 근처에서 발견했으니 미국에서 배출한 쓰레기라고 생각할 수 있지만 플라스틱 쓰레기의 국적은 다양합니다. 전 세계의 쓰레기가 모이는 이유는 이곳이 환류 지역이기 때문입니다. 바닷물이 일정한 방향으로 흐르는 것을 해류라고 하는데, 해류가 모였다가 원형 모양으로 빙빙 돌아 빠져나가는 곳이 바로 환류 지역입니다. 해류를 타고 흘러온 플라스틱 쓰레기는 바닷물이 잔잔한 환류의 중심부에 쌓입니다.

지구에는 총 5개의 환류 지역이 있습니다. 찰스 무어 씨가 발견한 곳은 그중의 하나인 북태평양 환류 지역입니다. 나머지 4개의 환류 지역 상황도 별반 다르지 않습니다. 플라스틱 쓰레기가 모이는 원리가 같기 때문에 양이 다를 뿐 모두 플라스틱 섬이 있습니다. 결론적으로, 크고 작은 플라스틱 섬이 지구에 5개나 떠 있는 것입니다.

플라스틱 쓰레기에 관심을 보이는 것은 단연 해양 생물입니다. 인간이 만들어 낸 플라스틱의 존재를 알 리 없는 바다거북이나 새, 물고기는 플라스틱을 알록달록한 아름다운 생명체, 혹은 바다에 떠 있는 먹이로 생각합니다. 이들은 호기심에 플라스틱을 물어 보기도 하고, 삼키기도 하면서 쓰레기를 섭취합니다. 플라스틱 조각을 먹이로 오인해 새끼에게 물어다 주는 어미도 있습니다. 플라스틱을 먹은 해양 동물은 장이 막히거나, 포만감을 느껴 먹이를 먹지 않기 때문에 서서히 굶어 죽습니다.

"이전의 기록은 플라스틱 조각 130개였습니다. 그러나 이번에 발견한 바다거북의 장에서 317개의 플라스틱 조각이 나왔습니다. 바다에 얼마나 많은 플라스틱이 있는지 말해 주는 것이죠."[1]

호주 바닷새 구조 기관의 책임자 로셸 페리스 씨는 바다거북의 부검 결과를 보고 해양 생물의 사체에서 갈수록 더 많은 플라스틱 조각이 발견되고 있다며 걱정 어린 목소리를 덧붙였습니다. 실제로 이를 증명해 주는 연구도 지속적으로 나오고 있습니다. 얼마나 많은 바닷새가 플라스틱 조각을 먹고 있는지 연구한 결과, 1960년에 5%도 안 됐던 확률이 20년 만에 80%로 증가했고, 지금은 90%까지 늘어났습니다. 하지만 이는 플라스틱 쓰레기 문제 중 일부에 불과합니다. 플라스틱 쓰레기가 해양 생물뿐만 아니라 인간의 삶도 위협하고 있기 때문입니다.

해양 쓰레기 Top10

순위	항목	개수
1	담배꽁초	241만 2.151개
2	식품 포장지	173만 9.743개
3	플라스틱 음료수 병	156만 9.135개
4	플라스틱 음료수 뚜껑	109만 1.107개
5	비닐 봉투	75만 7.523개
6	기타 플라스틱 가방	74만 6.211개
7	플라스틱 빨대	64만 3.562개
8	플라스틱 용기	63만 2.874개
9	플라스틱 뚜껑	62만 4.878개
10	스티로폼 용기	58만 570개

'식사하셨나요? 플라스틱을 드셨군요'

헝겊이나 비닐, 타일, 나뭇조각, 종이처럼 다양한 질감을 가진 재료를 붙여서 작품을 만드는 기법을 콜라주라고 합니다. 콜라주에 매료돼 작품 활동을 이어 온 예술가가 있습니다. 미국인 다이애나 코엔 씨입니다. 여러 재료 중 다이애나 코엔 씨가 유독 관심을 보인 것은 비닐이었습니다. 그녀는 비닐을 이용해 만든 작품만 따로 모아 전시를 열 정도로 비닐을 사랑했습니다.

다이애나 코엔 씨가 작품 활동을 한 지 8년이 지난 어느 날, 충격적인 사건이 벌어졌습니다. 작품이 하나둘 망가지기 시작한 것입니다. 햇빛에 노출된 작품에 금이 가더니 결국 갈라져 버렸습니다. 영원할 거라 생각했던 플라스틱 작품이 힘을 잃은 채 부서져 가는 모습을 보며 다이애나 코엔 씨는 궁금증이 생겼습니다. 플라스틱도 저절로 분해가 되는 걸까요?

플라스틱은 작은 분자들이 연속적으로 결합하여 만들어진 고분자 화합물이기 때문에 열과 압력을 가해 다양한 모양으로 성형할 수 있다는 장점을 가지고 있습니다. 고분자 화합물에는 자연이 만들어 낸 천연 고분자가 있고, 인간이 만들어 낸 합성 고분자가 있는데 우리가 사용하는 플라스틱은 대부분 후자에 속합니다. 플라스틱의 가장 큰 단점은 여기에 있습니다. 자연이 만들어 낸 재료라면 미생물에 의해 분해가 되지만, 플라스틱은 생분해가 되지 않습니다. 다시 말해, 플라스틱은 부패하지 않는 것입니다.

그렇다고 플라스틱이 영원히 같은 모양을 유지하는 것도 아닙니다. 플라스틱에 열을 가하면 분자 간의 결합이 깨져 모양이 변합니다. 바다로 흘러간 플라스틱은 오랜 시간 햇빛에 노출됩니다. 강한 볕에 분자들이 힘을 잃고 분리되면 플라스틱이 부서지기 시작합니다. 쪼개진 플라스틱은 더 작은 조각으로 나뉘고 결국에는 눈에 보이지 않을 만큼 작은 크기로 조각납니다. 5밀리미터 이하의 작은 플라스틱을 미세 플라스틱이라고 부릅니다.

미세 플라스틱은 음료수 병이나 비닐봉지처럼 크기가 큰 플라스틱에서만 나오는 것은 아닙니다. 하수구에 버려진 물에서도 미세 플라스틱을 발견할 수 있는데 그 출처가 놀랍습니다. 유엔환경계획이 발표한 보고서에 따르면, 미세 플라스틱의 80%가 옷과 같은 섬유에서, 17%가 치약과 세안제와 화장품을 만드는 데 사용되는 마이크로 비즈 같은 원료에서, 2%가 비닐 봉투와 같은 필름에서, 1%가 담배 필터 같은 폼 재질에서 나옵니다.

아침에 일어나 세수하고 양치한 뒤 화장품을 바르는 것만으로도 미세 플라스틱을 배출하는 셈입니다. 가장 심각한 것은 의류인데 합성 섬유로 만들어진 옷에서는 한 번 세탁할 때마다 1,900개 이상의 미세 플라스틱 섬유가 나옵니다.

미세 플라스틱은 생태계에 더 큰 위협을 끼칩니다. 작은 해양 생물들까지 플라스틱을 먹이로 착각하고 섭취하기 때문입니다. 한국해양과학기술원에서 대한민국 시민들이 가장 많이 먹는 네 종류의 조개류 안에 미세 플라스틱이 존재하는지 조사했는데 결과는 다른 나라와 마찬가지였습니다. 서울과 광주, 그리고 부산에서 구입한 굴, 바지락, 가리비, 홍합의 한 종류인 담치에서 모두 미세 플라스틱이 검출됐습니다. 오염된 바다를 깨끗하게 정화시켜 준다고 알려진 조개류도 플라스틱을 걸러 내지는 못했습니다.

마시는 물도 안심할 수는 없습니다. 뉴욕주립대학교 연구진이 9개 나라에서 파는 생수를 조사했는데 평균적으로 생수 1리터당 325개의 미세 플라스틱 조각이 들어 있었습니다. 조사한 259개 생수 중 미세 플라스틱이 없는 것은 17개뿐이었고, 심한 경우 1리터에 1만 개의 미세 플라스틱이 있는 생수도 있었습니다. 조사한 생수 10개 중 9개 이상에 플라스틱이 들어 있었던 것입니다.

합성 화학 물질이 남긴 발자국, 환경 호르몬

플라스틱이 인체에 어떤 영향을 끼치는지 알아보기 위해 EBS에서 흥미로운 실험을 했습니다. 8명의 지원자를 선정해 '플라스틱 식단'이라는 실험을 진행한 것입니다. 피실험자가 할 일은 100시간 동안 플라스틱 용기에 든 음식을 먹는 것입니다. 제작진은 플라스틱 식단 전과 후, 피실험자의 혈액에 담긴 환경 호르몬 수치를 비교해 플라스틱이 인체에 미치는 영향을 알아봤습니다.

100시간의 실험이 끝나고 8명의 혈액 검사 결과가 나왔습니다. 참가자 모두 대표적인 환경 호르몬 물질인 프탈레이트와 비스페놀A 수치가 적게는 3배, 많게는 13배나 증가했습니다. 이렇게 몸속에 환경 호르몬이 많다는 건 어떤 의미일까요?

독수리나 갈매기, 수달, 돌고래 같은 야생 동물을 관찰하던 동물학자들은 1990년대 중반부터 동물들이 이상하게 변해 가고 있음을 감지했습니다. 짝짓기 철에 구애 활동을 하지 않거나, 기형인 새끼를 낳거나, 떼죽음을 당하는 일이 벌어진 것입니다. 몇 년의 연구 끝에 그들이 발견한 것이 바로 합성 화학 물질에서 나오는 환경 호르몬입니다.

호르몬은 세포가 분비하는 화학 물질로 우리 몸의 신호를 전달하는 수단 중 하나입니다. 호르몬이 혈액을 타고 몸속 기관에 전달되면, 세포는 신호에 따라 역할을 수행합니다. 일정한 나이가 되면 몸에 2차 성징이 일어나는 이유도 호르몬의 영향입니다. 그렇다고 하나의 호르몬이 모든 세포와 반응하는 것은 아닙니다. 자물쇠와 열쇠처럼 서로 맞는 호르몬과 세포가 존재합니다.

환경 호르몬이 문제인 이유는 몸속에 있는 호르몬을 흉내 내 세포들을 반응하게 만들기 때문입니다. 환경 호르몬이 흉내 내는 대표적인 호르몬은 여성 호르몬인 에스트로겐입니다. 환경 호르몬에 노출된 동물이 생식기 관련 문제를 가지고 있었던 이유도 이 때문입니다.

환경 호르몬은 인간에게도 치명적인 영향을 끼쳤습니다. 20세기 중반, 미국에서 유산을 방지해 주는 약이 개발됐습니다. 에스트로겐 역할을 하는 합성 여성 호르몬 성분이 들어 있는 약으로, 임신부들은 배 속의 아이가 무사히 태어나기를 바라며 이 약을 먹었습니다.

그로부터 몇 년 후, 이상한 일이 벌어졌습니다. 난소암에 걸린 아이들이 무더기로 생겨난 것입니다. 병에 걸린 아이들의 공통점이 있었는데, 어머니가 임신 중 합성 여성 호르몬을 복용했다는 것이었습니다. 이 사실이 알려진 뒤 약은 판매가 중단됐지만, 합성 여성 호르몬에 노출되었던 아이들은 성인이 된 후에도 남녀 할 것 없이 각종 질환에 시달리며 고통스러운 삶을 살고 있습니다.

제2차 세계 대전이 끝난 후 세계 경제가 다시 살아나자 인간은 합성 화학 물질을 개발해 산업용 원료, 살충제, 제초제 같은 다양한 제품을 만들어 삶의 질을 높이고 돈을 벌었습니다. 여기에서 환경 호르몬이 나올 수 있다는 것은 꿈에도 생각하지 못한 채 말입니다. 플라스틱에 환경 호르몬 문제가 따라다니는 이유는 플라스틱 역시 합성 화학 물질로 만들어지기 때문입니다. 최근 아이들 사이에서 2차 성징이 빨리 나타나는 성조숙증이 문제가 되고 있는데, 원인 중 하나로 플라스틱에서 발생하는 환경 호르몬이 꼽히고 있습니다.

가장 큰 문제는 우리 몸에 환경 호르몬을 거부할 능력이 없다는 것입니다. 해양 생물들이 플라스틱을 먹이라고 잘못 생각하듯이 우리의 몸도 환경 호르몬을 여성 호르몬으로 착각합니다. 그렇다면 피해를 줄일 수 있는 방법은 하나입니다. 어떤 물질에서 환경 호르몬이 나오는지 알고, 환경 호르몬에 대한 노출을 최대한 줄이는 것입니다.

폐플라스틱도 등급이 있다

플라스틱 쓰레기 문제는 어제오늘 일이 아닙니다. 플라스틱 사용이 늘어나면서 많은 나라가 쓰레기를 어떻게 처리할지 고심해 왔습니다. 대다수의 정부가 선택한 해결책은 재활용입니다. 우리나라도 재활용을 해결책으로 내밀며 플라스틱 분리배출을 강조해 왔습니다. 덕분에 이제는 누구나 습관처럼 플라스틱을 사용하고 나면 재활용 통에 넣을 정도로 분리수거가 몸에 밴 생활을 하고 있습니다. 그럼에도 우리나라는 폐플라스틱을 수입하는 나라 중 하나입니다. 우리는 왜 다른 나라가 버린 플라스틱을 사들이고 있는 걸까요?

우리나라가 다른 나라보다 플라스틱 사용이 적어서는 아닙니다. 대한민국은 세계에서 1인당 플라스틱 소비량이 세 번째로 높은 나라이

국가별 연간 1인당 플라스틱 사용량

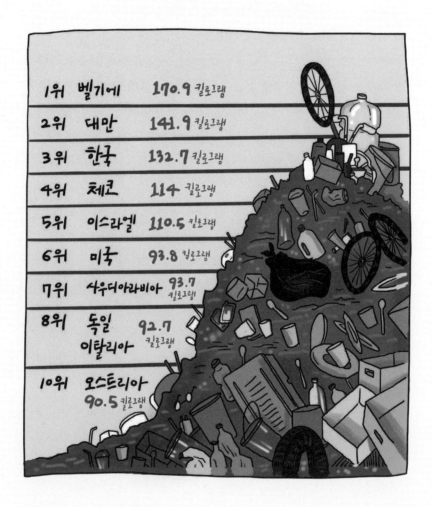

순위	국가	사용량
1위	벨기에	170.9 킬로그램
2위	대만	141.9 킬로그램
3위	한국	132.7 킬로그램
4위	체코	114 킬로그램
5위	이스라엘	110.5 킬로그램
6위	미국	93.8 킬로그램
7위	사우디아라비아	93.7 킬로그램
8위	독일 이탈리아	92.7 킬로그램
10위	오스트리아	90.5 킬로그램

얼마나 많은 플라스틱을 드셨나요

기 때문입니다. 연간 1인당 플라스틱 사용량을 보면, 벨기에가 170.9킬로그램으로 가장 많고, 대만이 그 뒤를 이어 141.9킬로그램이었으며, 대한민국이 132.7킬로그램으로 3위를 차지했습니다. 체코와 이스라엘도 100킬로그램 넘게 사용하며 상위권에 이름을 올렸습니다.

플라스틱 사용이 많음에도 폐플라스틱을 수입하는 이유 중의 하나는 잘못된 분리배출 방법에 있습니다. 우리나라 플라스틱 재활용 함을 보면 생수병, 샴푸 용기, 요구르트병, 과자 봉지가 마구 뒤섞여 있습니다. 일반인이 보기엔 다 같은 플라스틱이지만, 모두 다른 원료로 만들어졌습니다. 플라스틱 재활용은 원료별로 이루어집니다. 따라서 다양한 종류의 플라스틱을 한군데에 섞어 놓으면 재활용이 힘들어집니다.

예를 들어, 생수병만 하더라도 세 가지 종류의 플라스틱 원료가 사용됩니다. 보통 생수병 라벨에 재질 표시가 되어 있는데, 투명한 통은 페트라고 불리는 폴리에틸렌 테레프탈레이트(PET)이고, 뚜껑은 고밀도 폴리에틸렌(HDPE)이며, 생수병 몸통에 둘러진 라벨은 폴리프로필렌(PP)입니다. 생수병이 재활용되길 바란다면 생수병에 붙은 라벨을 제거하고 뚜껑을 따서 버려야 합니다.

재활용을 가로막는 또 다른 요인은 낮은 플라스틱 등급입니다. 재활용 업체가 선호하는 것은 당연히 플라스틱 등급이 높은 것인데, 우리나라에는 여러 플라스틱 재질이 혼합된 제품이 많아 질이 떨어지는 것입니다. 형광색 음료수병, 카페나 패스트푸드점에서 사용하는 일회용컵, 마트나 편의점에서 파는 컵 용기에 담긴 커피가 재활용이 힘든 대표적인 제품입니다. 페트병에 색이 들어가면 불순물이 섞여 품질이 떨어지고, 마트나 편의점용 커피 컵은 플라스틱 자체가 복합 재질로 만들어져서 품질이 낮습니다.

또한 카페나 패스트푸드점에서 사용하는 컵은 재질 표시가 되어 있지 않아 페트인지, 폴리스티렌(PS)인지 구분이 힘듭니다. 게다가 일회용 컵에 브랜드 로고가 박혀 있는 경우에는 화학 약품 처리를 해서 로고를 제거해야 하는 수고로움까지 더해집니다. 이런 연유로 우리나라는 질 좋은 폐플라스틱을 일본이나 유럽에서 수입하고 있습니다.

그동안 우리나라는 재활용이 힘든 저품질 플라스틱을 땅에 묻거나 소각하고, 일부는 해외로 수출하곤 했습니다. 최근 중국이 환경 오염을 이유로 더 이상 저품질 플라스틱 수입을 하지 않겠다는 결정을 내리면서 이마저도 힘들어졌습니다. 하지만 쓰레기를 여기저기로 떠넘긴다고 환경 문제가 사라지는 것은 아닙니다. 지구의 입장에서는 쓰레기의 위치만 이동할 뿐입니다.

좀 더 나은 해결책은 플라스틱 제품을 만들 때 생애 주기를 함께 고민하는 것입니다. 제품이 만들어지고 사용이 끝날 때까지 생태계에 어떤 영향을 미치는지 고려해서 자연에 해롭지 않은 재료를 사용하고 재활용 방법도 함께 제시한다면, 플라스틱 제품이 쓰레기가 되어 바다에 떠도는 일을 줄일 수 있을 테니 말입니다.

쓰레기 제로에 도전하는 가미카스 마을

대부분의 인간은 태어나면서부터 플라스틱 인류로 성장합니다. 일회용 기저귀를 차고 플라스틱 젖병을 빨고, 플라스틱 옷을 입고 플라스틱 장난감을 가지고 놀면서 플라스틱 컵에 담긴 물을 마십니다.

우리의 하루도 플라스틱으로 시작해, 플라스틱으로 끝납니다. 아침에 일어나 플라스틱 통에 담긴 샴푸와 세안제로 씻고, 플라스틱으로 만들어진 칫솔로 양치질을 합니다. 플라스틱 냉장고 안에는 플라스틱 반찬 통과 비닐 랩에 싸인 음식이 들어 있습니다. 출근길에 마시는 아이스커피가 담긴 용기도, 자동차도, 하루 종일 사용하는 컴퓨터와 스마트폰, 그리고 신용 카드까지 모두 플라스틱 제품입니다. 상황이 이렇다 보니 플라스틱 재활용 통이 비어 있는 날을 찾아보기 힘듭니다.

그런데 일본에 폐플라스틱을 비롯한 생활 쓰레기를 거의 배출하지 않는 마을이 있어 화제가 되고 있습니다. 일본 도쿠시마현의 가미카스 마을입니다. 쓰레기 제로의 비법은 바로 재활용입니다. 가미카스 마을의 재활용 센터는 다른 지역과는 확연한 차이가 있습니다. 일반적인 재활용 함은 캔, 플라스틱, 종이, 유리 정도로만 분류되어 있지만, 이 마을은 재활용 함이 무려 45개나 됩니다. 플라스틱뿐만 아니라 종이나 캔도 재질별로 분류하다 보니 재활용 함이 늘어난 것입니다.

45개의 재활용 함에 쓰레기를 분류하는 사람은 재활용 센터 직원이 아닌 마을 주민입니다. 주민들은 쓰레기를 재활용 센터에 가져와 뚜껑은 뚜껑대로, 페트는 페트대로 재질에 맞게 분류해 넣습니다. 재활용 함에 담긴 폐품 역시 굉장히 깨끗합니다. 재활용하기 쉽게 주민들이 미리 집에서 용기나 병에 묻은 오물을 말끔히 씻어 오기 때문입니다.

그뿐만 아니라 각각의 재활용 함에는 다른 곳에서는 볼 수 없는 종이가 붙어 있습니다. 이곳에는 버려진 쓰레기가 어떤 물건으로 재탄생되는지, 처리 비용이 얼마나 드는지, 재활용이 어떻게 지역 발전에 도움을 주는지에 대한 간단한 설명과 그림이 담겨 있습니다. 주민들이 자신의 노고가 어떤 긍정적인 효과를 낳는지를 확인할 수 있도록 한 것입니다. 가미카스 마을이 폐지나 폐플라스틱을 판매해 벌어들이는 수익은 연간 2,500만 원에서 3,000만 원 정도 되는데, 이 돈은 마을의 공동 수익금으로 사용됩니다.

지금은 주민들이 자긍심을 가지고 열심히 재활용을 하지만 자발적인 참여를 이끌어 내는 일은 쉽지 않았습니다. 주민들의 마음을 돌린 것은 쓰레기가 만들어 낸 환경 문제였습니다. 일본은 다른 나라와 마찬가지로 제2차 세계 대전 후 산업화가 급격히 진행되면서 쓰레기가 증가했습니다. 1980년에는 쓰레기 양이 1960년에 비해 5배나 증가했습니다. 일본 정부는 여기저기에 소각장을 설치해 기하급수적으로 늘어나는 쓰레기를 처리했습니다.

가미카스 마을도 다른 지역처럼 소각장에서 쓰레기를 태웠습니다. 하지만 쓰레기를 태우면 온난화가 심각해지고, 특히나 일부 플라스틱은 불에 타면 다이옥신 같은 발암 물질을 배출하기 때문에 이 역시 지속 가능한 방법은 아니었습니다. 일본 정부도 이 문제에 공감하고 재활용 정책을 실시했는데, 가미카스 마을은 쓰레기 제로 프로그램을 실시하며 더욱더 적극적으로 쓰레기 문제에 앞장섰습니다.

노력의 결과, 가미카스 마을은 쓰레기의 80%를 재활용하고 있습니다. 재활용률이 높은 이유는 분리배출을 제대로 하는 것도 있지만, 중고 물품 거래 때문이기도 합니다. 주민들은 옷이나 인형, 더 이상 사용하지 않는 제품을 '쿠울쿠울샵'으로 가져옵니다. 쿠울쿠울샵은 물건의 새 주인을 찾아 주는 장소로, 마을 사람이면 누구나 여기에 있는 물건을 공짜로 가져갈 수 있습니다. 이곳에서도 주인을 못 찾은 물건은 수공업 공장으로 보내집니다. 축제 때만 잠깐 쓰고 버리는 깃발이나 기모노를 수선해 가방이나 기념품을 만드는 곳입니다.

"익숙해지면 그냥 평범한 일상이 됩니다. 지금은 귀찮다고 생각하지 않아요."[2]

　가미카스 마을의 한 주민은 분리수거하는 일이 이제는 자연스러워졌다고 말합니다. 주민들의 적극적인 협조 덕분에 마을은 더 큰 목표를 향해 달려가고 있습니다. 쓰레기 재활용률을 높여 2020년까지 쓰레기 제로를 달성하는 것입니다. 이를 위해, 마을에서는 아이가 있는 가정에 천 기저귀 세트를 선물하는 프로젝트도 진행하고 있다고 합니다.

플라스틱 없는 일상을 실험하기

플라스틱은 값이 저렴하고 사용이 편리해 한때 기적이라 불렸지만, 그 사용량이 급격히 늘어나면서 바다는 몸살을 앓고 있습니다. 플라스틱 없는 삶은 불편하지만, 훼손된 지구에서 견뎌야 하는 불편은 훨씬 더 크고 고통스럽습니다. 일상 속에서 플라스틱 사용을 줄일 수 있는 간단한 방법들을 소개합니다.

하나. 플라스틱 없는 슈퍼마켓을 이용한다

서울 성수동에 있는 마트 '더 키퍼'는 우리나라 최초로 비닐 포장을 모두 없앴습니다. 식재료는 모두 유리 용기나 박스에 진열되어 있고, 소비자들은 직접 가져온 가방에 식재료를 담습니다. 이런 마트에 가지 않더라도 스스로 비닐 포장 없는 쇼핑을 할 수 있습니다. 시장을 볼 때 가능하면 비닐 포장이 없는 과일과 야채를 구매해 에코백이나 삼베 주머니에 식재료를 담으면 됩니다. 고기는 직접 가져간 용기에 담아 올 수 있습니다.

둘. 천연 섬유 의류를 구매한다

요가복을 세탁할 때마다 70만 조각의 미세 플라스틱이 발생합니다. 나일론, 아크릴, 폴리에스테르는 모두 석유에서 생산된 플라스틱이기 때문입니다. 이를 피하려면 면, 마, 모, 견처럼 천연 섬유로 만든 옷을 구매하도록 합니다.

셋. 일회용품이나 에어 캡을 빼 달라고 요청한다

배달 음식을 주문할 때는 일회용 수저와 젓가락을 빼 달라고 요청합니다. 택배로 물건을 주문할 때는 깨질 위험이 없는 물건일 경우 에어 캡을 사용하지 말아 달라는 메모를 남길 수 있습니다.

배달 음식을 시키게 되면
일회용 수저, 포크는 받지
말아야지.

06.
12.

World Day Against Child Labour

왜 세계화가
문제일까

세계화는 우리에게 풍요로움을 선사했습니다. 정신을 맑게 해 주는 향긋한 콜롬비아산 커피, 방글라데시 공장에서 생산된 세계 유명 패션 브랜드의 의류, 입맛을 돋우어 주는 통통한 태국산 새우까지 우리는 예전보다 더 다양한 물건을 더 저렴하게 구매할 수 있게 됐습니다.

그런데 세계화가 가져온 축복은 모두에게 해당되는 이야기일까요? 오늘날 1억 6,800만 명의 아이들은 꿈을 빼앗긴 채 일터로 향합니다. 그중 절반인 8,500만 명의 아이들은 가혹한 형태의 아동 노동에 처해 있습니다.

"발전이란 인간이 향유하는 실질적 자유를 확장시키는 과정이다." 노벨 경제학상 수상자 아르마티아 센은 진정한 발전은 인류의 자유를 늘리는 것이라고 말합니다. 세상은 발전했는데 아이들의 자유를 빼앗는 아동 노동이 사라지지 않는 이유는 무엇일까요? 우리가 누리는 풍요로움과 아동 노동은 어떤 관계가 있을까요?

처음으로 배운 영어 단어, 1달러

'초등학교 선생님', 한때 사람들은 저를 그렇게 불렀습니다. 물론 사표를 내는 바람에 2년 만에 그 호칭은 사라졌습니다. 아이들을 가르치는 일이 적성에 맞지 않아서, 학교에서 문제가 있어서 교사를 그만둔 것은 아닙니다. 오래전부터 제 마음 한 켠에 자리 잡고 있던 불편한 질문 때문에 내린 결정이었습니다.

대학교 3학년 여름, 살면서 처음으로 해외여행을 갈 수 있는 기회가 왔습니다. 학교에서 해외 교육 봉사 활동을 갈 학생들을 모집했고, 운 좋게 뽑혀 베트남에 가게 됐습니다. 귀국하기 전 베트남과 가까운 캄보디아에 들러 세계적인 문화유산인 앙코르 와트를 볼 수 있는 기회를 얻었습니다. 그곳에서 어떤 일이 벌어질지 모르고 말입니다.

앙코르 와트는 그 명성만큼이나 대단한 곳이었습니다. 하늘 위로 우뚝 솟은 첨탑을 보는 순간 천상에라도 온 것 같았습니다. 그러나 제가 즐길 수 있었던 시간은 딱 여기까지였습니다. 제 옆으로 아이들이 다가오면서 경이로웠던 순간들이 모두 사라졌습니다.

초등학생쯤으로 보이는 아이들은 기념품을 내밀며, 제게 '1달러'를 외쳤습니다. 옆을 둘러보니, 여기저기서 1달러를 외치는 아이들이 보였습니다. 누군가 돈을 주기라도 하면 떼로 다가가 손에 든 물건을 내밀었습니다. 저 또래의 아이들이 할 수 있는 일이라고는 학교에 가거나, 공부를 하거나, 친구들과 놀거나, 또는 집안일을 돕는 정도라고 생각했던 저에게 이 모습은 그야말로 충격이었습니다. 그렇게 첫 해외여행은 씁쓸한 기억으로 끝이 났습니다.

다시 일상으로 돌아온 뒤 저는 그 아이들을 위해 할 수 있는 일이 없을까 고민했습니다. 사람들의 말처럼 아동 노동은 그 나라의 문제일 뿐인지, 가진 돈의 일부를 구호 단체에 기부하는 게 내가 할 수 있는 전부인지, 혼란스럽기만 했습니다. 시간이 흘러 저는 학교를 졸업하고 초등 교사가 됐습니다. 그사이 세상은 더 좋아지고, 국제 구호 단체도 많아졌습니다. 하지만 여전히 세상 어딘가에는 처음으로 배운 영어 단어가 '1달러'인 아이들이 존재했습니다. 세상은 발전했는데, 왜 학교에 가지 못하는 아이들은 여전히 많은 걸까? 저는 직장을 그만두고 그 답을 찾아 나섰습니다.

반짝이는 눈매를 위해 아이들이 사라진다

화학 물질에 대한 우려의 목소리가 높아지면서 먹고, 입고, 바르는 제품에 천연 재료를 사용하는 것이 유행처럼 번졌습니다. 인기 있는 재료 중 하나가 바로 마이카(Mica)라는 광물입니다. 다소 생소한 이름이지만, 마이카는 반짝거리는 성질이 있어서 전자 제품이나 자동차를 만드는 데 사용되어 왔습니다. 천연 화장품 붐으로 이제는 아이섀도나 립스틱과 같은 색조 화장품에도 들어갑니다. 그런데 마이카의 인기만큼이나 사용을 반대하는 목소리도 늘고 있습니다. 도대체 마이카에는 어떤 사연이 담겨 있을까요?

황토색 암석으로 둘러싸인 광산에 조그마한 틈이 있습니다. 사람이 들어가기 힘든 작은 구멍 앞에 한 아이가 쪼그려 앉아 뭔가를 하고 있습니다. 아이가 틈 사이로 손을 넣어 꺼낸 것은 마이카입니다. 언제 무너질지 모르는 위험한 광산에서 신발도 안전모도 없이 맨손으로 일하고 있습니다.

"매일 학교에 가고 있어요, 이 일은 학교 끝나고 와서 하는 거예요."[1]

열두 살 살림은 마이카 광산에서 일하냐는 취재진의 질문에 이렇게 답했습니다. 하지만 담임 선생님의 이름을 묻는 질문에는 대답하지 못했습니다. 알고 보니 살림은 학교에 입학은 했지만, 가정 형편이 어려워 학교를 그만두고 대신 광산에서 일하고 있었습니다. 불법으로 일하는 사실이 탄로 날까 무서워 거짓말을 한 것입니다.

인도의 비하르주와 자르칸드주는 전 세계 1/4의 마이카를 생산할 정도로 광산이 많습니다. 광산이 많으면 일자리도 많아서 주민들이 생

계 걱정 없이 살 것이라고 생각하지만 이 두 지역은 불행히도 그렇지 못합니다. 광산에서 일을 하는 주민의 대다수가 광산 주인과 빚으로 엮여 있기 때문입니다. 광산 주인들에게 갚아야 할 이자가 많을 때는 연 200%나 되다 보니, 사람들은 아이들까지 데려와 광산에서 일하고 있습니다. 하지만 일을 하고도 받는 돈이 터무니없이 적어 빚을 갚기 쉽지 않습니다.

이보다 더 큰 문제는 광산에서 목숨을 잃는 아이들이 많다는 것입니다. 바스데브 라이 프라타프 씨는 열여섯 살 아들 마단을 잃었습니다. 2016년 6월 23일, 자르칸드에 있는 광산이 무너졌는데 마단은 빠져나오지 못했습니다.

"광산이 이렇게 위험한 곳인 줄 몰랐어요. 미리 알았더라면 일하게 두지 않았을 거예요."[2]

바스데브 라이 프라타프 씨는 뒤늦게 후회했지만 아들은 한 줌의 재가 되어 돌아왔습니다. 끔찍한 사고를 당한 것은 마단뿐만이 아닙니다. 6월에만 20명이 안타깝게 숨을 거뒀는데 사망자 명단에 마단 외에 2명의 아이가 더 있었습니다. 7월에는 4명의 아이가 목숨을 잃었습니다. 이 역시 제대로 된 수치가 아닙니다. 비하르와 자르칸드 지역 마이카 광산의 90%가 불법이기 때문에 사고가 발생해도 제대로 신고가 되지 않을뿐더러 공식적인 통계도 존재하지 않습니다.

살림이나 마단의 이야기만 들으면, 아동 노동이 남의 나라 이야기처럼 느껴집니다. 하지만 아이들이 일하는 이유가 우리가 사용하는 물건 때문이라면 이야기는 달라집니다. 우리는 물건을 통해 서로 연결되어 있기 때문입니다. 스마트폰에 들어가는 콜탄은 콩고민주공화국, 생활용품의 절반에 들어가는 팜유는 인도네시아, 바닐라 아이스크림 속 바닐라는 마다가스카르, 지폐 원료인 목화는 우즈베키스탄, 담배는 말라위 아이들이 만들고 있습니다. 미국 노동부에 따르면, 아이들은 76개국에서 148개의 원료를 생산하고 있습니다. 이 물건들이 사라지지 않는 이상, 아동 노동은 우리의 문제일 수밖에 없습니다.

저렴한 옷 가격이 불러온 나비 효과

매일 아침, 외출하기 전에 확인하는 것이 있습니다. 오늘의 날씨입니다. 그런데 종종 일기 예보에서 분명 '맑음'이라고 했는데, 난데없이 비가 쏟아져 낭패를 보기도 합니다. 툭하면 틀리는 일기 예보, 도대체 왜 그런 걸까요?

기상학자 로렌츠의 이론에 따르면 이는 당연한 일입니다. 로렌츠는 정확한 일기 예보를 위한 기상 모델을 연구했는데, 결국 깨달은 사실은 정확한 일기 예보란 없다는 것이었습니다. 작은 수치 변화에도 날씨가 놀라울 정도로 달라지기 때문입니다. 이렇게 탄생한 이론이 '브라질에 사는 나비의 날갯짓이 미국 텍사스에 태풍을 일으킬 수 있다'는 나비 효과입니다.

이는 일기 예보를 설명하기 위해 만들어졌지만, 이제는 정치, 사회, 경제 분야에서도 다양하게 인용되고 있습니다. 모든 일에는 원인이 있기 마련인데, 생각보다 사소한 사건으로 큰일이 벌어지는 경우에 빗대어 쓰입니다. 그렇다면, 우리가 만들어 내고 있는 나비 효과는 없을까요?

방글라데시 수도 다카에 사는 열다섯 살 프리티는 매일 아침 엄마와 집을 나섭니다. 그 옆에는 세 살 더 많은 언니 사마파티도 있습니다. 세 사람이 나란히 가는 곳은 옷 공장입니다. 8층짜리 건물에 5개 공장이 들어와 있는데, 모두 옷을 만들고 있습니다. 일이 많아 오전 8시만 돼도 건물 전체가 부산합니다.

프리티와 사마파티는 누가 봐도 학교에 갈 나이지만, 집안 형편이 어려워 갈 수가 없습니다. 이상하게도 세 식구가 매일 열심히 일을 해도 살림은 좀처럼 나아지지 않았습니다. 프리티 가족뿐만 아니라 옷 공장에서 일하는 동료들 역시 사정은 비슷합니다. 부모와 아이가 하루 종일 옷을 만들지만, 가난에서 벗어나지 못합니다. 게으름을 피우지 않는데도 말입니다.

가난의 원인은 옷 가격에 있습니다. 대부분의 소비자는 같은 조건이면 저렴한 옷을 구입합니다. 의류 회사는 생산비를 낮추기 위해 노동력을 저렴하게 쓸 수 있는 나라에 제조를 맡깁니다. 방글라데시 옷 공장들은 의류 회사의 일감을 얻기 위해 끊임없이 경쟁합니다. 인건비를 바닥까지 낮추고, 좁은 공간에서 많은 사람이 일할 수 있도록 불법으로 공장을 개조하여 생산비를 줄입니다.

이 때문에 옷 공장에서 일하는 생산자들은 다른 직업에 비해 유독 월급이 낮습니다. 이것도 부족했는지, 옷 공장은 아이들을 고용하면서까지 인건비를 줄입니다. 성인만큼 일을 잘하고, 임금도 싸서 어린 노동자를 고용하는 일은 공장 입장에서 일석이조인 셈입니다. 부모의 월급으로는 가족들이 입에 풀칠하기도 힘든 상황이다 보니, 공장에서 일하려는 아이들 역시 많습니다.

불법으로 개조한 건물은 끔찍한 사고를 불러오기도 합니다. 2013년 4월 24일, 프리티 가족이 일했던 라나 플라자가 붕괴됐습니다. 사망자

만 무려 1,134명, 그 안에 프리티의 언니 사마파티도 있었습니다. 국제 시민 단체인 액션에이드가 생존자 1,436명을 대상으로 조사한 결과, 그중 202명이 18세 이하였습니다. 즉, 일하던 사람의 7명 중 1명이 아동인 셈입니다. 사고는 아이들에게서 가족과 친구를 빼앗아 가고, 회복할 수 없는 장애를 남겼습니다.

전 세계는 세계화라는 그물망으로 서로 연결되어 있습니다. 우리의 작은 행동이 아동 노동이라는 나비 효과를 일으키는 이유도 세계화 때문입니다. 소비자들이 저렴한 물건을 원한다면, 회사는 물건의 가격을 낮추기 위해 노력합니다. 그 결과 생산지에서는 아이들이 안전을 위협받는 열악한 환경에서 일을 하게 됩니다. 다행인 점은 세계화가 긍정적인 나비 효과를 가져올 수도 있다는 사실입니다. 반대로 우리가 정의로운 물건을 원한다면, 생산자들은 안전한 곳에서 제대로 된 월급을 받고 일할 테니 말입니다.

아이들은 답을 알고 있다

죽기 전에 꼭 가 봐야 할 곳, 남미 최고의 여행지로 불리는 나라가 있습니다. 다름 아닌 볼리비아입니다. 이런 명성을 갖게 된 이유는 지상위의 천국이라고 불리는 우유니 소금 사막 때문입니다. 여행자에게 천국을 맛보게 해 주는 볼리비아, 하지만 아이들의 권리를 중요하게 여기는 사람이라면 다시는 가고 싶지 않은 곳일지도 모릅니다.

2014년, 볼리비아는 노동할 수 있는 나이를 만 14세에서 만 10세로 낮추면서, 더 많은 아이들이 합법적으로 일하도록 길을 열어 주었습니다. 볼리비아 정부의 결정에 해외 언론은 아이들을 보호해야 할 정부가 외려 이들을 위험에 노출시키고 있다며 비난을 퍼부었습니다.

하지만 놀랍게도 이 법은 볼리비아의 어린 노동자들 사이에서 환영을 받았습니다. 지지자들은 가정 형편이 어려워 아이들이 어차피 일할 수밖에 없다면, 법의 테두리 안에서 보호받으며 해야 한다고 말합니다.

개정된 법에 따르면 부모의 허락이 있고, 안전이 보장되는 일이라는 전제하에서만 아이들은 일을 할 수 있습니다. 물론 오전, 오후, 저녁 중 하루에 한 번은 꼭 학교에 가야 합니다. 또한, 이 법으로 월 30만 원 정도의 최저 임금을 보장받게 되면서 일한 대가로 얼마를 받을지 고용주와 협상해야 하는 부담도 사라졌습니다.

나라마다 처한 상황이 다르기 때문에 아동 노동 문제에 대한 접근법이 모두 같을 수는 없습니다. 중요한 것은 방향성입니다. 볼리비아의 법에 대한 찬반 의견은 다른 듯 보이지만 같은 목적을 가지고 있습니다. 아이들을 보호하자는 데에는 이견이 없습니다. 궁극적으로 아동 노동은 없어져야 하지만, 어쩔 수 없이 돈을 벌어야 한다면 어른들의 손에 아이들이 착취당하지 않게 보호하는 일 역시 중요합니다. 실제로 전 세계의 일하는 아이들 절반이 국제노동기구가 금지하는 '가혹한 형태의 아동 노동'에 처해 있습니다. 인신매매를 당해 노예 같은 생활을 하거나 전쟁이나 마약 운반, 매춘에 이용되기도 합니다. 또한, 강제 노동에 시달리기도 합니다.

"법이 바뀐 것이 좋지만은 않아요. 사실 필요한 건, 어른들이 제대로 된 일자리를 갖는 거예요. 그래야 가족을 부양할 수 있으니까요."[3]

볼리비아에서는 80만 명이 넘는 어린아이들이 생계를 위해 일하고 있습니다. 어린 나이에 생활 전선에 뛰어든 아이들은 아동 노동의 해결책을 정확히 알고 있습니다. 바로 좋은 일자리를 만드는 것입니다. 세상은 발전했지만 여전히 아이들이 일할 수밖에 없는 이유는 우리가 만들어 낸 일자리에 '인권'이라는 가치가 빠졌기 때문입니다.

세상에 공정한 마을이 많아진다면

영국 랭커셔주에 가스탕이라는 이름의 작은 마을이 있습니다. 가스탕 마을의 명물은 목요일마다 열리는 시장입니다. 이 장은 1310년부터 시작해 700년이 넘은 역사를 자랑하고 있는데, 아이 옷부터 책, 생활용품까지 없는 게 없습니다. 영국 하면 떠오르는 멋있는 궁이나 박물관이 있는 것도 아니기에 가스탕은 그다지 유명한 마을은 아니었습니다.

그런데 2001년, 갑자기 '세계 최초 공정 무역 마을'이라는 수식어가 붙으면서 이곳이 주목받기 시작했습니다. 공정 무역 마을은 개인을 넘어서 마을 전체가 공정 무역의 가치에 공감하고, 아동 노동이 없는 윤리적인 물건을 이용하는 것을 의미합니다. 도대체 어떻게 이런 일이 가능해졌을까요?

가스탕 마을에 변화를 일으킨 사람은 주민이었던 브루스 크라우더 씨입니다. 1992년에 가스탕 마을로 이사 온 브루스 크라우더 씨는 국제적인 시민 단체인 옥스팜 활동가들과 함께 공정 무역 캠페인을 시작했습니다. 그는 교회나 상점을 돌아다니며 더 나은 세상을 만들기 위해 공정 무역이 필요하다고 호소했습니다. 하지만 돌아오는 것은 냉담한 반응이었습니다. 생산자들이 어떤 어려움을 겪고 있는지 알지 못하는 주민들에게 지지를 바라는 것은 무리였습니다.

브루스 크라우더 씨는 생각을 바꿔, 공정 무역이 무엇인지 알리는 일부터 시작했습니다. 학교나 무역 관계자, 지역 국회 의원, 기관이나 사업체를 운영하는 사람들을 초대해 공정 무역으로 생산된 먹거리를 선보이며, 언제 어디서나 쉽게 윤리적인 상품을 구입할 수 있다는 것을 체험할 수 있도록 했습니다.

8년 후, 오랜 노력이 결실을 맺었습니다. 공정 무역에 담긴 가치에 공감한 주민들은 가스탕을 공정 무역 마을로 만들자는 결정을 내렸습니다. 다음 해, 공정 무역 단체가 가스탕을 공식적으로 세계 최초의 공정 무역 마을로 인정하면서, 국내외에 이름을 알리게 됐습니다.

공정 무역 마을의 탄생은 전 세계에 큰 반향을 일으켰습니다. 작게는 학생회를 주축으로 공정 무역 대학교가 생겨났고, 크게는 공정 무역 도시까지 만들어졌습니다. 공정 무역 마을만 현재 2,000개가 넘는데, 스위스, 덴마크, 캐나다, 일본, 카메룬, 가나 등 전 세계 30개 나라에 퍼져 있습니다.

마을 상점에서는 공정 무역 초콜릿, 커피, 차, 바나나를 팔고, 관공서에서는 회의나 행사에 공정 무역 다과를 준비합니다. 학생들은 공정 무역 교복을 입고 등교하며, 학교에서 공정 무역에 대해 배웁니다. 대학교에서는 주민들과 함께 공정 무역 축제를 엽니다.

공정 무역 학교나 단체, 도시가 많아질수록 정말로 생산자들에게 변화가 있을까요? 코스타리카에서 커피 농사를 짓는 게라르도 아리아스 카마초 씨는 세 아이의 아버지입니다. 원두 가격이 너무 낮아서 농사를 그만둘까 고민도 했지만, 공정 무역 덕분에 농사를 지속할 수 있었다고 합니다.

"공정 무역 덕분에 제 아이들은 대학 교육을 받을 수 있을 것 같습니다. 아이들이 멕시코를 통해 불법 이민을 시도할지도 모른다는 걱정은 하지 않아도 되죠. 저마다 자신이 원하는 삶을 살 수 있어요. 저는 아이들에게 두 가지 선택이 있다고 말합니다. 커피 농사를 지을 수도, 다른 일을 할 수도 있다고 말이죠. 하지만 저나 제 아버지처럼 커피 재배하는 법은 꼭 배워야 한다고 이야기합니다."[4]

코스타리카뿐만 아니라 콜롬비아, 니카라과, 에콰도르, 브라질, 가나, 방글라데시, 인도 등 많은 나라에서 공정 무역을 하는 생산자들이 늘고 있습니다. 이는 모두 공정 무역 제품을 찾는 소비자가 늘어난 덕분입니다.

그런데 공정 무역의 가치에 공감하면서도, '우리나라에도 도움이 필요한 사람이 많은데 굳이 다른 나라 사람까지 도와야 하나요?'라는 의문을 품을 수 있습니다. 반대로 생각해 보면, 공정 무역 제품을 구입한다고 해서 국내에 있는 사람들을 돕지 못하는 것은 아닙니다. 공정 무역 커피를 마시면서 얼마든지 봉사나 기부 활동을 할 수 있습니다. 공정 무역은 자선 활동이 아닌, 세상을 정의롭게 만드는 거래이기 때문입니다.

정의로운 세상을 만드는 착한 소비

아동 노동을 없애기 위한 가장 좋은 방법은 생산자에게 정당한 가격을 지불하는 공정 무역을 확대하는 것입니다. 생산자에게 안정된 임금을 지불해 미래를 설계할 수 있게 하면 아동 노동도 줄어들어 더 공평하고 정의로운 세계를 만들 수 있습니다.

하나. 공정 무역 제품을 선물한다

공정 무역 상품을 돌잔치나 결혼식 답례품으로 건네는 사람들이 늘고 있습니다. 공정 무역의 가치와 중요성을 알리고, 공정 무역 제품을 써 볼 수 있는 기회를 제공한다는 점에서 의미가 있습니다. 선물할 때는 공정 무역 제품이 가진 의미를 적은 카드도 건네 봅니다.

둘. 공정 무역 제품 지도를 만든다

국제공정무역기구 한국사무소 홈페이지(http://fairtradekorea.org)에는 공정 무역 지도가 있습니다. 공정 무역 원두를 판매하는 카페에 대한 정보는 물론 공정 무역 제품을 판매하는 마트, 레스토랑, 학교, 기업도 소개합니다. 근처에 공정 무역 제품을 취급하는 상점이 있다면 국제공정무역기구 한국사무소로 이메일을 보내 정보를 추가해 달라고 요청하는 것도 좋습니다. 더 많은 사람들에게 공정 무역 제품을 알릴 수 있는 계기가 될 것입니다.

셋. 공정 무역 학교 인증을 받는다

우리나라의 덜위치칼리지, 신성중학교, 부천대학교, 가톨릭대학교는 공정 무역 학교로 인증을 받았습니다. 이 인증을 받으려면 먼저 학생, 교사, 학부모로 구성된 실천단을 만들어 공정 무역 캠페인을 진행해야 합니다. 또한 교사 회의나 학교 행사에서 공정 무역 제품을 이용하고, 학교 매점에서 공정 무역 제품을 한 품목 이상 판매해야 합니다. 이후 신청서와 활동 내용을 작성해 한국공정무역마을위원회에 제출한 후, 인증 절차를 거치면 됩니다.

돌잔치에 갔는데, 공정 무역 제품을 답례품으로 받았다.

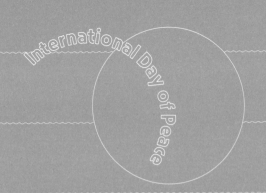

09.
21.

국가는 어떻게 리바이어던이 되는가

"인간은 모두가 두려워하는 공동의 권력 없이는 안전하고 평화롭게 살 수 없다."

홉스가 말한 공동의 권력은 바로 국가입니다. 평화를 지키기 위해 사람들은 국가를 만들었지만, 국가는 사람들을 넘어서는 존재가 되기도 합니다. 국민들에게 합법적이고 정당한 강제력을 행사할 수 있기 때문입니다. 그런데 평화를 위해 만들어진 국가가 평화를 깬다면 어떻게 될까요?

유엔은 매년 9월 21일을 '세계 평화의 날'로 지정해 인류가 평화를 지지하고, 평화의 문화를 만들 것을 촉구하고 있습니다. 그러나 오늘날에도 국가 권력에 의한 폭력은 사라지지 않고 있습니다. 국가란 누구를 위해 존재하는 걸까요? 평화로운 사회는 과연 어떤 모습일까요?

International Day of Peace

토머스 홉스는 왜 『리바이어던』을 썼을까

전쟁을 겪은 시민들은 자연스레 나와 내 가족을 지켜 줄 강력한 국가를 꿈꿉니다. 17세기 영국의 정치 사상가 토머스 홉스 역시 혼돈 속에서 국가의 중요성을 깨달았습니다. 토머스 홉스는 어머니의 배 속에 있을 때부터 전쟁의 불안을 겪었습니다. 스페인 무적함대가 공격해 온다는 소식에 너무나 놀란 토머스 홉스의 어머니는 임신 7개월 만에 그를 낳았습니다. 성인이 되어서는 국왕과 의회의 갈등, 찰스 1세의 처형, 크롬웰의 독재가 만들어 낸 사회적 혼란을 목격합니다. 이러한 경험을 통해 그는 강력한 국가가 필요하다는 것을 깨닫고, 『리바이어던』이란 책을 세상에 남겼습니다.

리바이어던은 구약 성서 욥기 41장에 나오는 괴물입니다. 성경은 리바이어던이 촘촘한 비늘로 뒤덮인 살갗과 방패가 쭉 늘어서 있는 듯한 등, 날카로운 이빨이 빽빽이 박혀 있는 입을 가졌다고 묘사하고 있습니다. 몸이 어찌나 단단한지 가죽에 창을 꽂아도, 머리에 작살을 박아도 끄떡없다고 합니다. 두 콧구멍에서 연기가 나오고 입에서 불이 뿜어져 나오는 모습이 흡사 용 같습니다. 토머스 홉스는 그 누구도 대적할 수 없는 리바이어던 같은 국가를 원했습니다.

『리바이어던』의 표지를 넘기면 그 안에 한 장의 그림이 나옵니다. 처음 눈을 사로잡는 것은 중앙에서 마을을 내려다보고 있는 남자입니다. 머리에는 왕관을 쓰고 오른손에는 검을, 왼손에는 지팡이를 들고 있는 이 사람이 바로 시민을 보호해 주는 국가, 즉 리바이어던을 상징합니다. 왕관 위에는 '지상에 더 힘센 사람이 없으니 누가 그와 겨루랴'라는 욥기 41장 24절의 문구가 적혀 있습니다. 그림 속 남자는 비늘로

덮인 갑옷을 입고 있는 것처럼 보이는데, 자세히 들여다보면 비늘이 하나하나의 사람이라는 것을 알 수 있습니다. 절대 권력을 가진 국가는 단 1명의 왕으로 대표되는 것이 아니라 수많은 개인의 합의와 계약으로 빚어진 결과물이라는 점을 보여 주고 있습니다.

그림 하단의 좌우에는 각각 5개의 작은 그림이 있는데, 국가가 구체적으로 어떤 권력을 가지는지 보여 줍니다. 먼저, 칼 아래에 있는 왼쪽 하단의 그림들을 살펴보면, 위에서부터 성, 왕관, 대포, 무기, 전쟁터가 있습니다. 교황의 지팡이가 있는 오른쪽 하단 그림에는 교회, 주교의 모자, 파면을 상징하는 벼락, 종교 재판에서 쓰이는 논리라는 무기를 뜻하는 창, 종교 재판이 차례로 있습니다. 이는 세속적인 권력과 교회의 권력이 모두 국가에게 있음을 의미합니다.

2014년, 러시아에서 토머스 홉스의 책 제목을 그대로 가져온 영화 「리바이어던」이 만들어졌습니다. 영화는 개봉을 앞두고 러시아에 엄청난 논란을 일으켰습니다. 영화 속에서는 시민을 지켜야 하는 국가가 되레 시민을 괴롭히는 괴물로 비춰지기 때문입니다. 일부에서는 러시아 대통령 푸틴에 대한 저항이라며 감독을 비난했고, 다른 쪽에서는 어느 나라나 가지고 있는 주권 국가의 문제를 꼬집은 것이라고 영화를

▲ 『리바이어던』에 실린 그림

비호했습니다. 국가는 어쩌다 괴물이 되었을까요?

폭력의 뫼비우스 띠

영화 「리바이어던」은 시민 콜랴와 시장 바딤의 갈등으로 시작합니다. 바딤은 바닷가 근처에 호화 별장을 짓고 싶어 합니다. 그런데 걸림돌이 하나 있습니다. 바닷가에 떡하니 버티고 있는 낡아 빠진 콜랴의 집입니다. 시에서 보상금을 줄 테니 집을 팔라고 설득해도 콜랴는 말을 듣지 않습니다. 계속되는 바딤의 압박에 콜랴는 집을 지키기 위해 시를 상대로 소송을 냅니다.

하지만 법은 콜랴의 편이 아니었습니다. 법원은 알아들을 수 없는 전문 용어를 사용하며 모든 소송을 기각합니다. 시장의 직권 남용을 알리려 경찰을 찾아가 보기도 하지만 소란을 피웠다는 죄로 되레 유치장에 갇힙니다. 결국 콜랴는 부인을 죽였다는 누명을 쓰고 감옥에 가고, 바딤은 그토록 원했던 콜랴의 집을 합법적으로 손에 넣습니다. 콜랴의 가정에 일어난 비극은 단지 개인의 문제일까요?

2017년 12월, 박근혜 정부 당시 고용노동부 장관을 지냈던 사람들 앞으로 고소장이 접수됐습니다. 고소를 한 배경을 설명하는 기자 회견에서 한 남성은 자신의 딸이 처한 참담한 상황을 밝혔습니다. 딸은 취직을 한 지 얼마 지나지 않아 시각 장애, 뇌병변, 정신 장애, 거기에 자궁 질병까지 각종 병을 얻었습니다. 다음으로 한 여성이 마이크를 잡으며 눈물을 터트렸습니다. 가족의 얼굴이 보고 싶다는 이 여성은 시력을 모두 잃은 상태였습니다.

정부를 고소한 사람들의 공통점은 스마트폰 부품을 만드는 일을 했다는 것입니다. 월 200만 원을 벌 수 있다는 말에 시작한 일이 이렇게 끔찍한 결과를 가져올 줄 예상하지 못했습니다. 실명의 원인은 공장에서 사용하는 메탄올이었습니다. 대기업 하청 업체인 회사는 메탄올이 얼마나 위험한 물질인지 설명해 주지 않은 채 안전 장비 없이 일을 시켰고, 6명이 시력을 잃었습니다. 그 전에도 같은 이유로 실명된 사례가 있었지만 쉬쉬했습니다. 미리 막을 수도 있었던 문제였지만 결국 7명의 삶이 망가진 후에야 수면 위로 올라왔습니다.

메탄올 사건은 하청 업체와 직원 간의 일이라고 생각할 수 있지만 사실은 그리 간단하지 않습니다. 이 문제의 뿌리에는 1998년 시행된 근로자파견법이 있습니다. 정부는 고용 유연화와 비용 감소를 목적으로 해고가 비교적 쉽고, 임금이 낮은 다양한 비정규직 고용 형태를 만들어 냈습니다. 그중 하나가 사업장과 하청 업체 사이에 이루어지는 파견 근로입니다.

메탄올 피해자들 역시 파견 노동자였습니다. 기업은 인건비를 줄이기 위해 직접 고용하지 않고 파견이라는 형태로 저렴한 노동력을 사용합니다. 계약한 회사와 일한 사업장이 다르기 때문에 문제가 벌어지면, 파견을 보낸 업체와 실제로 노동자에게 일을 시킨 사업장은 서로 문제를 떠넘기기 바쁩니다. 스마트폰을 만드는 대기업 역시 하청 업체의 문제일 뿐 자신들과 관계없는 일이라고 주장합니다. 대기업은 저렴한 가격으로 부품을 만들게 하고, 하청 업체는 안전 비용을 줄여 노동자에게 무리하게 일을 시키는 구조에 원인이 있음에도 말입니다. 그리고 법은 이 구조를 더욱더 공고히 하는 데 일조했습니다.

사회 구조나 사회 제도가 만들어 낸 폭력을 '구조적 폭력'이라고 합니다. 법과 제도가 인권보다 소수의 이익을 위해 만들어지거나 사용될 때 흔히 일어나는 폭력입니다. 구조적 폭력은 문제의 원인을 개인의 탓으로 돌릴 때 간과되기 쉽습니다.

영화 「리바이어던」에서 지속되는 불화에 주인공 콜랴의 가정은 산산조각 납니다. 콜랴는 매일같이 술을 마시고, 부모의 잦은 싸움에 아들은 집 밖을 배회하며, 남편과의 갈등에 의지할 곳이 없어진 부인은 외도를 하고 결국 자살합니다. 이 비극을 콜랴의 다혈질적인 성격과 무능 때문이라고 말하면 문제 해결 역시 개인의 몫이 되어 버리고 맙니다. 뫼비우스의 띠처럼 같은 사회 문제가 계속 반복된다면 문제를 새로운 시각으로 바라봐야 합니다. 혹시나 사회 구조가 사람들 가슴속에 억울함과 한(恨)을 만들어 내는 건 아닌지 살펴봐야 합니다.

찍히면 무조건 죽는다

선을 위해 악을 제거하는 것은, 설령 누군가의 목숨을 빼앗아 가는 일이라 해도 '정의'라고 할 수 있을까요? 여기 누구보다 정의를 사랑한 청년이 있습니다. 그의 이름은 야가미 라이토입니다. 어느 날 그는 이름이 적히면 무조건 죽게 되는 '데스 노트'를 손에 넣습니다. 그리고 이 노트를 이용해 세상의 정의를 바로 세우려 합니다. 그는 묻지 마 살인자, 여성을 희롱하는 폭주족, 은행털이와 같은 범죄자들의 이름을 노트에 적어 세상의 악을 처단하기 시작합니다. 갑작스런 범죄자들의 죽음에 시민들은 동요합니다. 영웅이 나타난 것 같아 좋으면서도, 한편으로는 죄를 저지르면 죽을지도 모른다는 생각에 두려움을 느낍니다.

일본 만화책『데스 노트』의 주인공 야가미 라이토의 행위는 정의로운 걸까요?

필리핀 남부 도시인 다바오의 시장직을 22년 동안이나 맡은 로드리고 두테르테도 야가미 라이토와 같은 생각을 했습니다. 시장 시절, 그는 치안이 불안한 다바오시를 안전한 지역으로 만들겠다며 범죄와의 전쟁을 선포했습니다. 도시의 수호자를 자처하며 소매치기, 강간범, 마약 밀매업자까지 범죄자라는 범죄자는 모두 소탕했습니다. 자경단이라는 암살단을 만들어 범죄자라고 추정되는 사람들을 사살하고, 붙잡힌 용의자들을 복잡한 재판 절차 없이 처형했습니다.

2016년, 로드리고 두테르테는 다바오시를 넘어 필리핀 전체를 바꾸겠다며 대선에 출마했습니다. 당선 후, 약속은 곧바로 실천에 옮겨졌습니다. 대통령은 첫 번째 과제로 '마약과의 전쟁'을 선포하며 경찰에 마약 용의자를 잡아들일 것을 주문했습니다. 만약 저항하는 용의자가 있다면 가차 없이 살해해도 좋다며, 경찰에 법을 뛰어넘는 절대 권력을 부여했습니다. 로드리고 두테르테가 대통령으로 취임한 지 6개월 만에 100만 명이 넘는 마약 용의자가 자수하거나 체포되었고, 6,000명가량이 경찰과 자경단의 손에 목숨을 잃었습니다.

"우리는 매일 범죄자들을 죽였습니다. 그런데 2000년부터 2013년 사이에 서서히 마음에 변화가 생겼어요. 제가 가난하고 무고한 사람들을 죽이고, 악을 위해 일하고 있다는 사실을 깨달았습니다."[1]

자경단의 일원이었던 에드가 마토바토 씨도 처음에는 로드리고 두테르테가 정의를 위해 싸운다고 생각하며 일을 도왔습니다. 하지만 시간이 갈수록 점점 회의가 들었습니다. 로드리고 두테르테는 자신의 정치적 라이벌을 없애라고 명령하는가 하면, 성당 테러에 대한 보복으로 무슬림을 죽이라고 요청하기도 했습니다. 자경단 구성원들 역시 그리 정의롭지는 않았습니다. 에드가 마토바토 씨는 자경단 중 일부가 마약을 거래한 젊은 여성들을 강간한 뒤 죽였다는 사실도 털어놨습니다. 더 놀라운 사실은 자경단이 국가의 돈을 받고 일하는 사람들이라는 것입니다. 그들은 시청의 보안 요원으로 고용되어 있었습니다.

결국, 모두의 눈앞에서 우려했던 일이 벌어졌습니다. 17세 소년이 경찰의 손에 사살된 것입니다. 경찰은 키안 로이드 델로스 산토스가 먼저 총을 쐈다고 말하며 정당방위를 주장했습니다. 하지만 감시 카메라 속 소년은 아무런 저항도 하지 않고 경찰에 끌려가고 있었습니다. 목격자 역시 소년의 무고함을 주장했습니다. 경찰이 소년의 손에 총을 쥐여 주며 가라는 말을 했다는 것입니다. 사건 현장에서 죽은 소년은 경찰의 말처럼 왼손에 총을 들고 있었습니다. 부모는 이를 보고 오열했습니다. 아들은 오른손잡이였기 때문입니다.

로드리고 두테르테 대통령과 만화 주인공 야가미 라이토는 모두 자신의 일이 정의라고 외칩니다. 왜 남의 물건을 훔치고 마약을 하는지 원인은 찾지 않은 채 그저 범죄자만 없어진다면 좋은 세상이 찾아올 것이라고 믿습니다. 공포로 만들어진 범죄 없는 사회가 얼마나 갈지, 공포가 사라진 다음에도 평화가 지속될지 모른 채 말입니다.

토머스 홉스는 통치자의 손에는 두 가지 칼이 쥐어진다고 했습니다. 하나는 적으로부터 시민을 지키기 위한 전쟁의 칼이고, 또 하나는 사회 계약을 어기는 자를 벌하는 정의의 칼입니다. 국가가 시민을 향해 칼을 겨눌 때는 그에 합당한 이유가 있어야 합니다. 하지만 그 전에 사회를 위한 정의가 무엇인지 규정하는 일이 선행되어야 할 것입니다.

문화가 폭력을 만든다

사람이 살해당한 끔찍한 사건이 벌어졌습니다. 살인은 중죄로 다스려야 하지만, 살해 동기에 따라 무거운 처벌을 받기도 하고 쉽게 용서받기도 합니다. 예를 들어, 사람을 죽인 이유가 시비 끝에 화가 나서였다면, 대부분은 가해자를 비난합니다. 그러나 가해자가 '저 사람이 우리 가문의 명예를 더럽혔기 때문에', 또는 '신을 모욕해서'라고 했다면, 어떤 반응이 나올까요? 누군가는 가해자를 살인자가 아니라 영웅이라 평가할지도 모릅니다. 나라에 따라서는 처벌을 받지 않을 수도 있습니다. 이처럼 때로는 극단적 신념을 만들어 내는 문화로 폭력이 만들어지기도 합니다.

한국 현대사를 피로 물들인 원인의 중심에 '빨갱이'라는 단어가 있습니다. 일본으로부터 독립한 후, 정부는 국가보안법이라는 이름하에 '빨갱이'를 잡아들였습니다. 처음에 '빨갱이'는 공산주의자이자 북한을 추종하는 사람으로, 대한민국의 평화를 해치는 적으로 간주되었습니다. 비극은 권력자가 '빨갱이'라는 낙인을 정치적 반대 세력을 없애는 수단으로 악용하면서 시작됐습니다. 독재 정권은 자신의 의견에 반하는 사람들을 사상이 의심스럽다며 '빨갱이'라 몰아붙였고, 그 결과 수많은 사람이 간첩이라는 누명을 쓰고 소중한 목숨을 잃었습니다.

독재 정권이 막을 내린 후에도 여전히 '빨갱이'라는 말이 우리 사회를 지배하고 있습니다. 2013년, '간첩'이라는 단어는 또 다시 신문 기사를 장식했습니다. 간첩으로 지목된 사람은 서울시 공무원인 유우성 씨였습니다. 간첩이 공무원이라니, 안보에 대한 걱정과 불안을 일으키기 충분했습니다. 그런데 다음 해, 국정원으로부터 돈을 받고 거짓 증언을 했다는 증인의 양심 고백이 있었고, 정부가 무고한 시민을 간첩으로 만들었다는 사실이 드러났습니다. 정부가 증거로 제시한 문서 역시 날조된 문서였습니다.

'빨갱이'는 정치적 용어로도 확고히 자리매김했습니다. 공산주의자에 대한 반감은 진보주의에 대한 반감으로 영역을 넓혀 좌파 빨갱이, 즉 '좌빨'이란 단어로 변모했습니다. 건강한 사회라면 보수와 진보가 공존하기 마련인데 한국에서는 진보에 '빨갱이'란 수식어가 더해져 사람들에게 마치 진보주의자는 민족을 배신한 공산주의자라는 인상을 심어 줬습니다.

진보에 대한 혐오감인 '레드 콤플렉스'는 이제 사회의 분열을 일으키는 원인으로 작용하고 있습니다. 이 때문에 유권자는 선거에서 국회의원이 내세운 공약의 내용이나 실천 가능성보다, 어느 편인지를 기준으로 후보를 찍는 일이 벌어집니다.

현대 평화학의 창시자로 불리는 요한 갈퉁은 종교, 이념, 언어, 예술, 과학 안에 평화를 깨뜨릴 수 있는 문화적 측면이 존재한다고 주장하며, 이를 문화적 폭력이라고 했습니다. 문화적 폭력이 무서운 이유는 억압과 착취를 정상적인 일처럼 만들기 때문입니다. 예를 들어, 백인 우월주의 사회에서는 백인이 유색 인종을 노예 취급하는 것을 자연스럽게 여깁니다. 자신의 종교가 최고인 문화에서는 타 종교를 억압하는 것을 당연하게 생각합니다. 당연한 생각은 법과 제도로 만들어져 구조적 폭력을 낳고, 국가는 반기를 드는 사람에게 물리적 폭력을 가합니다. 한 가지만 옳다고 생각하는 극단적 신념은 결국 착취적인 문화를 만들어 내며 폭력을 일으킵니다. 문화적 폭력을 막기 위해서는 다양한 생각과 목소리를 허용하는 사회를 만드는 일이 중요합니다.

투명한 정부를 만들어 주세요

1964년 8월, 미국 정부는 전쟁의 서막을 알리는 중대한 발표를 했습니다. 베트남과 중국 사이에 위치한 통킹만에서 미국 군함이 공격을 받았다는 것입니다. 미국 정부가 지목한 가해자는 공산주의를 지지했던 북베트남이었습니다. 통킹만 사건을 계기로 미국은 북베트남과의 전쟁을 시작했습니다. 쉽게 끝날 줄 알았던 싸움은 미국이 고전하면서 끝을 알 수 없는 상황으로 치달았습니다. 해를 넘기며 지속된 전쟁에 미국과 베트남뿐만 아니라 다른 나라 군인들까지 목숨을 걸고 뛰어들었습니다. 그 당시 우리나라도 미국을 지원하기 위해 32만 명의 군인을 베트남에 파병했습니다. 그런데 1971년 6월13일, 미국 신문사 뉴욕 타임스는 미국 정부가 통킹만 사건을 조작했다는 기사를 내보내며 미국뿐만 아니라 전 세계를 발칵 뒤집어 놓았습니다.

전 세계를 충격으로 몰아넣은 장본인은 평소 베트남 전쟁을 지지했던 대니얼 엘스버그라는 사람입니다. 대니얼 엘스버그는 국방 장관 밑에서 기밀문서인 '펜타곤 페이퍼'를 만들며 심경의 변화를 겪었습니다. 믿었던 정부가 거짓말을 하고 있다는 사실을 알게 된 것입니다. 대니얼 엘스버그는 수개월에 걸쳐 7,000쪽이 넘는 보고서를 몰래 복사한 뒤, 진실을 알리고자 이를 뉴욕 타임스사에 보냈습니다. '펜타곤 페이퍼'에는 미국 정부가 오래전부터 베트남전을 준비해 왔고, 전쟁을 위해 통킹만 사건을 조작했다는 내용이 담겨 있었습니다. 대니얼 엘스버그와 뉴욕 타임스사의 용기 덕분에 명분 없는 베트남 전쟁은 그제야 막을 내릴 수 있었습니다.

통킹만 사건이 보여 주듯이 국가의 잘못된 선택을 막기 위해서는 시민들이 '진실'을 알 수 있어야 합니다. 하지만 안타깝게도 진실을 알리려는 내부 고발자는 기밀을 누출한 죄로 불이익을 받는 경우가 다반사입니다. 다행히 이제는 법을 통해 잘못을 잘못이라 말해도 되는 나라를 만들 수 있게 되었습니다. 정보를 제공한 사람을 보호해 주는 취재원보호법이 생겼기 때문입니다. 이 법이 만들어지면, 내부의 비리를 고발하더라도 불이익을 받지 않습니다. 누구나 용기를 내 진실을 말할 수 있도록 법이 내부 고발자를 보호해 줍니다.

시민들이 진실을 알기 위해서는 언론의 자유도 보장되어야 합니다. 언론사가 정부나 기업의 입김에 좌지우지된다면 어떤 기사를 쓰더라도 시민들은 믿을 수 없을 것입니다.

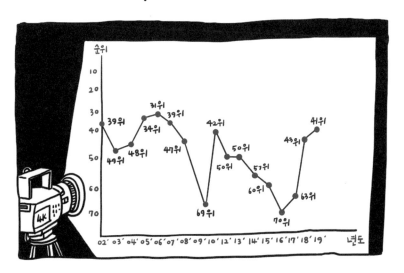

한국의 언론 자유 지수 순위

국가가 얼마나 언론의 자유를 보장하고 있는지를 알 수 있는 지표가 있습니다. 국제 언론 감시 단체인 '국경없는기자회'가 만든 언론 자유 지수입니다. 언론 자유 지수는 국내에 다양한 언론사가 존재하는지, 언론사가 외부의 영향을 받지 않고 독립적으로 기사를 쓸 수 있는지, 언론 환경과 자기 검열 시스템, 그리고 언론에 관한 법이나 제도에는 어떤 것이 있는지, 취재나 보도 과정이 투명한지, 뉴스를 생산하고 보도하는 기반 시설과 언론을 향한 폭력의 정도는 어떤지 평가한 뒤 점수를 매기는 방식으로 결정됩니다. 상위권은 노르웨이, 스웨덴, 핀란드, 덴마크와 같은 북유럽 국가들이 차지하고 있습니다. 우리나라는 순위의 변동이 심한데 심각할 때는 180개 국가 중 70위까지 내려가기도 했습니다.

영화 「리바이어던」에서 절망에 빠진 콜랴는 술병을 손에 쥔 채 걷다 신부님을 만납니다. 자신에게 왜 이런 일이 벌어졌는지 설명이라도 해 달라는 듯 신부님께 '만인에게 공평한 신은 존재합니까?'라는 질문을 던집니다. 콜랴는 괴물 같은 국가와 마주하면서 어쩌면 '만인에게 공평한 국가란 존재합니까'를 묻고 있는지도 모릅니다. 신부는 기계적으로 리바이어던이 나오는 성경 구절을 읊습니다. 국가는 대적할 수 없는 전능한 존재이기에 복종해야 한다는 듯 말입니다. 영화는 콜랴를 통해 우리에게 묻습니다. 괴물이 된 국가에 순응하고 살 것인지, 만인을 위한 국가를 만들 것인지 말입니다.

나를 지키고 우리를 지키는 헌법 읽기

우리 사회가 겪는 문제를 이해하려면 헌법을 읽어야 합니다. 헌법을 통해 나의 권리와 의무를 알게 되고, 법을 넘어서는 국가 권력을 막을 수 있는 힘을 얻을 수 있기 때문입니다. 언제 어디서든, 가족 또는 친구와 함께 헌법 읽기를 시작할 수 있는 방법을 소개합니다.

하나. 마음에 드는 헌법 조항을 찾아본다

헌법 제2장은 국민의 기본권에 관한 것으로 행복하게 살 권리, 자유롭게 직업을 선택할 권리, 인간답게 살 권리, 재해로부터 보호받을 권리, 쾌적한 환경에서 살 권리 등이 포함되어 있습니다. 10분 동안 제2장을 집중해서 읽은 뒤, 가장 인상 깊은 조항을 고릅니다. 함께 읽은 이들 각자가 선택한 조항과 그 이유에 대해 이야기를 나눕니다.

둘. 내가 바라는 헌법을 상상한다

1987년에 개정된 헌법은 현재의 대한민국이 처한 문제들을 다 담아내지 못할 때가 있습니다. 세계화 시대를 맞아 국민이 아닌 사람에게까지 헌법의 적용 범위를 확대하자거나, 모성을 여성에게만 부여하는 대신 남성, 국가가 함께 책임을 지자거나, 동물과 자연에 대한 권리도 포함하자는 등 나만의 새로운 헌법을 상상할 수 있습니다. 내 일상과 밀접하게 닿아 있는 헌법을 구체적으로 떠올려 보는 것은 나의 권리를 지키는 또 다른 방법입니다.

셋. 헌법을 선물한다

언제 어디서든 쉽게 꺼내 읽을 수 있는 헌법이 있습니다. 바로 우리헌법읽기국민운동이 제작한 손바닥 헌법책입니다. 온라인에서 500원이면 살 수 있는 손바닥 헌법책을 가족과 친구들에게 선물하며 헌법 읽기 운동에 참여하자고 독려해 봅니다.

부끄럽지만 헌법 전문을 제대로 읽은 적이 없었다.

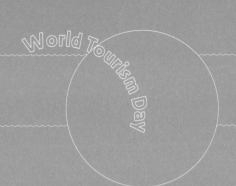

09.
27.

World Tourism Day

죽기 전에 꼭
알아야 할 여행 이야기

여행 산업이 가져오는 경제적, 사회적, 문화적 가치의 중요성을 알리기 위해 유엔은 1980년, '세계 관광의 날'을 지정했습니다. 유엔의 예측대로 여행 산업은 세계 경제에 없어서는 안 될 존재로 성장했습니다. 여행을 좋아하는 사람들이 늘어난 덕에 관광 산업은 그 어느 때보다도 호황을 누리고 있기 때문입니다.

1950년에 비해 관광객은 47배, 관광 수익은 무려 630배나 증가했고, 오늘날 전 세계 GDP의 10%를 창출해 낼 만큼 큰 영향력을 발휘하고 있습니다. 갈수록 커져만 가는 관광 산업, 정말 이대로 괜찮은 걸까요? 여행으로 우리가 행복해진 만큼, 여행지에 사는 사람들도 행복해졌을까요?

여행을 반대합니다

　내가 일을 하는지 일에 끌려다니는지 모를 만큼 정신없이 살다 보면, 문득 '이렇게 사는 게 맞나?'라는 의문이 드는 때가 있습니다. 그런 날이 찾아오면, 달력 위의 빨간 날을 보며 마음의 위안을 삼곤 합니다. 스트레스를 푸는 데 휴식만큼 좋은 게 없기 때문입니다.

　사실 고된 노동으로 힘들어했던 것은 어제오늘 일만이 아닙니다. 19세기 영국 노동자들도 과도한 스트레스에 시달렸습니다. 지금보다 여가 활동이 부족했던 그 시절에 노동자들이 돈을 많이 들이지 않고 짧은 시간에 스트레스를 해소할 수 있는 방법은 술밖에 없었습니다. 한두 잔 마신다는 것이 결국 한두 병이 되고, 하루가 한 달이 되면서 과도한 음주가 사회 문제로 떠오르기 시작했습니다.

　술이 노동자들의 삶의 균형을 깨트리자 교회를 주축으로 금주 운동이 벌어졌습니다. 영국에서 가구를 만들던 토머스 쿡도 이 운동에 참여했습니다. 그는 한 걸음 나아가 더 많은 사람이 금주 운동에 참여할 수 있는 방법을 고민했습니다. 그때, 토머스 쿡의 머릿속에 떠오른 것이 철도였습니다. 그는 금주 모임 날짜에 맞춰 저렴한 가격으로 기차를 운행한다면, 다른 지역에 사는 사람도 쉽게 모임에 올 수 있을 것이라고 확신했습니다.

　놀랍게도 철도 회사에서 토머스 쿡의 제안을 받아들여 1841년 7월 5일, 금주 모임을 위한 첫 열차가 500명의 승객을 태우고 역을 출발했습니다. 기차 운행은 상상 이상의 반응을 가져왔습니다. 기차를 탄 사람들의 만족도는 예상을 훨씬 뛰어넘었고, 그 후 너도나도 금주 운동에 참여하겠다고 줄을 섰습니다. 사실 사람들의 마음을 사로잡은 것은 금주 모임보다 기차 여행이었습니다. 그 전까지 사람들은 비싼 요금 때문에 기차를 타 볼 엄두를 못 냈는데, 금주 모임 덕분에 생애 처음으로 기차를 타게 된 것입니다. 모임에 가는 것은 이들에게 기차 여행이나 다름없었습니다.

토머스 쿡은 예상 밖의 뜨거운 반응에 이 아이디어를 사업으로 발전시켰습니다. 사람들이 좋아할 만한 여행지를 알아본 다음 책자를 발간하고, 여행을 원하는 사람들에게 기차표를 팔았습니다. 영국 내에서 시작했던 사업은 유럽 전역으로 뻗어 나갔고, 사람들은 이제 출장이 아닌 여행을 목적으로 해외에 나가기 시작했습니다.

여행객들은 프랑스, 스위스, 이탈리아에 머물며 아름다운 전경을 넋을 놓고 바라봤습니다. 토머스 쿡이 제공하는 여행이 인기를 얻으면서 손님들의 요구도 많아졌습니다. 부자들이 좀 더 나은 숙박 시설을 원하자, 토머스 쿡은 여행객들에게 호텔 숙박 쿠폰을 팔기 시작했습니다.

결국, 금주 운동에서 시작된 생각은 세계 최초의 여행사를 만들어 내며, 누구나 어디든 여행할 수 있는 세상을 열었습니다. 토머스 쿡 덕분에 사람들은 이 나라, 저 나라를 여행하며 스트레스를 풀게 된 셈입니다.

여행에 대한 열망은 그때부터 지금까지 식을 줄 모르고 계속 올라가고 있습니다. '죽기 전에 하고 싶은 것은 무엇인가?'라는 설문을 하면, 지금도 사람들은 세계 여행을 1위로 꼽습니다. 여행을 떠나는 사람들도 갈수록 늘고 있습니다. 2010년 이후 전 세계 관광객 수는 연간 4% 정도 증가했는데, 2017년에는 평균을 훌쩍 뛰어넘으며 7%대의 성장을 보였습니다. 2017년 한 해에만 13억 명이 넘는 사람들이 해외여행을 다녀왔습니다. 관광객의 증가는 수익으로 이어졌습니다. 관광 산업은 3억 개에 달하는 일자리를 만들고 전 세계 GDP의 10%를 창출하며, 세계 경제에 없어서는 안 될 산업으로 떠올랐습니다.

하지만 모두가 관광객을 반기는 것은 아닙니다. '여행은 테러와 같다', '여행자들은 돌아가라', '관광이 지역을 망친다'와 같은 거친 슬로건을 내걸며 반대하는 목소리를 내는 사람들도 있습니다. 여행이 사람들의 스트레스도 풀어 주고, 경제적 이득도 가져다준다면 나쁠 것이 없는데, 도대체 왜 이들은 여행을 반대하는 걸까요?

몰디브의 봄은 왜 오지 않을까?

여행을 별로 즐기지 않는 사람도 꼭 다녀오는 여행이 있습니다. 결혼식이 끝난 후 가는 신혼여행입니다. 지금은 당연한 일이 됐지만, 신혼여행의 역사는 그리 길지 않습니다.

허니문에 여행이란 의미가 담기게 된 시기는 19세기로 알려져 있습니다. 영국 부유층은 결혼식이 끝난 후 부득이한 사정으로 결혼식에 참석하지 못한 친구나 친척집을 방문했는데, 이것이 유행처럼 번지면서 신혼여행이 만들어졌다고 합니다. 그런데 인생에서 가장 달콤한 신혼여행이 그리 달갑지 않은 사람들도 있습니다. 신혼여행지로 유명한 몰디브의 시민들입니다.

2008년, 몰디브에 역사적인 일이 벌어졌습니다. 민주주의를 위해 노력한 모하메드 나시드가 30년간 장기 독재를 해 온 마문 압둘 가윰 전 대통령을 누르고 당당히 대통령 자리에 올랐습니다. 역사상 최초로 민주적인 선거가 치러지며 새 시대에 대한 열망이 피어올랐습니다.

모하메드 나시드 대통령은 집권 당시, 인권뿐만 아니라 환경 문제에도 앞장서서 관심을 모았습니다. 스노클링 장비를 착용한 뒤 바닷속에 들어가 각료 회의를 진행하는 사진이 크게 화제가 됐는데, 언젠가 몰디브가 물에 잠기면 이런 일이 실제로 벌어질지도 모른다는 메시지를 국제 사회에 던지며 환경 문제에 관심을 가져 줄 것을 당부했습니다.

하지만 안타깝게도 어렵게 피어난 민주주의는 그리 오래가지 못했습니다. 경제 상황이 어려워지면서 정부에 반발하는 사람들이 생겼고 급기야 쿠데타까지 일어나 모하메드 나시드 대통령은 임기를 채우지 못하고 4년 만에 자리에서 물러나야만 했습니다. 나라는 순식간에 마문 압둘 가윰 전 대통령과 모하메드 나시드 대통령을 지지하는 세력으로 편이 나뉘었습니다.

2013년, 혼란을 잠재울 대통령 선거가 치러졌습니다. 첫 번째 대통령 후보는 마문 압둘 가윰 전 대통령의 이복동생인 압둘라 야민, 두 번째 후보는 모하메드 나시드 전 대통령이었습니다. 모하메드 나시드 전 대통령은 자신의 사임이 군부의 압력에 의한 어쩔 수 없는 선택이었다며, 민주주의를 위해 다시 한 번 대권에 도전했습니다.

5년 만에 다시 치러진 선거 과정은 그리 순탄치 않았습니다. 1차 투표에서 모하메드 나시드 전 대통령이 1위를 차지했지만 득표율이 50%를 넘지 못해 2차 투표를 치러야 할 상황이 벌어졌습니다. 2차 투표에서 승리한다면 대통령 당선이 확실하기 때문에 모하메드 나시드를 지지하는 사람들 입장에서는 그리 절망적인 결과는 아니었습니다. 하지만 상대편에서 부정 선거 의혹을 제기하면서 선거는 곧바로 중단됐습니다. 다시 치러진 선거는 결과를 뒤집어 놓았습니다. 근소한 차이로 압둘라 야민이 승리를 거머쥔 것입니다. 그 뒤 몰디브 민주주의는 계속 쇠퇴했습니다.

"몰디브는 정치적 억압과 인권 탄압이라는 길고도 슬픈 역사를 가지고 있습니다. 이곳을 찾는 대부분의 여행객들은 이 나라의 현실이 어떤지 전혀 모른 채 행복을 만끽합니다. 관광 수익은 위협적이고 억압적인 정부를 지탱해 주는 데 쓰이고 있습니다."[1]

인권 활동가들은 몰디브의 민주주의를 위해 여행자들에게 도움을 청했습니다. 몰디브가 한 해 벌어들이는 수익의 1/3이 관광에서 나올 정도로 여행객은 국가 운영에 중요합니다. 여행객들이 인권 탄압을 이유로 보이콧을 선언한다면, 또는 정부와 관련이 없는 리조트를 이용한다면 민주주의가 다시금 꽃필 수 있는 계기가 되지 않을까 하는 희망에서 말입니다.

여행지 역시 누군가에게는 삶의 터전입니다. 우리가 여행에서 사용하는 돈이 평화를 해치는 데 사용된다면, 시민들에게 여행자는 불청객으로 보일 수밖에 없습니다. 그렇기에 여행을 떠나기 전, 내가 남긴 여행의 발자국이 정의로운지에 대해서도 생각해 봐야 합니다.

히말라야를 짊어진 사람들

죽기 전에 꼭 가 봐야 한다는 곳, 히말라야. 그래서인지 매년 수많은 사람이 짐을 꾸려 네팔로 떠납니다. 산을 오르는 이유는 다양합니다. 세상에서 가장 높은 곳이라고 불리는 에베레스트산에 대한 호기심, 자신의 의지를 시험해 보고 싶은 마음, 또는 그저 산이 좋은 마음으로 네팔을 방문하기도 합니다. 하지만 각오를 했다고 해도 히말라야 등반

은 쉬운 일이 아닙니다. 살을 에는 듯한 추위와 부족한 산소, 한 치 앞
이 안 보일 정도로 몰아치는 눈 폭풍과 맞서야 하기 때문입니다. 그럼
에도 매년 수많은 사람이 히말라야 등반을 성공적으로 마칩니다. 이는
모두 여행을 도와주는 사람들 덕분입니다.

산악인 엄홍길 대장이 겪었던 일화를 바탕으로 만들어진 영화 「히
말라야」를 보면, 등반에 꼭 필요한 사람들이 누구인지 알 수 있습니다.
엄홍길 대장 역할을 맡은 황정민 씨가 악천후 속에서 칸첸중가를 오를
때, '내가 셰르파 둘을 데리고 정상에 오른다'는 말을 합니다. 여기서
말한 셰르파는 눈 덮인 산속에서 길잡이 역할을 해 주는 사람입니다.

산이라면 누구보다 잘 아는 엄홍길 대장도 셰르파의 도움이 없었다
면 히말라야를 정복하지 못했을 것입니다. 영화 속에서 엄홍길 대장과
함께 짐을 짊어지고 산을 오르는 사람들을 볼 수 있는데, 이들은 짐을
나르는 포터입니다. 포터가 짊어진 가방 속에는 식량을 비롯해 산 생
활에 필요한 물품이 들어 있습니다. 이들이 없다면 산악인들은 히말라
야 정상에 오르기도 전에 굶어 죽을지 모릅니다.

셰르파와 포터는 대부분 히말라야 근처에 사는 현지인인데, 험난한
산을 오르는 그들의 모습은 여행객들과 달리 초라하기 그지없습니다.
이들은 가볍고 따뜻한 등산복도, 고급 장비도 없이 허름한 옷과 신발
로 40킬로그램이 넘는 짐을 지고, 수천 미터의 언덕을 오릅니다. 그럼
에도 불평 한마디 없이 미리 올라가 길을 만들고, 베이스캠프를 꾸리
고, 정상에 오른 여행객의 모습을 카메라에 담는 일을 해냅니다. 뜨거
운 햇볕에 검게 그을린 살갗, 무거운 짐으로 단련된 단단한 근육이 그
들 삶의 여정을 대신 말해 줍니다.

그런데 정말 이 사람들은 안전 장비 없이 산을 오르는 게 아무렇지

도 않을까요? 2014년 10월, 히말라야의 안나푸르나 지역에 눈보라가 몰아쳐 여행객들이 고립된 일이 있었습니다. 10월은 날씨가 온화해 히말라야 트레킹의 인기가 절정에 달하는 시기여서 피해자 수가 많았습니다.

네팔 정부는 군인들을 동원해 해발 5,000미터가 넘는 지역에 갇힌 수백 명의 사람들을 구조했습니다. 500명이 넘는 사람들은 무사히 산을 빠져나왔지만, 불행히도 43명은 목숨을 잃었습니다. 당시 구조에 참여했던 애드히카리 대위는 자신이 봤던 사망자 25명 중 절반이 포터, 셰르파, 그리고 요리사였다며 애통한 심정을 전했습니다.

"희생된 네팔 사람들은 제대로 된 옷과 장비를 갖추지 않았습니다. 슬리퍼를 신거나 코트를 입지 않은 사람도 있었습니다. 눈보라 속에서 체온을 유지할 만한 옷을 입고 있지 않았던 겁니다. 유독 네팔 사람들이 많이 죽은 이유는 이 때문입니다."[2]

매년 수십만 명이 넘는 여행객이 히말라야에 오르기 위해 네팔을 찾습니다. 산을 오르려는 사람들의 숫자는 늘고 있는데, 셰르파와 포터의 상황은 나아지지 않고 있습니다. 그 이유는 이들의 '목숨값'이 턱도 없이 낮기 때문입니다. 3주짜리 안나푸르나 트레킹 상품에 여행사는 270만 원 정도의 비용을 요구하지만, 수십 킬로그램의 짐을 짊어지고 걷는 포터들에게 돌아가는 일당은 약 1만 3,000원입니다.

함께 여행하는 외국인들도 포터와 셰르파의 인권에는 무관심합니다. 여행객들은 산 근처에 살면 추위에 강하고 힘이 더 세다고 생각하는지 셰르파와 포터가 안전 장비 없이 무거운 짐을 나르는 것을 당연하게 여깁니다. 포터와 셰르파가 가족들을 위해 고된 노동을 참아 내고, 위험을 무릅쓰며 등반한다는 사실에는 관심이 없습니다.

셰르파와 포터는 산을 오르는 내내 여행객과 함께합니다. 이들은 자신들보다 여행객의 안전을 걱정하며 멋진 추억의 길잡이 역할을 합니다. 산을 오르는 동안, 셰르파와 포터를 짐꾼이 아니라 최소한 나와 같은 보통 사람으로 바라본다면, 그들의 헐벗은 발과 내려앉은 두 어깨가 눈에 들어올지도 모릅니다.

인간 사파리 투어를 아십니까?

'춤춰 봐'라는 경찰의 말 한마디에 여자아이들이 노래를 부르고 손뼉을 치며 춤을 춥니다. 다섯 살도 채 안 되어 보이는 아이는 벌거벗은 상태였고, 이보다 더 큰 아이들과 어른들은 상반신을 모두 드러내고 있습니다. 부끄러운지 몸을 손으로 가리는 여자아이도 있습니다. 여행객들은 사춘기 아이의 수치심 따위에는 아랑곳하지 않고 신기한 듯 자라와족의 모습을 카메라에 담습니다.

춤을 춘 후, 아이들이 먹을 것을 달라며 경찰에게 다가옵니다. 경찰은 좀 전에 준 음식을 나눠 먹으라며 더 주기를 거부합니다. 아이들은 휴식 후 다시 똑같은 노래를 부르며 춤을 추기 시작합니다. 이곳은 인간 사파리 투어가 진행되는 인도 안다만제도의 한 정글입니다.

자라와족이 사는 정글은 도시와 멀리 떨어져 있기에 수 세기 동안 정부의 관심을 받지 않았습니다. 자라와족의 존재가 세상에 알려진 것은 1996년이었습니다. 은마이라는 이름의 부족 청년이 다리를 다쳤는데 운이 좋게 구조돼 병원에서 치료를 받았습니다. 난생처음 정글 밖으로 나온 청년의 눈에 세상은 그저 신기하기만 했습니다. 정글로 돌아온 뒤 그는 자신이 본 것을 부족 사람들에게 알렸고, 자라와족 사람들은 바깥세상에 대한 호기심을 갖게 됐습니다.

2년 후, 도시와 정글을 잇는 도로가 놓이면서 외부와의 접촉이 본격적으로 시작됐습니다. 교통이 편리해지자 여행사들은 기회를 놓치지 않고 여행 상품을 만들어 냈습니다. '자라와족과 함께하는 하루'라는 상품을 내걸고 여행객을 유치했습니다. 여행 방법은 사파리 투어와 같습니다. 다만 다른 점이 있다면 동물 대신 자라와족이 사는 모습을 구경하는 것입니다.

입구에는 사진을 찍거나, 만지거나, 생활을 방해하는 일은 하지 말라는 경고문이 붙어 있지만, 여행객들은 손에 과자와 카메라를 들고 차에 오릅니다. 울퉁불퉁한 길을 달리다 차가 멈추면 사진을 찍을 준비를 합니다. 운전사가 브레이크를 밟았다는 것은 자라와족을 발견했다는 의미이기 때문입니다. '사진 찍으세요'라는 말이 떨어지기가 무섭게 셔터가 터집니다. 자라와족을 보호해야 할 경찰이 앞장서서 모든 일을 진두지휘합니다.

사냥을 하고 과일을 따 먹으며 자연과 생활하던 사람들에게 외부와의 접촉은 상상 이상의 결과를 낳았습니다. 깨끗한 자연은 금세 바이러스로 물들었고, 주민들은 홍역, 볼거리, 말라리아와 같은 질병으로 목숨을 잃었습니다. 경찰들은 이들에게 구걸하는 법을 가르쳤습니다. 자라와족은 여행객들이 준 돈을 경찰에게 건네고, 그 대가로 담배나 음식을 받습니다. 사람들은 점점 외부에서 들어온 술과 담배, 음식에 중독되어 갔습니다.

여자들은 쉽게 성범죄의 대상이 됐습니다. 그리고 급기야, 부족의 평화를 깨는 극단적인 일이 벌어졌습니다. 혼혈 아이들이 태어난 것입니다. 이 아이들은 자라와족으로 받아들여지지 않았고, 결국 세상의 빛을 본 지 얼마 안 돼 목숨을 잃었습니다. 여행사에게 자라와족은 새벽부터 버스가 줄지어 있을 정도로 인기 있는 여행 상품이지만, 부족에게 이 삶은 고통입니다. 오래도록 지켜 온 전통은 구경거리로 전락했고, 인권은 존중받지 못했습니다.

인권 문제가 크게 불거지면서 인도 정부도 고민에 휩싸였습니다. 한편에서는 자라와족을 상품화하는 것에 반대하며 정글 관광을 멈춰야 한다고 주장했고, 다른 한편에서는 여행을 당장 그만두면 오히려 자라와족의 생계가 타격을 받을 것이라며 반대하는 목소리를 냈습니다. 2013년, 오랜 논란 끝에 인도 정부는 다른 길을 만들어 관광객이 자라와족이 사는 지역을 침범하지 않도록 하겠다고 발표했습니다.

새로운 문화를 만난다는 것은 삶의 지평을 넓히는 일입니다. 다양한 삶의 방식이 있음을 인정하고, 다른 문화를 존중하는 과정을 겪으며 한 걸음 더 성장할 수 있기 때문입니다. 하지만 문화가 돈이 되는 상품으로 전락하는 순간, 서비스가 됩니다. 지불한 돈만큼의 즐거움을 되돌려 받길 원하게 되는 것입니다. 여행이 새로운 것과의 만남이 되기를 원한다면, 다른 문화를 대할 때 예의를 갖추어야 합니다. 그리고 그 안에 사람이 있다는 것을 잊지 말아야 할 것입니다.

해치지 않는 여행을 해 주세요

2017년, 스페인의 바르셀로나와 이탈리아의 베네치아에서 관광객을 반대하는 시위가 벌어졌습니다. 뜨거운 날씨에도 주민들은 피켓을 들고 거리로 나와 관광이 도시를 망치고 있다고 불만을 토로했습니다. 관광객들이 몰리면서 지역 물가가 치솟고, 거리는 쓰레기로 가득 찼으며, 월세가 올라 도시 외곽으로 쫓겨나는 주민들이 늘어난 것입니다. 주민들이 살던 집은 결국 관광객들의 차지가 됐습니다.

시위자들은 관광으로 사람과 사람 사이가 멀어지고 있다며 변화의 필요성을 외쳤습니다. 이렇게 어느 나라든 휴가철만 되면 관광지 주민들은 골머리를 앓습니다. 여행으로 벌어지는 수많은 문제를 어떻게 해결해야 할까요?

수백 명의 사람들이 일주일 넘게 먹고 잘 수 있는 크루즈가 부산항을 떠납니다. 겉으로 보기에는 일반 크루즈 여행과 다를 바 없지만 안을 살펴보면 확연한 차이를 느낄 수 있습니다. 한일 역사를 주제로 열띤 토론이 이루어지고, 유명 인사의 강연을 눈앞에서 듣고, 사진이나 마술과 같은 다양한 문화 예술 공연이 펼쳐지는 이곳은 평화를 배우는 피스보트입니다.

피스보트의 시작은 1983년으로 거슬러 올라갑니다. 당시, 3명의 일본 대학생은 자신들이 교과서에서 배운 역사와 실제 세계가 다르다는 사실에 충격을 받았습니다. 세계를 제대로 이해하기 위해서 교과서가 아니라 사람들을 만나 소통하며 배워야겠다는 결심을 한 뒤, 배를 타고 평화 여행을 시작했습니다. 이렇게 시작된 피스보트는 이제 시민 단체로 성장해 매년 전 세계인을 태우고 평화 여행을 하고 있습니다.

노을이 짙게 드리운 저녁, 깔깔거리는 아이들의 목소리가 울려 퍼집니다. 30대로 보이는 미국인이 생일 케이크를 들고 나오자 아이들은 생일 축하 노래를 부릅니다. 생일 케이크의 주인공은 미국에서 태국 치앙마이로 여행 온 모니카입니다.

노랫소리에 사람들이 모여들었고, 20명이 넘는 사람들은 서로 손을 잡고 동그랗게 원을 만들어 춤을 춥니다. 여행객들은 당황하지 않고 옆 사람을 보며 발장단을 익힙니다. 한바탕 춤을 추고 난 후, 모니카는 케이크를 잘라 사람들에게 나눠 줍니다. 동네 아이들은 난생 처음으로 케이크를 맛보며 다른 나라의 문화를 새롭게 배웁니다.

모니카 씨의 여행 방식은 관광지를 돌며 유명 식당을 찾아다니는 일반적인 여행과는 사뭇 다릅니다. 원주민을 착취하는 여행이 아닌, 그들의 문화를 체험하고 친구가 되는 여행을 하고자, 공정 여행 상품을 선택했기 때문입니다.

이처럼 최근에는 책임 여행, 공정 여행, 착한 여행이란 이름을 내걸고 여행의 패러다임을 바꾸고자 하는 여행사들이 생겨나고 있습니다. 네팔 트레킹 여행사로 알려진 '쓰리 시스터즈 어드벤처 트레킹 여행사'가 있습니다. 세 자매가 운영하는 여행사는 포터들에게 트레킹에 필요한 옷과 장비를 대여해 줄 뿐만 아니라, 포터가 들 수 있는 짐의 무게를 정해 놓아 정의로운 여행이 될 수 있도록 돕습니다.

여기에 더해, 교육 센터를 운영해 전문적인 포터 교육도 하고 있습니다. 참가자들은 4주간 지도 읽는 법, 간단한 영어 회화, 응급 처치나 리더십, 인권, 환경, 타 문화에 대한 교육을 받은 뒤, 5개월간 현장 실습을 합니다. 실습 기간에도 합당한 임금을 받기 때문에 경제적인 부담을 덜 수 있습니다. 지금은 100명이 넘는 참가자들이 훈련을 끝낸 후 세 자매와 함께 일하고 있습니다.

우리나라에도 상생을 추구하는 윤리적인 여행사가 생겨나고 있습니다. 이들은 지역 경제를 위해 현지인이 운영하는 숙소와 식당을 이용하고, 가이드를 해 주시는 분들께도 정당한 임금을 제공합니다. 그뿐만 아니라 환경을 보호하고 현지인과 교류할 수 있는 프로그램을 만들어 여행자가 불청객이 아닌 친구가 될 수 있도록 하고 있습니다.

여행은 생각보다 다양한 영향을 끼칩니다. 여행이 시간과 돈을 소비하는 방식으로 이뤄지면 한 나라의 민주주의를 해칠 수도, 문화를 파괴할 수도, 인권을 침해할 수도 있습니다. 반면에 소비가 아닌 만남과 배움을 위한 여행을 한다면 다른 결과를 가져오기도 합니다. 어딘가로 떠날 때, 내가 얻은 추억과 경험만큼 여행지도 행복해졌는지 배려하는 마음을 갖는다면, 여행자의 발걸음이 많아질수록 더 나은 세상이 만들어질지도 모릅니다.

공정 여행을 위한 열 가지 약속

공정 여행은 크게 세 가지 원칙을 가지고 있습니다. 지역 경제와 환경을 해치지 않고, 획일적인 여행 상품에서 느낄 수 없는 특별한 경험을 할 수 있어야 한다는 것입니다. 공정 여행을 위한 열 가지 약속을 소개합니다.

하나, 현지인이 운영하는 숙소, 음식점, 여행사를 이용합니다.

둘, 멸종 위기에 처한 동식물로 만든 기념품은 사지 않습니다.

셋, 동물을 학대하는 투어에 참여하지 않습니다.

넷, 현지의 전기와 물을 아껴 씁니다.

다섯, 아동 노동으로 만들어진 제품은 구매하지 않습니다.

여섯, 현지의 인사말과 노래, 춤을 배워 봅니다.

일곱, 여행지의 생활 방식과 종교를 존중하고 예의를 갖춥니다.

여덟, 대형 마트가 아닌 지역 시장을 이용합니다.

아홉, 사진 촬영을 하기 전에 허락을 구합니다.

열, 여행을 기록하고 공유해 주변 사람들에게 공정 여행을 알립니다.

라오스 여행 중 시장에서.
공정 여행은 거창한 일이 아니라 즐거운 경험.

10.
16.

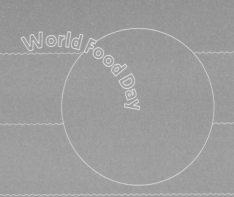

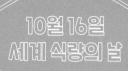

**10월 16일
세계 식량의 날**

그 많던 식량은
어디로 갔을까

"식량 생산량은 전 세계 인구를 먹이고도 남을 정도인데 왜 기아
는 없어지지 않는가?"

사회학자인 장 지글러는 묻습니다. 오늘날 무려 8억에 가까운 인
구가 기아에 허덕이며, 매시간 5세 이하의 어린이 570명이 목숨
을 잃습니다. 굶지 않을 권리는 인간이라면 누구나 누려야 합니
다. 그런데 도대체 왜 식량 문제는 해결되지 않는 걸까요? 식량농
업기구의 이야기는 충격적입니다.

"음식이 버려지고 있기 때문이다."

오늘날, 세계에는 두 가지 전쟁이 벌어지고 있습니다. 하나는 기
아와의 전쟁, 다른 하나는 음식 쓰레기와의 전쟁입니다. 식량을
둘러싼 불균형 문제를 어떻게 이해해야 할까요?

World Food Day

나는 소비한다, 고로 존재한다

벽으로 가로막힌 가게 앞에 선 손님이 원하는 것을 외치면, 점원은 그에 맞는 상품을 꺼내 옵니다. 손님이 돈을 낸 뒤 식자재를 받아 가면 뒷사람이 필요한 상품을 말합니다. 불과 100년 전만 해도 미국에서는 누구나 이런 식으로 장을 봤습니다. 마트에서 카트를 끌고 원하는 상품을 마음껏 고르는 것은 언제부터 가능했을까요?

1916년, 미국에서 피글리위글리라는 식료품점이 문을 엽니다. 여느 가게처럼 여자들에게는 꽃을, 아이들에게는 풍선을 나눠 주며 개업 소식을 알렸습니다. 사람들을 충격에 빠뜨린 것은 그다음이었습니다. 유니폼을 입은 점원들이 쇼핑 바구니를 나눠 주며 손님을 가게 안으로 안내했습니다.

그동안 누구도 발 디딜 수 없었던 비밀스러운 공간에 초대받은 사람들은 바구니를 들고 가게 안을 누비며 마음껏 식재료를 구경했습니다. 상품에는 가격도 적혀 있어서 마음 놓고 쇼핑을 할 수 있었습니다. 고객이 직접 상품을 고르는 방식은 가게에도 이익이었습니다. 직원의 일이 줄면서 인건비를 아낄 수 있었기 때문입니다. 덕분에 미국에서만 1,000개가 넘는 피글리위글리 매장이 생겨났습니다.

자유로운 쇼핑은 손님들이 자발적으로 물건을 담고 돈을 지불하는 시스템을 만들며 소비의 시대를 열었습니다. 이제 마트가 해야 할 일은 손님들의 지갑을 열게 만드는 것입니다. 새로운 상품을 만드는 것보다 갖고 싶다는 욕망을 일으키는 일이 더 중요해졌습니다. 견물생심이라는 말처럼 마트는 손님들의 눈을 유혹하는 다양한 전략을 선보이며 장바구니를 가득 채우게 만듭니다.

상품 진열은 정확한 계산에 따라 이뤄집니다. 눈에 띄거나 가격이 저렴한 제품을 왼쪽에 배치해 사람들의 시선을 붙잡습니다. 보통 글자를 왼쪽에서 오른쪽으로 읽기 때문입니다. 통로 중간중간에는 할인 행사 제품을 놓아 쇼핑을 지루하지 않게 만듭니다. 여러 개씩 묶어 팔거나 같은 상품을 하나 더 주기도 합니다. 당장은 필요하지 않아도 사 놓으면 언젠가 먹게 되는 상품이 있다면 누구나 멈춰 서기 마련입니다. 이 때문에 마트에 가면 생각보다 더 많은 시간과 돈을 쓰게 됩니다.

뉴스에서도 내수가 높아져야 경제가 살아난다며 소비를 권장합니다. 덕분에 남녀노소 할 것 없이 우리는 모두 소비자가 됐습니다. 아이들은 상품이 만들어지는 과정보다 사는 법을 먼저 배우고, 예쁘지 않은 상품은 가치가 없다는 것을 본능적으로 느낍니다.

생산보다 소비가 더 중요해진 이때, 경제학자 맬서스의 말처럼 식량에 비해 인구가 많다는 말은 더 이상 설득력이 없어 보입니다. 실제로 지난 50년간 세계 인구는 2배 이상, 곡물 생산은 3배 이상 증가했습니다. 이상한 점은 언제 어디서나 쉽게 먹을 것을 살 수 있는 요즘에도 전 세계 인구 9명 중 1명이 제때 밥을 먹지 못해 영양실조에 시달리고 있다는 사실입니다. 이 많은 식량은 어디로 가고 있는 걸까요?

쓰레기는 왜 맛있을까?

가로등이 반짝이는 어스름한 밤, 건장한 청년 2명이 나란히 자전거를 타고 어딘가로 향합니다. 물통이 달린 배낭을 메고 달리는 모습이 마치 자전거 여행을 하는 것 같습니다. 그런데 자전거가 멈춘 곳은 여행과는 거리가 멀어 보입니다. 출출함을 달랠 식당이나 지친 몸을 쉴 수 있는 공원이 아닌, 쓰레기장에 도착했으니 말입니다.

두 청년은 제대로 찾아왔다는 듯 자전거에서 내려 거침없이 문을 열고 안으로 들어갑니다. 곧이어 상상하기 힘든 일이 벌어집니다. 뭔가 중요한 물건이라도 잃어버린 것처럼 마트 한편에 있는 쓰레기통에 얼굴을 처박은 채 그 안을 뒤지기 시작합니다. 두 사람이 손에 든 것은 다름 아닌 음식물 쓰레기였습니다. 비닐에 싸인 빵과 야채, 망에 담긴 오렌지와 레몬. 쓰레기라고 하기엔 모두 멀쩡해 보입니다. 두 청년은 쓰레기를 가방에 담으며 만족스러운 표정을 짓습니다.

"저도 처음엔 손으로 쓰레기통을 뒤진다는 게 말도 안 된다고 생각했어요. (중략) 지금은 식재료의 대부분을 여기서 구하고 있죠. 일주일에 두 번 장을 보는데 아무리 많이 사도 1~2만 원밖에 안 나와요."[1]

얼마나 가난하기에 버려진 음식을 먹을까 의아해할 수 있지만, 두 청년은 돈이 없어서 이런 일을 하는 게 아닙니다. 음식이 귀한 지역에 사는 것도 아닙니다. 싱싱한 식재료가 넘쳐 나는 독일의 한 도시에 살고 있으니 말입니다. 이들이 마트 쓰레기통을 뒤지는 이유는 한쪽에서는 영양실조로 아이들이 죽어 가는데 다른 쪽에서는 먹을 수 있는 식재료가 버려지는 안타까운 현실을 바꾸기 위해서입니다. 발렌틴 투른 감독이 만든 다큐멘터리 「음식물 쓰레기의 불편한 진실」에 담긴 두 청년의 모습을 보면 자연스럽게 의문이 듭니다. 도대체 얼마나 많은 음식이 버려지고 있는 걸까요?

한 해에 쓰레기통으로 들어가는 식량은 13억 톤, 전 세계에서 생산되는 양의 1/3에 해당합니다. 이 정도면 3,200미터 너비에 2,400미터 높이의 산을 만들 수 있습니다. 백두산이 해발 2,750미터라고 하니

얼마나 많이 버려질까요?

유제품 20%

해산물 35%

육류 20%

과일 및 채소 45%

식물성 기름 20%

뿌리 및 줄기 식물 45%

곡류 30%

MILK 1A

YOGURT

WASTE

얼마나 많은 식량이 버려지고 있는지 절로 상상이 됩니다. 운송이나 보관 단계에서 먹을 수 없을 정도로 상했다면 당연히 버리는 게 맞지만, 문제는 상품 가치가 떨어졌다는 이유로 쓰레기통에 집어넣는 일입니다. 이 결과 농장에는 선택받지 못한 과일과 채소들이 굴러다니고, 마트 쓰레기통은 맛있는 음식들로 가득합니다.

밥을 못 먹는 건 가난한 나라만의 일은 아닙니다. 잘사는 나라에서도 1,400만 명이 넘는 사람들이 배고픔에 허덕이고 있습니다. 영국의 경우, 100만 명이 넘는 사람이 식량을 지원해 주는 서비스인 푸드뱅크를 이용하고 있습니다. 주목할 점은 이 숫자가 점점 더 늘어나고 있다는 것입니다. 그럼에도 팔리지 않는다는 이유로 음식은 쓰레기장으로 사라지고 있습니다.

잔반을 줄이기 위해 교육하는 것을 넘어 이제는 먹기 전에 버려지는 음식에 대해서도 이야기할 때입니다. 조금 흠이 있는 음식도 맛과 영양소는 물론이고, 이것을 만드는 데 들인 노력과 수고는 동일합니다. 소비자들이 생각을 바꾸면 농민들이 눈물을 머금고 밭을 갈아엎는 일도, 먹을 것이 없어 굶어 죽는 사람의 수도 줄어들지 모릅니다.

투자를 할수록 위기가 찾아온다

2008년, 우리나라를 비롯한 전 세계를 경악하게 만든 뉴스가 있습니다. 당시 진흙으로 만든 동그란 접시가 바닥에 쫙 늘어서 있는 사진이 화제가 됐습니다. 얼핏 봐서는 뭐가 문제인지 모를 정도로 평범한 사진이었습니다. 미술 시간이나 도자기 체험에서 한 번쯤 만들었을 법한 매우 간단한 모양의 접시였기 때문입니다.

하지만 접시가 마르면 찬장으로 들어갈 것이라는 예상과 달리 아이티 사람들의 입으로 들어갔습니다. 알고 봤더니 이것은 접시가 아니라 진흙에 소금과 마가린을 넣어 반죽한 뒤, 햇볕에 말린 진흙 쿠키였습니다. 심지어 돈을 주고 진흙 쿠키를 사 먹는 사람도 있었습니다.

도대체 왜 아이티 사람들은 진흙을 구워 먹었을까요? 원인은 바로 식량 가격 때문이었습니다. 흙을 먹으면 안 된다는 것은 어린아이도 아는 상식일 것입니다. 그럼에도 식량 가격이 치솟아 먹을 것을 살 수 없는 지경에 이르자 어쩔 수 없이 흙을 먹는 사태가 벌어졌습니다. 영양이나 위생보다 참을 수 없는 굶주림을 해결하는 것이 우선이었기 때문입니다.

2007년 초부터 2008년 중반까지 밀, 옥수수, 쌀과 같은 전 세계 주요 식량 가격은 2배 가까이 폭등했습니다. 하루에 한 끼 먹는 사람들이 늘어났고 너나없이 영양실조에 시달렸습니다. 만성적 영양실조에 시달린 사람이 2007년에 7,500만 명 증가했고, 다음 해에는 4,000만 명이나 더 늘어났습니다. 아마 이들 모두가 흙이라도 먹고 싶은 심정이었을 것입니다.

배고픔은 곧 시위로 번졌습니다. 2007년 불어닥친 식량 위기로 멕시코, 이집트, 인도네시아, 카메룬, 우즈베키스탄 등 수많은 나라에서 밥을 달라는 외침이 거리에 울려 퍼졌습니다. 식량 가격 상승이 전 세계를 굶주림의 위기에 빠뜨렸습니다.

가격이 올랐다고 밥을 못 먹다니 이해할 수 없을지도 모릅니다. 이를 이해하기 위해서는 사람들이 식비에 얼마나 많은 돈을 쓰는지를 알아야 합니다. 일반적으로 잘사는 나라의 시민들은 수입의 1/10 정도를 식비에 사용합니다. 반면, 가난한 나라에서는 수입의 절반 이상을 식비로 지출합니다. 식료품비가 차지하는 비중이 크기 때문에 식량 가격이 오르면 타격이 클 수밖에 없습니다.

그런데 왜 갑자기 식량 가격이 폭등한 걸까요? 이론적으로 시장 가격은 수요와 공급이 결정합니다. 하지만 2007~2008년의 식량 위기는 수요와 공급 이론으로 설명할 수 없는 과도한 수준이었습니다. 원인은 바로 금융 시장에 있었습니다. 불확실성을 담보로 돈을 투자하는 금융 상품이 많은데, 커피, 카카오, 옥수수, 콩, 밀과 같은 농작물도 그중 하나입니다.

2000년 이후, 바이오 연료 열풍이 일어나고, 육류를 찾는 사람들이 늘어나 사료용 곡물이 많이 팔리면서 전반적인 곡물 수요가 증가했습니다. 곡물 가격이 상승세를 타자, 투기꾼들은 식량을 사고파는 금융 상품에 눈을 돌렸습니다. 마우스 클릭 한 번으로 옥수수나 밀의 거래가 이뤄졌고, 투기 자금이 대량으로 몰리자 식량 가격은 위아래로 요동치기 시작했습니다.

브라질에 비가 오면 스타벅스 주식을 사라는 말이 있습니다. 원두 생산지인 브라질에 비가 오면 커피 농사가 풍년일 것입니다. 그러면 원두 가격이 내려가니 커피 회사들은 더 많은 이윤을 챙길 수 있습니다. 자연스럽게 커피 회사 주식이 오를 테니 미리 주식을 사 뒀다면 앉아서 돈을 벌 수 있습니다. 그러나 이제 투자 전에 기억해야 할 것이 있습니다. 은행에서 농산물 상품을 추천할수록, 더 자주 식량 위기가 찾아온다는 사실을 말입니다.

땅을 뺏지 말아 주세요

2008년, 마다가스카르에서 엄청난 규모의 토지 거래가 성사됐습니다. 계약의 주인공은 바로 한국 기업인 대우로지스틱스였습니다. 마다가스카르 농경지의 절반, 즉 서울 면적의 21배가 넘는 땅을 정부로부터 임대하면서 전 세계의 주목을 받았습니다.

더 놀라운 건 계약 조건입니다. 향후 25년 동안 60억 달러를 투자하는 대신, 99년간 무상으로 땅을 사용할 수 있는 권리를 얻었습니다. 대우는 학교, 병원, 공항과 같은 사회 기반 시설을 짓고, 일자리를 만들어 마다가스카르의 발전에 기여하겠다며 야심 찬 포부를 밝혔습니다. 그나저나 대우는 이렇게 넓은 땅이 왜 필요했을까요?

"안정적인 식량 확보를 위해 이곳에 옥수수를 재배할 계획입니다. 앞으로 식량은 무기가 될 수 있습니다. 수확한 작물을 다른 나라에 수출하거나, 식량 위기가 발생할 경우에는 한국에 보낼 생각입니다."

한국에 안정적인 식량을 제공하고 싶다는 말에 대한 반응은 크게 두 가지로 갈렸습니다. 한편에서는 토지 거래가 성사됐다는 소식에 박수를 쳤지만, 다른 한편에서는 뜨거운 분노가 일어났습니다. 특히 마다가스카르 시민들은 조상들께서 물려주신 땅을 정부가 외국 기업에 넘겼다며 크게 반발했습니다. 해외 언론은 '한국인의 아침 식사: 마다가스카르' 같은 자극적인 기사를 쓰며 비난을 쏟아 냈습니다.

마다가스카르는 10명 중 7명이 빈곤으로 생활고를 겪고 있는 나라입니다. 게다가 이 거래는 2008년, 식량 위기로 많은 사람들이 영양실조에 시달린 암울한 해에 이뤄졌습니다. 농사를 지어 해외에 식량을 보낸다는 계획은 시민들에게 그야말로 재앙이나 다름없었습니다.

대우와의 거래는 엄청난 후폭풍을 몰고 왔습니다. 분노한 시민들은 대통령 탄핵을 외쳤고, 결국 나라의 대표자가 바뀌는 역사적인 사건이 벌어졌습니다. 대우와의 계약도 따라서 무산됐습니다.

식량 위기는 세계를 불안하게 만들며 국제 토지 거래를 증가시켰습니다. 위기가 발생하면 대부분의 나라는 식량을 수출하기보다는 비축해 둡니다. 식량을 수입에 의존하는 나라는 그저 앉아서 곡식 창고가 비는 것을 바라볼 수밖에 없습니다. 미래에 대한 불안이 커지자 돈이 있는 나라들은 농사지을 땅을 찾아 해외로 눈을 돌렸습니다. 토지 거래는 어떤 결과를 낳았을까요?

아랍에미리트, 사우디아라비아, 카타르, 쿠웨이트 하면 가장 먼저 뜨거운 사막과 석유가 떠오릅니다. 이 말은 곧 이곳에서 농사를 짓기 힘들다는 의미이기도 합니다. 그런데도 마트에는 갓 딴 싱싱한 채소가 가득합니다. 모두 토지 거래 덕분입니다. 에티오피아에는 300만 명에 가까운 사람들이 구호의 손길을 기다리고 있습니다. 그럼에도 싱싱한 채소를 길러 두바이나 사우디아라비아에 보냅니다.

토지 거래의 과정도 순탄하지는 않습니다. 외국 회사나 정부가 빌린 땅에도 엄연한 주인이 있습니다. 계약서는 없지만 오랜 시간 농사를 짓고 살아온 주민들입니다. 하지만 토지 계약이 성사되면 이들은 하루 아침에 쫓겨납니다.

"이번 우기가 끝나면 농사를 포기하고 나가라는 통보를 받았어요. 그 뒤에 집이며 밭이며 모두 없애 버리겠죠."[2]

말리의 소우모우니 지역 역시 땅을 빼앗길 위기에 처했습니다. 비가 그치고 건기가 찾아오면 2,000명이 넘는 주민들은 제대로 된 보상도 없이 속수무책으로 집과 생계 수단을 잃습니다. 이 땅의 주인은 리비아 정부가 될 것입니다. 전 세계에서 2009년에만 대한민국 면적의 4.5배에 달하는 토지 거래가 이뤄졌습니다. 이 중 70% 이상이 아프리카 지역의 땅입니다. 이제 가난한 나라의 돈 없는 사람들은 농사지을 땅도 갖기 힘들어졌습니다.

식량에도 정의가 필요해

덴마크 하면 어떤 단어가 떠오르시나요? 코펜하겐 공항의 '세상에서 가장 행복한 나라에 오신 걸 환영합니다. 칼스버그가 생각나는 순간이네요'라는 환영 문구처럼 덴마크는 높은 행복 지수와 맥주 회사인 칼스버그로 유명합니다. 그런데 이제 수식어가 바뀔지도 모르겠습니다. 덴마크는 유럽에서 '음식물 쓰레기가 적은 나라'로 유명세를 타고 있으니 말입니다. 유럽에서 음식물 쓰레기 배출이 많은 나라 중 하나였던 덴마크는 5년 만에 음식물 쓰레기의 1/4을 줄이며 유럽 전역에 긍정적인 변화를 가져오고 있습니다.

더 놀라운 것은 이 변화가 한 사람의 힘에서 시작됐다는 사실입니다. 그 주인공은 열세 살에 부모님을 따라 러시아에서 덴마크로 이민을 온 셀리나 율입니다. 그녀가 이민을 와서 목격한 가장 충격적인 모습이 바로 음식을 함부로 버리는 것이었습니다. 소련이 해체되면서 러시아 시민들이 식량 문제로 얼마나 어려움을 겪는지 봤기 때문에 음식이 버려지는 현실이 그녀에게는 더욱 마음 아픈 일이었다고 합니다.

셀리나 율 씨는 사람들의 잘못된 인식을 바꾸고자 두 팔을 걷어붙였습니다. 그리고 곧장 대형 마트로 달려가 상품 가치가 떨어진 식료품을 버리지 말아야 하는 이유를 설명했습니다. 마트 관계자들에게 미치광이 러시아 여자 취급을 받으면서도 굴하지 않고 마트를 설득했습니다.

그녀의 노력을 첫 번째로 알아준 곳은 덴마크의 유명 식료품 체인점인 레마 1000이었습니다. 레마 1000은 많이 사서 많이 버리는 악순환의 고리를 끊기 위해 대량으로 묶어서 싸게 팔던 기존의 전략을 바꿨습니다. 식료품을 낱개로 팔기 시작한 것입니다. 이 결과 실제로 음식물 쓰레기가 감소했습니다. 바나나의 경우, 하루에 100개 버려지던 것이 10개로 줄어드는 놀라운 효과가 나타났습니다.

음식물 쓰레기 줄이기 운동은 다른 나라에서도 활발히 진행 중입니다. 프랑스에서는 마트에서 팔다 남은 식품을 버리지 못하게 하는 법이 통과됐습니다. 그전까지는 마트가 남은 식품을 자율적으로 기부했습니다. 그러나 이제는 모든 마트가 의무적으로 해야 할 일이 됐습니다. 프랑스에서는 마트가 기부하는 식품이 15%만 더 늘어도 매년 1,000만 명이 식사를 할 수 있다고 하니, 이 법으로 수백만 명의 사람들이 끼니 걱정을 덜 수 있을 것 같습니다.

이탈리아에서는 남은 식재료가 멋진 요리로 탈바꿈되고 있습니다. 세계적인 스타 요리사 마시모 보투라 씨는 마약상과 쥐가 가득했던, 그래서 아무도 찾지 않던 밀라노 구석의 한 극장을 모두를 위한 식당으로 바꿔 놓았습니다. 유명 요리사들의 요리를 맛볼 수 있는 이 식당은 다른 곳에서 팔다 남은 식재료를 기부받아 사용하고 있습니다. 또한, 사람들에게 무료로 맛있는 요리를 제공하며 누구나 먹을 권리가 있음을 알리는 데 기여하고 있습니다.

식량은 넘쳐 나는데 왜 여전히 굶주리는 사람이 많을까요? 다큐멘터리 「음식물 쓰레기의 불편한 진실」을 찍은 발렌틴 투른 감독은 이 문제의 근본적인 원인으로 과잉 소비를 꼽습니다. 많이 쌓아 놓고, 대량으로 사게 만드는 구조가 식량에 대한 소비를 증가시켜 결국 가격을 올린다는 것입니다. 문제는 이뿐만이 아닙니다. 농작물 가격이 오르면 금융 상품에 눈을 돌리는 투기꾼도 많아지고, 식량 불안이 가난한 사람들의 땅을 뺏는 일도 벌어집니다. 이를 바로잡기 위해서는 식량을 바라보는 시각을 바꿔야 합니다. 식량이 은행이나 마트의 상품이 되는 순간, 누군가는 먹을 권리를 빼앗길 수 있습니다. 당신에게 식량은 예쁘게 포장된 상품입니까, 아니면 인간의 권리입니까?

음식물 쓰레기를 줄이는 똑똑한 아이디어

세계 시민 TO DO LIST

매년 전 세계에서는 40억 톤의 식량이 생산되는데, 이 중 쓰레기로 버려지는 양은 무려 13억 톤입니다. 우리나라에서도 음식물 쓰레기만 연간 500만 톤이 넘게 발생하고 처리 비용으로 8,000억 원이라는 어마어마한 비용이 낭비됩니다. 생활 속에서 음식물 쓰레기를 줄이는 방법을 공유합니다.

하나, 냉장고 파먹기를 실천한다

냉장고 파먹기는 시장을 보는 대신 냉장고에 있는 재료만을 이용해 끼니를 해결하는 방법입니다. 식비를 아낄 수 있고, 상해서 버리는 식재료를 줄일 수 있습니다. 냉장고에 있는 재료로 무슨 음식을 만들어야 할지 막막하다면 요리 관련 모바일 앱인 '만 개의 레시피', '해먹남녀' 등을 참고합니다.

둘, 못생긴 과일을 구매한다

못생겼다는 이유로 버려졌던 못난이 농산물이 최근 주목받고 있습니다. 영양가는 같지만, 가격은 훨씬 저렴해 실속 있는 상품으로 인식되기 때문입니다. 못생겨서 시중에 유통되지 못하는 B급 농산물을 모아 판매하는 식품 업체 '파머스페이스', '프레시어클리', '지구인컴퍼니' 등에서 필요한 농산물을 구매해 보세요.

셋, 푸드 뱅크에 음식을 기증한다

다 먹지 못한 식품을 기부하는 방법도 있습니다. 결식 인구를 줄이기 위해 설립된 푸드 뱅크에 냉동식품과 가공식품은 물론 과일이나 생선도 기부할 수 있습니다. 서울푸드뱅크(http://s-foodbank.or.kr) 사이트에서 우리 동네에 있는 푸드 뱅크를 검색할 수 있습니다. 식품을 기부할 경우 실제 거래 가격을 기부액으로 계산해서 세제 혜택도 받을 수 있습니다.

얼마나 못생긴 과일일지 내심
기대(?)했는데, 이게 어디가 못…?

10.
17.

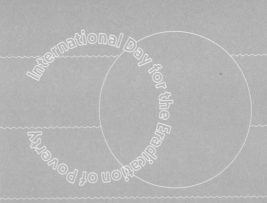

International Day for the Eradication of Poverty

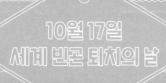

누가 빚을
짊어질 것인가

우리는 그 어느 때보다 부유한 세상에서 살고 있습니다. 그럼에도
전 세계 인구 10명 중 1명은 생명에 위협을 받을 정도의 절대적
빈곤에 처해 있고, 10명 중 2명은 만성적인 영양 부족에 시달립
니다. 10명 중 3명은 안전을 보장받을 수 있는 집이 없습니다. 빈
곤이 사라지지 않는 이유를 두고 어떤 사람들은 이렇게 말합니다.
"열심히 일하지 않으려는 게으름 때문이다!"
빈곤은 정말 게으르기 때문에 발생하는 문제일까요? 2016년, 국
제 구호 단체 옥스팜은 보고서를 발표했습니다.
"세계 상위 1%의 재산이 나머지 99%의 재산을 합친 것보다 크다."
가진 자와 가지지 못한 자의 간극이 그 어느 때보다 벌어진 오늘
날, 빈곤은 어떻게 생산되고 확산될까요? 어떻게 해야 지구상에
서 빈곤을 몰아낼 수 있을까요?

International Day for the Eradication of Poverty

어느 50대 가장의 독특한 취업 성공기

　해고, 세상에 이보다 노동자를 두렵게 만드는 단어는 없습니다. 직장 구하기가 하늘에 별 따기만큼 어렵다는 이 시대에 해고 통보는 맨몸으로 거리에 쫓겨나는 것이나 마찬가지입니다.

　상상조차 하기 싫은 이 일에 맞닥뜨린 50대 가장이 있습니다. 버크 데보레 씨는 20년 넘게 몸 바쳐 일한 제지 회사에서 쫓겨났습니다. 남편이 실직하자 전업주부였던 부인 마저리 씨는 아르바이트를 2개나 시작합니다. 하지만 부인이 버는 돈으로는 두 아이의 학비와 주택 융자금, 자동차 유지비, 생활비를 충당할 수 없었습니다.

　버크 데보레 씨는 최선을 다해 취업을 준비합니다. 변화에 뒤지지 않기 위해 업계의 소식을 알려 주는 잡지를 구독하며 매일 구인 광고를 확인하고 이력서를 보냅니다. 면접 연락을 받으면 좋은 인상을 남기기 위해 최대한 단정한 옷을 입고 회사로 향합니다. 면접장에서는 자신의 능력을 보여 주면서도 과하다는 느낌이 들지 않도록 적당한 수준의 언변을 구사합니다. 그럼에도 매번 불합격 통지를 받습니다. 버크 데보레 씨는 자신이 떨어진 이유를 몇 날 며칠 고민해 보지만 무엇이 문제인지 찾지 못합니다.

　실업자가 된 지 2년이 흐른 뒤, 그는 취업이 안 되는 이유를 스스로 깨닫습니다. 일자리에 비해 구직자가 너무 많다는 결론에 다다르자 곧바로 문제 해결에 나섭니다. 비슷한 경력과 능력을 가진 경쟁자들을 없애기로 결심한 것입니다. 잠재적 경쟁자를 찾기 위해서 버크 데보레 씨는 가짜 산업 용지 회사를 만들어 생산 라인 관리자를 모집한다는 광고를 냅니다. 그 뒤, 집으로 이력서가 도착하면 자신보다 더 좋은 조건을 가진 사람들을 선별합니다.

드디어 첫 번째 목표물이 정해졌습니다. 제지 회사에서 23년간 일한 허버트 에벌리 씨입니다. 이 정도 경력이면 자신을 제치고 면접까지 올라갈 수 있다고 판단한 그는 돌아가신 아버지가 남긴 총을 들고 집을 나섭니다. 운이 좋게도 첫 번째 살인은 계획대로 끝이 납니다. 여기에 자신감을 얻은 버크 데보레 씨는 두 번째 경쟁자도 무리 없이 처리합니다.

그런데 그가 경쟁자를 제거하는 데에만 몰두하는 사이, 가정에 예상치 못한 문제가 생깁니다. 방에만 틀어박혀 있는 남편을 보며 부인은 참을 수 없는 답답함을 느끼고, 아들 빌리는 용돈이 부족해지자 남의 물건에 손을 댑니다. 그는 아들이 절도를 한 이유도, 부인과 대화가 단절된 이유도 모두 자신이 취업을 못 해서라고 생각합니다. 그렇다면 해결책은 역시 하루빨리 직장을 구하는 것입니다. 그 뒤로도 3명의 경쟁자가 더 제거됩니다.

마침내 버크 데보레 씨의 잔인한 노력이 성과를 맺습니다. 면접을 보러 오라는 연락을 받은 것입니다. 전화를 받은 그는 단번에 합격을 확신합니다. 이 지역에 자신보다 뛰어난 경쟁자가 없다는 사실을 알고 있기 때문입니다.

다행히 이 이야기는 실제가 아닙니다. 도널드 웨스트레이크의 소설 『액스』의 내용입니다. 액스, 즉 도끼라고 하면 장작을 패는 데 사용하는 도구라고 생각하지만 영어로 '인원 삭감'이라는 뜻도 담겨 있습니다. 소설 『액스』에서 주인공은 할시온 밀스라는 제지 회사의 직원이었습니다. 어느 날, 할시온 밀스가 다른 회사로 인수 합병되면서 대대적인 구조 조정이 이루어졌습니다.

실업률이 높은 상황에서 중년 남성이 직장을 구하기란 여간 쉽지 않은 일이었습니다. 그래서인지 버크 데보레 씨가 저지른 살인은 섬뜩하지만 한편으로 '오죽하면 저랬을까?'라는 생각을 하게 합니다. 또 한편으로는 그가 처한 상황이 우리의 삶과 닮아 있다는 생각도 듭니다. 평범한 가정을 위기로 내모는 실업은 도대체 왜 일어나는 걸까요?

금융 위기는 왜 도미노처럼 번질까?

돈이 삶의 전부는 아니지만 돈 없이는 살 수 없는 세상입니다. 전 세계 대부분의 정부가 경제 살리기에 몰두하는 것도 이 때문입니다. 이론적으로 경제를 살리는 방법은 간단합니다. 투자가 일자리를 만들어 내면, 월급을 받은 노동자들이 소비를 하고, 소비가 다시 기업의 투자를 불러일으키는 선순환 구조를 만드는 것입니다.

그렇다면, 정부가 고민할 일은 '어떻게 투자나 소비를 늘릴 것인가?'입니다. 투자를 늘리는 대표적인 방법이 금융 자유화입니다. 금융 시장에 대한 규제를 풀어 해외 자본이 쉽게 국내로 들어올 수 있게 하는 것입니다. 그런데 언제나 그렇듯 세상은 예상대로 흘러가지 않습니다. 국경을 넘나드는 돈이 독이 되어 2009년, 전 세계를 위험에 빠트렸기 때문입니다.

세계 경제 위기를 불러온 미국의 서브프라임 모기지 사태를 이해하기 위해서는 2000년대로 거슬러 올라가야 합니다. 2000년대 초반, 미국은 극심한 경기 침체를 겪고 있었습니다. 그 배경에는 두 가지 사건이 있습니다. 당시 인터넷을 기반으로 한 기업들이 주목받으면서 '닷

컴'이란 이름만 붙으면 투자가 성사되는 닷컴 붐이 일어났습니다. 너도나도 주식에 뛰어들자 실제 가치보다 주가가 상승하는 거품이 형성됐습니다. 지나친 거품은 결국 화를 가져왔습니다. 2000년에 주가가 폭락하면서 수천조 원에 달하는 천문학적인 돈이 증발한 것입니다.

미국 연방준비제도가 문제 해결책으로 내민 카드가 저금리 정책이었습니다. 이자를 낮춰 사람들이 은행에서 싸게 돈을 빌릴 수 있도록 한 것입니다. 저금리 정책으로 시장에 풀린 돈은 주택 시장으로 향했습니다. 투자는 수익률이 높은 쪽에 몰리기 마련인데 전반적으로 침체된 경기 속에서도 주택 가격은 꾸준히 오르고 있었기 때문입니다.

사람들은 대출받은 돈으로 집을 사기 시작했습니다. 집을 사려는 사람들이 늘어나자 집값이 올랐고, 살기 위해서가 아니라 투기를 목적으로 집을 사는 사람들이 늘어났습니다. 은행은 이 기회를 놓치지 않고 주택을 담보로 온갖 종류의 금융 상품을 내놓았습니다. 급기야 신용 등급이 낮은 사람들에게도 대출을 해 주는 '서브프라임 모기지' 상품까지 만들어 내며 수익을 올리는 데 집중했습니다.

하지만 금융 기관의 예상과 다르게 주택 시장에 변화가 찾아왔습니다. 미국 연방준비제도는 과열되는 경기를 우려해 2004년부터 금리를 올리기 시작했습니다. 금리가 지속적으로 오르자 높아진 이자를 감당하지 못한 사람들이 나타났습니다. 이들은 빚을 갚으려 집을 내놓았고, 한꺼번에 매물이 많이 나오자 집값은 자연히 떨어졌습니다.

집값 하락으로 사람들이 우왕좌왕하는 이때, 세계 3대 신용 평가 기관 중 하나인 피치는 낙관적인 전망을 내놓으며 투자자들을 안심시켰습니다.

"AAA 등급을 받았다는 것은 서브프라임 모기지 상품이 높은 신용을 가지고 있다는 의미입니다. 저희는 여전히 이를 확신하고 있습니다.”

하지만 거품은 언젠가 꺼지기 마련입니다. 신용 평가 기관의 예측과 다르게 주택 가격은 떨어졌고, 꺼진 거품은 파산으로 돌아왔습니다. 집을 사려는 사람은 적은데 팔려는 사람이 많으니 거래가 성사될 리 없었습니다. 엎친 데 덮친 격으로 집값이 급락해 집을 팔아도 손해였습니다. 이 결과, 개인뿐만 아니라 원금을 회수하지 못한 은행까지 모두 줄줄이 파산을 맞이했습니다.

미국의 금융 위기는 날개를 달고 전 세계로 퍼져나갔습니다. 가장 먼저 타격을 입은 곳은 미국의 주택 담보 대출 상품에 투자했던 독일, 네덜란드, 프랑스와 같은 해외 은행과 기업입니다. 그다음으로 해외 자본을 받아들였던 국가들이 휘청거렸습니다.

미국의 서브프라임 모기지 사태가 글로벌 위기로 확대되자 전 세계 금융 기관들은 불안한 마음에 투자했던 돈을 회수하기 시작했습니다. 갑자기 자본이 빠져나가면서 해외 투자에 의존했던 나라는 위기에 빠질 수밖에 없었습니다. 아이슬란드를 시작으로 파키스탄, 우크라이나, 헝가리, 벨라루스 등이 파산 위기에 처하며 국제통화기금에 손을 벌렸습니다. 무역으로 돈을 버는 나라들 역시 타격을 받았습니다. 사람들의 주머니 사정이 나빠지면 그만큼 소비가 줄어들기 때문에 무역량도 줄어듭니다. 실제로 2009년, 전 세계 GDP와 수출입이 모두 마이너스 성장을 기록했습니다.

자유에는 책임이 따르기 마련입니다. 금융 기관은 세계 어디서든 돈을 움직일 수 있는 자유를 얻었지만 책임을 다하지 않았습니다. 은행이 만들어 낸 복잡한 금융 상품은 얽힌 실타래 같아서 얼마나 거품이 형성됐는지 예측하기 힘들게 만들었고, 신용 평가 기관은 위험을 평가

하기보다 은행의 편에 서서 상품 판매를 도왔습니다. 정부 역시 책임을 피해 갈 수 없었습니다. 금융 기관을 감독하지 않고 현실을 방관해 일을 키웠다는 비판을 받았습니다. 위기가 커질 동안 그 누구도 제 역할을 하지 않았던 것입니다.

1%를 위한 시스템

2010년 12월 17일, 튀니지에서 모하메드 부아지지라는 청년이 몸에 석유를 뿌린 뒤 불을 붙이는 충격적인 사건이 일어났습니다. 청년의 나이는 고작 26세였습니다. 모하메드 부아지지는 부모님과 여섯 형제의 생계를 책임져야 했던 젊은 가장이었습니다. 그는 열심히 공부해 대학 졸업장도 얻었지만 일자리를 구하지 못했고, 결국 거리에서 채소와 과일을 팔기 시작했습니다. 수입이 많지는 않았지만 모하메드 부아지지는 언젠가 소형 트럭을 사겠다는 소박한 꿈을 꾸며 힘든 순간을 버텨 냈습니다.

그런데 불행히도 그의 마지막 희망을 무너뜨린 사건이 벌어졌습니다. 시청 단속반의 뇌물 요구를 그가 거부한 것입니다. 분노한 시청 단속반은 모하메드 부아지지의 뺨을 때린 후 손수레를 빼앗아 갔습니다. 그는 결국 분신자살이라는 극단적인 선택을 하며 세상에 작별을 고했습니다.

나락으로 떨어지는 것 같은 절망감을 느낀 사람은 모하메드 부아지지만이 아니었습니다. 그가 세상을 떠나고 9개월이 지난 2011년 9월 17일, 미국에서도 희망을 잃은 사람들이 거리로 나왔습니다. 이들은 한목소리로 '월 스트리트를 점령하자'라는 구호를 외쳤습니다. 도대체 왜 미국 시민들은 분노했을까요?

2008년 벌어진 서브프라임 모기지 사태는 금융 기관의 실책이라는 데에 이견이 없습니다. 그럼에도 미국 정부와 미국 연방준비제도는 기업이 도산할 경우 더 큰 피해를 볼 수 있다는 생각으로 막대한 재정을 지출해 이들을 구했습니다.

미국 정부가 기업을 구제하는 데 열을 올리는 사이, 수많은 노동자는 직장을 잃고 거리를 헤맸습니다. 미국 노동통계청에 따르면, 2007년 5월 680만 명이었던 실업자 수가 2009년 10월에는 1,540만 명으로 2배 이상 증가했습니다. 같은 기간 문을 닫은 소규모 사업장 수는 17만 개에 달했으며, 2009년 2월에는 구조 조정으로 32만 명 이상이 해고 통보를 받았습니다. 금융 위기는 성별, 나이, 인종, 직종에 관계없이 모두에게 실업이라는 큰 고통을 안겨 주었습니다.

예상치 못한 지출에 국고가 바닥나자 지방 정부도 허리띠를 졸라매야 했습니다. 지방 정부가 손을 댄 예산은 교육비였습니다. 초·중등학교에 대대적인 감원 바람이 불면서 전국적으로 30만 명에 달하는 교직원이 해고 통보를 받았습니다. 여기에 더해 수업 일수를 줄이는 학교도 생겨났습니다. 심한 경우 문을 닫는 곳도 있었습니다. 캔자스시는 관내에 있는 학교 절반을 폐쇄하겠다는 결정을 내려 학부모들을 충격에 빠뜨렸습니다.

어렵기는 대학교도 마찬가지였습니다. 공립대학교는 정부의 지원이 줄어들자 부족한 재정을 메꾸기 위해 등록금을 올렸습니다. 4년 만에 4년제 공립대학교의 등록금은 27%, 2년제는 24%가 올랐습니다. 가정형편이 어려운 학생들은 등록금을 아끼려 공립대학에 진학했지만 돌아온 것은 배신감이었습니다.

절망적 상황에서 미국 시민을 더욱 분노케 만든 일이 있었습니다. 2009년, 정부의 지원을 받아 파산 위기를 가까스로 모면한 9개 은행이 경영진과 직원들에게 보너스를, 주주들에게 배당금을 지급한 것입니다. 보너스와 배당금 총액은 330억 달러에 달했습니다. 전년도에 기록적인 손실을 내고 국가에 손을 벌린 상황에서 기업들이 수익을 냈을 리없습니다. 그렇다면 이 돈의 출처가 어디인지는 불 보듯 뻔했습니다.

경제 위기라는 거대한 소용돌이를 몰고 왔음에도 반성의 기미조차 보이지 않는 금융 기관들의 행태에 시민들은 월 스트리트로 향했습니다. 다양한 인종과 성, 직업을 가진 시위자들은 '우리는 모두 99%'라고

외치며 1%에게 부를 안겨 주는 현재의 시스템에 대해 불만을 드러냈습니다.

　미국을 강타한 경제 위기는 상위 1%와 나머지 99%의 차이를 극명하게 보여 줬습니다. 시민들이 분노한 이유는 이러한 차이가 개인의 실력이 아닌 정부의 판단에 의해 만들어졌다는 것입니다. 문제를 일으킨 금융 기관은 정부의 도움을 받아 살아날 기회를 얻고, 중산층과 서민은 실업과 주택 대출, 높은 교육비를 오롯이 혼자 감당해야만 했습니다. 정부가 기업을 보호하는 사이 시민들은 살아남기 위해 파트타임을 전전하며 빈곤의 수렁으로 빠져들었습니다.

IMF의 멋진 신세계

『마시멜로 이야기』,『시크릿』,『아프니까 청춘이다』등 한 번쯤 들어 봤을 법한 이 책들은 2000년대 서점가를 강타한 베스트셀러입니다. 일명 자기 계발서라고 불리는 이 책들은 쩍쩍 갈라진 마른 땅에서도 새 싹이 자라날 수 있다는 듯이 사람들에게 긍정의 힘을 부여하며 인기를 얻었습니다. 그러나 인기만큼이나 비판 여론도 거세게 일어났습니다. 긍정적인 생각으로 열심히 공부하고 일했지만 희망이 보이지 않는 현실 때문입니다.

모든 국가가 두려워하는 일 가운데 하나가 물가와 실업률은 오르고 경기는 침체되는 스태그플레이션입니다. 이 문제를 해결하기 위한 방법으로 등장한 것이 신자유주의입니다. 신자유주의자들은 정부가 시장에 개입하면 효율성이 떨어진다고 주장하며, 시장을 자유롭게 만들어야 한다고 강조합니다. 다시 말해, 자유 시장을 방해하는 보조금을 철폐하고 규제를 완화하며, 정부가 운영하던 사업을 민간에 맡기는 민영화를 추진하고, 노동 시장을 유연하게 해야 한다는 것입니다. 1980년대 미국의 로널드 레이건 대통령과 영국의 마거릿 대처 총리가 신자유주의 바람을 일으킨 뒤에 많은 국가가 이 정책을 따르고 있습니다.

우리나라에도 대대적인 신자유주의 열풍이 불기 시작한 때가 있습니다. 외환 위기를 맞은 1997년입니다. 당시 태국에서 시작된 금융 위기가 아시아 전역으로 번지면서 우리나라에까지 영향을 미쳤습니다. 한보그룹을 시작으로 17개의 대기업이 줄줄이 도산하면서 우리나라 역시 국가 부도 상태에 놓였습니다. 우리 정부는 국제통화기금을 비롯해 국제부흥개발은행, 아시아개발은행과 다른 나라에서 돈을 빌리면서 550억 달러라는 엄청난 빚을 떠안았습니다.

이렇게 다양한 기관과 나라에서 자금을 조달했음에도 불구하고 1997년 하면 국제통화기금(IMF)이 먼저 떠오릅니다. 지금도 그 시절을 외환 위기라고 부르기보다는 IMF라고 부를 정도로 국제통화기금은 사람들의 뇌리에 강력히 박혀 있습니다.

그 이유는 국제통화기금의 구조 조정 프로그램 때문입니다. 국제통화기금은 돈을 빌려 간 국가들이 다시 경제를 회복하기를 바라는 마음으로 구조 조정 프로그램을 실행하도록 하는데, 이때 기반이 되는 경제 이론이 신자유주의입니다. 국제통화기금의 구조 조정 프로그램에 따라 우리나라 역시 대대적인 몸집 줄이기에 들어갔습니다. 공기업을 민간 기업에 팔고, 해외 자본이 들어올 수 있게 금융 시장을 개방했습니다.

여기에 더해, 정부는 노동 시장의 규제를 풀어 기업에 유리한 비즈니스 환경을 만들었습니다. 이로써 기업이 필요에 따라 직원을 해고할 수 있는 정리 해고제가 도입되고, 하루하루 수당을 받는 일용직, 고용 기간을 정해 놓고 계약을 하는 계약직, 사업장과 하청 업체 사이에 이루어지는 파견이나 용역 근로와 같은 다양한 형태의 비정규직이 등장했습니다.

2001년 8월, 우리나라는 국제통화기금에 빌린 195억 달러를 되돌려주면서 IMF를 졸업했습니다. 빚은 갚았지만 IMF가 남긴 신자유주의 정책은 시민들을 고통스럽게 하고 있습니다. IMF 이후 20년이 지난 지금도 불안정한 고용 계약과 저임금은 경제적 약자뿐만 아니라 중산층까지 벼랑 끝으로 내몰고 있기 때문입니다.

그 결과 급기야 두세 가지 일을 병행하지만 저축은 꿈도 꿀 수 없는 상황까지 벌어졌습니다. 열심히 일해도 가난을 면치 못하는 '워킹 푸어'라는 신빈곤 집단이 생긴 것입니다. 우리나라 시민의 약 300만 명 이상이 워킹 푸어 상태에 있다고 합니다.

긍정적으로 생각하기만 하면 원하는 미래가 올 것이라는 자기 계발서의 주장처럼, 많은 국가가 IMF의 말대로 신자유주의 정책을 실시하기만 하면 경제가 나아질 것이라 생각했습니다. 하지만 긍정이 가져다준 배신처럼 신자유주의도 만병통치약이 되지는 못했습니다. 사회 안전망이 갖춰지지 않은 나라에서의 노동 유연화는 서민들에게 안전 장비 없이 절벽을 등반하라는 것과 같았고, 금융 기관의 탐욕을 제어할

방법을 마련하지 않은 채 활짝 열어젖힌 금융 시장은 위기를 초래했습니다. 상황이 이렇다 보니 경제가 휘청거릴 때마다 '워킹 푸어' 집단이 늘어날 수밖에 없는 것입니다.

99%를 위한 선택

2009년, 경제 위기가 한창인 때 미국 연방준비제도는 죄 없는 자영업자나 중소기업자들 대신 잘못을 저지른 기업을 구제하겠다는 결정을 내렸습니다. 이 소식을 접한 한 시민이 벤 버냉키 미국 연방준비제도 의장에게 불만을 토로했습니다. 정부와 미국 연방준비제도 모두가 왜 99%가 아닌 1%를 살리려 온 힘을 다하는지 이해할 수 없었던 것입니다.

벤 버냉키 의장은 시민들의 절망감을 공감한다면서도 어쩔 수 없는 선택이라고 답했습니다. 기업이 파산할 경우 국가 경제가 더욱 힘들어질 것이라는 생각 때문이었습니다. 이는 비단 벤 버냉키 의장만의 의견은 아닙니다. 우리나라를 비롯한 대부분의 국가가 경제 위기에 처했을 때 비슷한 선택을 합니다. 정말 99%를 위한 선택은 해결책이 될 수 없을까요?

금융 시장을 개방해 부를 쌓아 올린 아이슬란드는 미국이 일으킨 세계 경제 위기로 국가 부도 상태에 놓였습니다. 아이슬란드 3대 은행이 무리하게 해외 자본을 끌어들인 탓에 아이슬란드 국내 총생산의 10배에 달하는 빚을 진 것입니다. 아이슬란드 정부는 국고를 털어 은행의 빚을 갚아 줄 것인지, 아니면 은행이 파산하도록 놔둘 것인지를 두고 고민에 빠졌습니다. 물론 잘못은 은행이 했지만 3대 은행이 금융 시장에서 차지하고 있는 규모가 막대했기에 쉽게 결정할 수 없는 일이었습니다.

전문가들은 아이슬란드 정부가 당연히 미국과 같은 선택을 할 것이라 예측했지만 결과는 달랐습니다. 아이슬란드 정부는 은행을 구제하지 않고 파산하도록 내버려 뒀습니다. 역시나 거센 후폭풍이 몰아쳤습니다. 아이슬란드 금융 시스템의 97% 이상이 붕괴된 것입니다. 파산의 여파는 아이슬란드 은행과 거래했던 해외 예금자들에게까지 미쳤습니다. 영국과 네덜란드 예금자들이 돈을 돌려받지 못하는 상황이 벌어진 것입니다. 자국의 시민들이 손해를 볼 위기에 처하자 두 나라의 정부는 아이슬란드 정부에 책임을 요구했습니다.

이 문제로 아이슬란드 정부와 시민 사이에 깊은 갈등이 생겼습니다. 아이슬란드 의회는 은행을 대신해 국가가 돈을 갚아 줘야 한다는 데 뜻을 모았지만, 시민들은 자신의 세금으로 50억 달러가 넘는 돈을 15년에 걸쳐 두 나라에 갚아야 한다는 소식에 분노했습니다. 분노는 시민들을 광장에 모이게 만들었습니다. 시민들은 냄비와 프라이팬을 두드리며 반대 시위를 벌였습니다. 인구 30만 명의 작은 나라에서 혁명의 불길이 치솟은 것입니다. 결국, 의회는 해산되고 선거를 통해 새로운 내각이 꾸려졌습니다. 이를 두고 아이슬란드에서는 '냄비와 팬 혁명'이라고 부릅니다.

새로운 총리가 뽑혔지만 50억 달러를 어떻게 갚아야 할지에 대해서는 별다른 방도가 없었습니다. 의회와 시민 사이에 갈등의 골이 깊어지자 올라퓌르 그림손 아이슬란드 대통령은 중대한 결단을 내렸습니다. 대통령은 의회의 반대를 무릅쓰고 이 문제를 국민 투표를 통해 결정하겠다고 발표했습니다.

"이 빚은 저희 잘못이 아닙니다. 우리 아이들에게 부채를 물려줄 순 없어요. 이 문제는 법정에서 풀어야 한다고 생각합니다."[1]

국민 투표 결과는 예상대로였습니다. 스반호비트 인기베르그스 씨처럼 아이슬란드 시민 10명 중 9명이 반대 의사를 표시했습니다. 결국 이 문제는 국제 소송으로 번졌고 법원 역시 아이슬란드의 손을 들어 줬습니다. 대규모 은행이 부도가 난 위기 상황에서 외국인에 대한 예금 상환을 서두르라고 강요할 수 없다는 것입니다. 당장 돈을 갚지 않아도 된다는 판결로 시간을 벌게 된 아이슬란드 정부는 국내 경제 위기를 수습하는 데 온 노력을 기울였습니다.

국제통화기금에 빚을 질 정도로 국가 경제 사정이 어렵다면, 대부분의 정부는 지출을 줄이기 위해 복지 비용을 삭감합니다. 하지만 아이슬란드 정부는 2%대로 낮았던 실업률이 약 8%까지 높아졌음에도 사회 보장 제도를 그대로 유지해 놀라움을 안겨 줬습니다.

아이슬란드 정부는 경제 위기의 해결책으로 기업을 살려 투자를 늘리기보다 어려움에 처한 시민들을 지원해 소비를 늘리는 방법을 선택한 것입니다. 실업 수당을 받을 수 있는 기간을 늘리고, 저소득층의 일부 부채를 탕감해 줬습니다. 또한, 소득이 낮은 사람에게는 기존과 비슷한 세율을 유지한 반면, 고소득자에게는 더 많은 세금을 부과하며 교육과 보건, 그 밖의 복지에 필요한 재원을 마련했습니다.

다행히 노력은 결실을 거뒀습니다. 3년도 채 안 돼 마이너스였던 경제 성장률은 플러스로 돌아섰고 실업률도 줄어들었습니다. 국제통화기금에 진 빚도 조기 상환할 수 있었습니다. 그 사이, 국가에 큰 피해를 입힌 은행 경영자들은 잘못의 대가로 감옥에 들어갔습니다. 금융 위기를 일으켰음에도 고액의 보너스를 받고 호화로운 생활을 누리는 다른 나라의 금융가들과는 사뭇 다른 모습이었습니다.

　소설 『액스』의 주인공 버크 데보레 씨가 가장 두려워했던 것은 가난입니다. 그는 자신이 살해한 경쟁자들이 아무런 죄가 없다는 것을 알고 있었지만 지금까지 누려 왔던 안락한 생활이 사라질까 무서워 범죄를 저지르고 맙니다. 또한 경영진이 쉽게 정리 해고를 할 수 있는 현재의 시스템에 문제가 있다고 생각하지만 자신이 구조를 바꿀 수 있다고 생각하지는 않습니다. 그렇기에 그는 방아쇠를 경영진이 아닌 비슷한 처지의 실업자들에게 겨눕니다. 99%가 가지고 있는 이런 생각을 향해 올라퓌르 그림손 아이슬란드 대통령은 말합니다.

　"만약 우리가 경제적 이득을 위해 민주주의를 희생시킨다면 위험한 여행이 시작될 것입니다."[2]

자본주의 위기로부터
나를 보호하는 방법

빈곤을 없애려면 소수가 아닌 다수가 경제 발전의 혜택을 누릴 수 있는 경제 구조를 만들어야 합니다. 노력하면 누구나 빈곤에 대한 두려움 없이 살아가는 사회를 만드는 방법, 신자유주의의 거친 물결에서도 중심을 잡을 수 있는 아이디어에 대해 알아봅니다.

하나, 생활 임금의 도입을 요구한다

생활 임금은 가족들의 주거, 교육, 문화 비용까지 고려해 노동자가 최소한의 인간다운 삶을 보장받도록 하는 제도로, 최저 임금보다 20% 정도 높은 금액으로 책정됩니다. 현재 우리나라의 17개 광역 자치 단체 중 12곳, 226개 기초 자치 단체 중 79곳에서 생활 임금을 도입했습니다. 중앙선거관리위원회(nec.go.kr)의 선거 통계 시스템에서 자치 단체장 명단을 확인해 생활 임금을 실시하지 않은 단체나 민간 영역에 이를 확대해 달라고 요청할 수 있습니다.

둘, 협동조합에 가입한다

개인이 모여 만든 협동조합은 조합원이 모두 회사의 주인이 되는 조직으로, 2008년 세계 경제 위기 이후 자본주의 경제의 취약점을 보완하는 새로운 경제 모델로 주목받고 있습니다. 소비자에게는 안전한 먹거리를 제공하고, 생산자는 계약 생산으로 안정적인 수입을 보장해 주는 '아이쿱 생활협동조합', 친환경학교 매점을 운영하는 '복정고교육경제공동체 사회적협동조합', 핵 발전 전력 공급에서 벗어나 깨끗하고 안전한 에너지를 확보하기 위해 활동하는 '우리동네 햇빛발전협동조합' 등 우리나라에서만 1만 5,000개가 넘는 협동조합이 활동하고 있습니다. 협동조합 사이트(coop.go.kr)에서 자신의 필요를 실현할 수 있는 단체를 찾아 조합원이 되어 봅시다.

먹거리에 관심이 많아,
아이쿱 생활협동조합부터
알아보았다. ㅎㅎ.

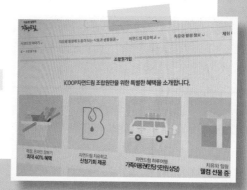

10.
31.

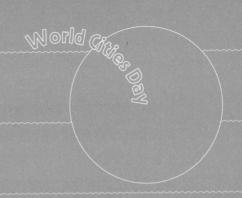

World Cities Day

둥지에서
쫓겨난 사람들

"도시는 기후 대책, 지구적 번영, 평화와 인권에 있어 핵심입니다."
반기문 전 유엔 사무총장은 도시의 역할을 강조한 바 있습니다. 빠르게 늘어나는 도시 인구 때문입니다. 1960년대에 10명 중 3명이 도시에 거주했다면, 2030년에는 10명 중 6명이 도시에 살게 됩니다.

사람들은 도시화가 진전되면 기회가 확대되면서 빈곤과 차별이 사라질 거라고 기대를 모았습니다. 하지만 1980년대 이후 도시 내 불평등은 빠르게 증가하고 있습니다. 그 중심에는 일정한 곳에 머물 권리인 주거권 문제가 있습니다.

안정적인 주거권은 빈곤 문제를 해결하는 데 있어 왜 중요할까요? 그리고 지속 가능한 도시는 어떻게 만들어 나갈 수 있을까요?

공간을 알면 시간이 보인다

'시간은 금이다.' 누구나 들어 봤을 법한 이 말은 미국 정치인이자 발명가인 벤저민 프랭클린의 명언으로 200년이 지난 지금까지 회자되고 있습니다. 시간을 돈으로 계산하는 셈법은 문학 작품에도 자주 등장합니다. 대표적인 것이 독일 작가 미하엘 엔데가 집필한 『모모』입니다.

소설 『모모』의 배경은 원형 극장 터가 남아 있는 한 도시입니다. 어느 날, 도시에 회색 신사들이 나타나면서 큰 변화가 일어납니다. 시간 저축은행에서 온 회색 신사들은 주민들에게 삶에 대한 설교를 늘어놓습니다. 남보다 더 많이 갖거나 성과를 내는 삶이 성공한 인생이며 우정이나 사랑은 성공에 따라오는 부수적인 일이라고 말입니다. 성공한 삶을 살기 위해서는 미래를 위해 현재의 시간을 절약해야 한다고도 합니다.

그들의 주장에 설득당한 사람들은 개인 시간을 줄이고 일에 매진했습니다. 시간에 대한 사람들의 생각이 바뀌자 도시의 모습이 변해 갔습니다. 불필요한 옛 구역은 철거됐고, 건물은 시간을 아낄 수 있는 방향으로 지어졌습니다.

회색 신사들이 바꿔 놓은 마을의 모습을 모두가 환영하지는 않았습니다. 꼬마 소녀 모모는 삭막하게 변해 버린 사람들의 삶을 되돌리려 노력합니다. 소설은 주인공 모모와 회색 신사들의 쫓고 쫓기는 이야기가 계속되다 결국 모모의 승리로 끝이 납니다. 회색 신사들이 사라지자 주민들은 다시 원형 극장 터로 모이기 시작합니다. 그곳에서 아이들은 마음껏 뛰어놀고, 주민들은 그간 못 했던 이야기를 주고받습니다.

미하엘 엔데는 『모모』를 통해 시간에 대한 두 가지 의미를 이야기합니다. 하나는 회색 신사들이 말하는 달력과 시계, 돈으로 환산되는 숫자의 시간이고, 다른 하나는 누구와 시간을 어떻게 보냈는지를 나타내는 경험의 시간입니다.

흥미로운 점은 사람들이 어떤 시간을 중요하게 여기는지 보여 주는 척도로 공간을 사용했다는 것입니다. 사람들이 돈을 벌기 위해 시간을 쓰기 시작하자 도시의 모습은 획일적으로 변했고 원형 극장은 텅 비었습니다. 반면, 회색 신사들이 없어지자 도시는 시간을 함께 보내기 위한 장소로 바뀌었습니다. 이는 도시를 보면 사람들이 어떤 가치를 우선시하는지 알 수 있다는 의미이기도 합니다. 세계인의 절반 이상을 품고 있는 오늘날의 도시는 어떤 모습을 하고 있을까요?

젠트리피케이션은 왜 재난이 됐을까

같은 장소에 대해 사람마다 가진 기억은 다릅니다. 장소에 담긴 추억이 다르기 때문입니다. 지금은 상상하기 힘들지만 서울 신촌은 한때 대한민국 문화 예술의 메카였습니다. 이제는 몇몇 건물만 남아 있을 뿐 그때의 명성은 빛바랜 사진처럼 기록으로만 전해집니다. 그런데 최근 신촌이 다시 인터넷 검색에 오르내리는 일이 있었습니다. 화제의 중심이 됐던 곳은 '공씨책방'입니다.

공씨책방은 책을 파는 곳이긴 하지만 일반 서점과는 느낌이 다릅니다. 진열대에 베스트셀러가 표지를 보이며 반듯하게 세워진 대형 서점과 달리 이 책방의 책들은 비좁은 공간에 쌓여 있습니다. 온라인 검색대도 없어서 어디에 어떤 책이 있는지 찾기도 쉽지 않습니다. 익숙하지 않은 한자 제목도 보입니다. 딱 봐도 오래된 책들이 많아 보이는 이곳은 헌책을 파는 곳입니다. 반세기 가까이 되는 세월이 말해 주듯 공씨책방은 시인과 작곡가를 비롯해 책을 사랑하는 많은 사람들의 발길이 이어진 곳입니다. 이제는 헌책을 파는 곳이라기보다는 서울의 추억을 간직한 장소가 됐습니다.

그런데 서울미래유산으로 지정될 정도로 가치가 있는 공씨책방에 문제가 생겼습니다. 건물주가 갑자기 임대료를 2배 이상 올린 것입니다. 책 읽는 사람도 줄어들고, 대형 중고 서점이 생기면서 책도 예전만큼 팔리지 않는 데다 임대료까지 오르자 공씨책방은 문을 닫을 위기에 처했습니다. 20년 넘게 한자리를 지켜 왔지만 건물주의 변심 앞에 임차인은 아무런 목소리를 낼 수 없었습니다. 법원 역시 건물주 손을 들어주면서 공씨책방은 오랜 시간 머물렀던 자리를 떠나야 했습니다.

이런 일은 비단 공씨책방에서만 일어나는 것은 아닙니다. 홍대, 성수동, 경리단길처럼 소위 '떴다' 하는 지역에서 흔히 목격되는 일입니다. 한 지역이 갑자기 주목을 받게 되는 배경에는 대개 문화 예술가들의 노력이 깃들어 있습니다. 문화 예술가들이 낙후된 동네에 터를 잡은 뒤 동네를 변화시키면, 아름다운 공연과 아기자기한 가게를 구경하고자 하는 사람들이 자연히 이곳으로 모입니다. 지역 상권이 형성되는 것입니다.

하지만 이 기회를 틈타 임대료를 과하게 올리는 건물주가 생겨나고, 결국 문화 예술인들과 동네 상인들은 비용을 감당하지 못해 쫓겨나고 맙니다. 이런 현상을 젠트리피케이션, 즉 둥지 내몰림이라고 부릅니다.

동네에 활기를 불어넣었던 문화 자산을 내쫓은 결과는 그리 좋지 않습니다. 이것들이 사라진 자리에는 대형 프랜차이즈 식당이나 카페가

들어옵니다. 개성 있는 공연이나 상점, 또는 옛 정취를 즐기러 온 사람들에게 대형 프랜차이즈 상점은 당연히 식상하게 느껴질 것입니다. 결국 사람들의 발길이 뜸해지고, 동네 상권은 쇠퇴의 길로 접어듭니다. 문화 백화 현상이 일어나는 것입니다. 문화 백화 현상은 대형 자본이 몰리면서 지역 상권이 개성을 잃고 천편일률적으로 변해 버리는 상권의 몰개성화를 뜻합니다.

젠트리피케이션과 문화 백화 현상을 겪은 대표적인 지역이 서울의 신촌과 이대, 압구정 로데오 거리입니다. 한때 소극장이 즐비했었다는 말이 무색할 정도로 신촌과 이대에서는 더 이상 예술의 정취를 느낄 수 없습니다. 프랜차이즈 식당과 카페, 술집이 차지한 이곳은 전에 비해 많이 한산해졌습니다. 서울 번화가의 중심지였던 압구정 로데오 거리 역시 임대료가 오르면서 젠트리피케이션이 진행됐고, 지금은 예전의 명성을 가로수길에 넘겨줬습니다.

소설 『모모』에서 작가는 '삶은 몇 시간을 살았느냐가 아니라 그 시간 동안 우리가 어떤 일을 경험했는지로 이루어진다'고 말합니다. 이 말은 사람들이 어떤 도시의 모습에 끌리는지를 봐도 알 수 있습니다. 흔히들 넓은 도로와 웅장한 빌딩이 있는 도시가 매력적이라고 생각하지만 정작 사람들의 발길을 붙잡는 것은 옛 골목인 경우가 많습니다. 뻥 뚫린 넓은 도로는 앞만 보고 걸을 수밖에 없어서 지루함을 주지만 집과 집, 가게와 가게를 이어 주는 골목은 어디로 연결될지 모르는 설렘과 예상치 못한 경험을 선사하기 때문입니다. 젠트리피케이션이 사라지고 낙후된 도시를 발전시키는 긍정적인 현상이 지속된다면 삶을 풍요롭게 만드는 도시를 만들 수 있을 것입니다.

우리 집에서 낯선 사람의 숨소리가 들린다

2009년, 미국 뉴욕에서 한 남성이 온라인에 올린 동영상이 화제가 됐습니다. 자꾸 음식이 사라진다고 느낀 이 남성은 이상한 마음에 집에 CCTV를 설치했습니다. 나중에 영상을 확인한 남성은 입을 다물지 못할 정도로 충격을 받았습니다. 거실 환풍기에서 한 여성이 걸어 나왔기 때문입니다.

이 여성은 자신의 집인 것처럼 냉장고에 있는 음식을 먹고 거실을 활보했습니다. 그러다 남성이 거실로 나오면 소파 뒤에 숨어 몸을 감췄습니다. 경찰 조사 결과, 이 여성은 노숙자로 밝혀졌습니다. 그저 황당하다고 생각할 수도 있지만, 내 집 마련이 점점 이룰 수 없는 꿈이 되어 가고 있는 현실을 생각해 보면 그저 웃어넘길 수 없는 일이기도 합니다.

우리나라에서 빚 없이 내 집을 가지려면 몇 년이나 걸릴까요? 우리나라에서 아파트나 주택을 구입하려면 평균적으로 3~4억 원 정도가 필요합니다. 집값이 비싼 서울에서는 이보다 더 많은 돈을 모아야 합니다. 통계청에 따르면, 2015년 우리나라 노동자의 평균 월급은 329만 원, 중위 소득은 241만 원이었습니다.

중위 소득은 노동자 소득을 일렬로 나열했을 때 가장 가운데 있는 사람의 월급입니다. 이 말은 절반이 넘는 사람들이 평균보다 적은 돈을 벌고 있다는 의미입니다. 세금을 내기 전 금액이기 때문에 실제로 쥐게 되는 돈은 이보다 적습니다. 대한민국 평균에 해당하는 노동자가 매달 200만 원씩 저축한다고 해도 3억을 모으려면 12년이 넘게 걸립니다.

소득에 비해 턱없이 높은 집값은 사회생활을 길게 하지 않은 청년들에게는 절망으로 다가올 수밖에 없습니다. 그렇기에 당장 목돈을 마련하기 힘든 청년들은 주로 부모와 함께 살거나 남의 집에 세 들어 사는 방법을 택합니다. 실제로 우리나라 청년의 절반 이상이 매달 임대료를 내는 집에 살고 있습니다.

다달이 임대료를 내는 것은 누구에게나 부담일 수밖에 없지만 이 문제와 관련해서 유독 청년층을 이야기하는 이유는 임대료가 청년 빈곤 문제를 야기하기 때문입니다. 경제협력개발기구(OECD)가 말하는 적당한 임대료의 기준은 월 소득의 20% 이하입니다. 경제적 형편이 어려운 사람들은 월 소득의 30% 이상을 월세로 내는데, 우리나라 빈곤층을 살펴봤을 때 소득 대비 임대료 부담이 가장 높은 것이 청년층이었습니다.

내 집 마련만큼 어려운 것이 또 있습니다. 집다운 집에서 사는 일입니다. 청년 10명 중 1명은 여름에는 덥고 겨울에는 추운 옥탑방이나 햇빛을 보기 힘든 반지하, 또는 침대와 책상이 전부인 비좁은 고시원, 그 밖에 주거 기준에 미달되는 곳에 살고 있습니다.

집이 있는 노인들 역시 같은 문제를 겪고 있습니다. 노인 가구는 다른 연령층에 비해 자신의 집을 가진 비율이 높은 편이지만 주거의 질은 낮습니다. 집을 가진 노인의 10명 중 3명은 30년이 넘은 오래된 주택에 살고 있기 때문입니다. 일반 가구에 비해 2배나 높은 비율입니다. 오래된 집일수록 화장실이나 욕조 시설에 문제가 있기 마련인데 경제적인 이유로 수리를 주저하는 노인 가구가 많습니다.

대한민국 시민의 10명 중 9명은 도시에 살고 있습니다. 그렇다면 대부분의 주거 문제는 도시에서 발생한다고 볼 수 있습니다. 좁은 도시에 많은 사람이 살고 있어서 집이 부족하다고 생각할 수 있지만, 우리나라의 주택 보급률은 100%를 넘었습니다. 다시 말해, 전체 가구 수보다 집이 더 많다는 의미입니다. 하지만 그렇다고 사람들 대부분이 자신의 보금자리를 가진 것은 아닙니다. 집을 가지고 있는 사람은 10명 중 절반이 조금 넘습니다. 집을 얼마나 새로 지을 것인지에 더해 누구에게 어떻게 분배해야 할지도 고민해야 할 시점입니다.

올림픽, 그들만의 축제

2016년 여름, 남아메리카 대륙 최초로 브라질에서 올림픽이 열렸습니다. 개최 장소는 두 팔을 벌리고 서 있는 예수상과 탁 트인 해변이 인상적인 브라질의 리우데자네이루였습니다. 리우 올림픽은 내전으로 나라를 잃은 난민 팀에게도 경기에 참여할 기회를 제공하며 전 세계인 앞에 아름다운 인류애를 선보였습니다.

올림픽으로 전 세계는 환희와 감동으로 들썩였지만, 리우데자네이루에 살면서도 올림픽을 즐기지 못한 사람들이 있었습니다. 브라질의 빈민가를 뜻하는 파벨라 지역의 주민들입니다.

우리나라의 달동네나 판자촌과 같은 파벨라 지역이 리우데자네이루에만 900여 개가 있으며, 리우데자네이루 주민 5명 중 1명이 파벨라에 살고 있습니다. 파벨라에 사는 사람이 이렇게나 증가한 배경에는 브라질의 주택난이 있습니다.

여느 나라와 마찬가지로 브라질에서도 산업화가 진행되면서 많은 사람이 도시로 몰렸는데 그에 비해 정부가 마련한 주택 수는 턱없이 모자랐습니다. 갈 곳이 없는 사람들이 모여 살기 시작하면서 여기저기에 파벨라가 형성됐습니다. 지금도 정부의 보살핌을 제대로 받지 못해 수도와 전기 같은 기본 시설조차 없는 파벨라가 많습니다.

가난에 이어 파벨라 주민들을 괴롭히는 것이 또 하나 있습니다. 불안한 치안입니다. 힘없는 사람들끼리 위안을 삼고 살아가던 이곳에 범죄 조직이 들어오기 시작하면서 범죄율이 급격히 증가했는데, 정부가 이를 진압하지 못해 혼란이 지속되고 있습니다. 가난한 사람들의 안식처였던 파벨라는 지대가 높은 곳에 위치해 있어서 한때 '신의 도시'라고 불렸습니다. 하지만 지금은 법보다 마약 조직의 말이 우선인 '신이 버린 도시', 가난과 범죄의 상징이 되어 버렸습니다.

그렇다고 주민들이 그저 손 놓고 있는 것은 아닙니다. 주민들의 노력으로 학교와 의료 시설을 갖추고 지역 라디오를 운영하는 등 새로운 돌파구를 찾으려는 파벨라 지역도 등장하고 있습니다.

그런데 브라질이 올림픽 개최지로 확정되면서 리우데자네이루의 파벨라 주민들에게 재앙 같은 일이 벌어졌습니다. 올림픽을 위해 집을 비워 달라는 정부의 명령이 떨어진 것입니다. 브라질 정부는 올림픽 경기장, 공원, 도로와 같은 시설을 짓기 위해서 집을 모두 철거해야 한다고 설명했습니다. 정부는 보상금을 약속했지만, 이 돈으로 리우데자네이루에서 집을 사기엔 턱없이 부족했습니다.

올림픽은 파벨라 지역에 공포 분위기를 몰고 왔습니다. 무장 경찰은 불도저와 공포탄으로 주민들을 위협했고, 주민들은 집을 지키기 위해 이에 맞서 싸웠습니다. 팽팽한 긴장과 격한 몸싸움에 주민들은 하나둘 마음을 돌렸고, 어쩔 수 없이 인생의 대부분을 보냈던 집을 버린 채 도심에서 멀리 떨어진 곳으로 이사했습니다. 리우 올림픽 준비로 쫓겨난 주민만 2만 2,000가구가 넘습니다.

 올림픽이 시작된 후에도 파벨라에 평화는 찾아오지 않았습니다. 올림픽 선수들과 관광객들을 보호하기 위해 파벨라에 무장 경찰이 파견됐기 때문입니다. 올림픽을 위해 배치된 8,500명의 경찰과 군인은 파벨라 마을로 들어와 마약 조직을 소탕하기 위한 작전을 펼쳤습니다.

요란한 총성 뒤에는 어김없이 숨이 끊긴 채 바닥에 누워 있는 사람들이 있습니다. 올림픽 내내 울려 대는 총성에 대해 파벨라 주민인 제퍼슨 루치아노 씨는 이렇게 말합니다.

"경찰이 마을에 오는 이유는 우리를 보호하기 위해서가 아닙니다. 우리를 나오지 못하기 만들기 위해서입니다."

흔히들 올림픽을 평화의 상징이라고 말합니다. 고대 그리스 도시 국가들은 올림피아 경기 기간에는 다른 나라를 침범하지 말자는 약속을 통해 평화를 만들어 나갔습니다. 이 정신을 이어받아 유엔은 지금도

2년마다 여름과 겨울 올림픽이 개최되기 전에 '올림픽 휴전 결의안'을 채택하고 있습니다. 올림픽 기간 동안 전쟁을 멈추고 어떠한 적대적 행위도 하지 말자고 약속하는 것입니다.

하지만 '평화'만큼이나 올림픽 행사에 꼬리표처럼 따라다니는 단어가 있습니다. 바로 철거입니다. 전 세계인의 축제 올림픽, 그 속에 속하지 못한 빈민가 사람들, 올림픽은 '평화'의 상징이란 명성을 계속 이어 갈 수 있을까요?

건물주 위에 법이 존재하는 나라

평균적으로 우리나라 세입자가 한집에 머무는 기간은 3~4년입니다. 3년에 한 번씩 집을 옮기는 현실에서 이웃을 만든다는 것은 힘든 일입니다. 상황이 이렇다 보니 한국에서 안정적으로 살기 위해서는 내 집이 꼭 필요합니다. 그런데 만약 이런 한국의 상황을 독일 사람들이 들었다면 조금 의아해할지도 모릅니다. 인구의 절반 이상이 남의 집에 살지만 이들은 한집에 터를 잡고 사는 기간이 평균 10년 이상이기 때문입니다.

'조물주 위에 건물주'라는 말이 있습니다. 집을 비워 달라고 하면 비워 주고, 임대료를 올려 달라고 하면 군말 없이 따라야 하는 우리나라 세입자의 가슴 아픈 상황을 고스란히 보여 주는 말입니다. 하지만 독일에서는 집주인이라고 해도 임대료를 마음대로 올릴 수도, 이 문제로 세입자를 내쫓을 수도 없습니다. 두 나라 모두 임대료를 몇 퍼센트까지 올릴 수 있다는 기준이 명시되어 있지만 이를 시행하는 방법이 다르기 때문입니다.

　우리나라는 임대료에 대한 기준만 명시해 놓은 반면 독일은 임대료를 올리는 방법과 함께 법을 어겼을 때를 대비한 처벌까지 정해 놓았습니다. 먼저, 독일에서는 건물주가 임대료를 올리고 싶다면 그 이유도 함께 설명해야 합니다. 이때, 시에서 제공하는 임대료 기준표나 차임 정보은행 자료, 전문가 감정서, 또는 비슷한 주택 3개 이상의 임대료 현황을 근거로 제시해야 합니다. 그럼에도 누군가 법을 어기고 임대료를 무리하게 올리면 법원은 임대료 폭리죄를 적용해 건물주에게 벌금형 또는 3년 이하의 징역형을 내리고 있습니다.

　계약 기간 역시 차이를 보입니다. 독일은 우리와 달리 정해진 기간이 없는 무기한 계약을 기본으로 합니다. 세입자가 계약상 의무를 저버렸거나, 집주인이 살 집이 필요한 경우에는 계약을 끝낼 수 있지만, 타당한 이유 없이 집주인 마음대로 계약을 파기할 수는 없습니다.

　"임대 주택은 상품 이상의 가치를 지녔습니다. 집은 곧 가정을 의미합니다. 돈을 많이 버는 것이 유일한 목적이 되어서는 안 됩니다."[1]

　독일 하이코 마스 법무 장관의 말처럼 집은 '지붕이 있는 건물' 이상의 의미가 있습니다. 고단한 일과를 마치고 방에 들어와 향초와 전등을 켜 놓는 것만으로도 편안함을 느끼며, 새로 바꾼 벽지만 봐도 기분이 환해지는 보금자리이기 때문입니다. 벽지 한편에 적혀 있는 숫자는 어린 시절 내 키를 재던 엄마의 손길을, 오래된 커튼은 그 뒤에 숨어 숨바꼭질 놀이를 하던 추억을 담고 있습니다. 다시 말해, 집은 개인의 삶을 기록해 놓은 공간이기도 합니다. 공간을 돈벌이 수단으로 전락하지 않도록 지키는 것이 안정적인 도시를 만드는 길입니다.

노숙인의 자립을 돕는 세 가지 행동

도시에 살지만 집을 잃고 거리에 나앉은 사람들이 있습니다. '홈리스'라고 도 불리는 노숙인입니다. 주거 취약 계층인 노숙인들이 따뜻한 보금자리 를 얻고, 다시 경제 활동을 시작하며, 궁극적으로 건강한 사회 구성원으로 발돋움할 수 있도록 돕는 방법들을 소개합니다.

하나, 『빅이슈』를 구매한다

지하철역 입구나 길거리에서 빨간색 조끼를 입고 『빅이슈』라는 잡지를 판매하는 노숙인들을 쉽게 만날 수 있습니다. 『빅이슈』 판매원이 되기로 결심한 노숙인들은 2주의 훈련 기간을 거친 후 정식 판매원이 됩니다. 5,000원짜리 잡지 한 권을 구매하면, 수익 절반이 노숙인에게 돌아갑니다. 잡지 판매를 6개월 이상 꾸준히 이어 가는 노숙인들에게는 임대 주택 입주 자격이 주어집니다.

둘, 홈리스 폰트를 사용한다

스페인 비영리 단체인 에럴스 재단은 홈리스 폰트를 만들어 판매하고 있습니다. 노숙인이 직접 쓴 손 글씨를 글꼴로 만들고, 글꼴을 판매한 수익금을 노숙인의 자립을 돕는 곳에 사용합니다. 홈리스 폰트 사이트(homelessfonts.org)에서 노숙인들의 개성이 담긴 글꼴을 구매할 수 있습니다.

셋, 노숙인 지원 센터에서 자원봉사를 한다

'다시서기 종합지원센터'에는 노숙인의 자립을 지원하는 다양한 프로그램이 마련되어 있습니다. 대표적인 것이 철학, 역사, 글쓰기와 같은 인문학 수업을 통해 자립을 돕는 성프란시스대학 프로그램입니다. 노숙인을 위해 자신의 재능과 열정을 나누고 싶다면 '다시서기 종합지원센터'에 자원봉사를 신청할 수 있습니다.

처음 나왔을 때 몇 번 샀었는데,
잊고 있었다. 다시 구입해 본다.

11.
10.

과학자에게도
히포크라테스 선서가
필요하다

인류의 생존과 번영에 있어 과학 기술을 절대 빼놓을 수는 없습니다. '4차 산업 혁명'에 대한 높은 기대 역시 새로운 과학 기술이 인류가 겪고 있는 다양한 문제를 해결할 수 있으리라는 믿음에서 나옵니다. 하지만 과학 기술의 발전이 곧 인류의 발전이라고 할 수 있을까요?

유엔은 과학의 책임 있는 이용과 과학에 지대한 영향을 받는 시민들의 사회적 합의를 끌어내기 위해 '평화와 발전을 위한 세계 과학의 날'을 제정했습니다. 인류를 위한 과학 기술은 축복이 되겠지만, 과학 기술의 발전만을 위한 발전은 인류를 위험에 처하게 만들지도 모릅니다.

『사피엔스』의 저자 유발 하라리가 던진 질문은 과학 기술에 대한 우리의 생각을 점검해 보는 데 유효할 것입니다.

"우리는 무엇을 원하고 싶은가요?"

World Science Day for Peace and Development

브레히트는 왜 극 제목을 바꿨을까?

인생은 수많은 선택으로 이루어져 있습니다. 점심 메뉴를 고르는 간단한 일부터 인생의 진로나 배우자를 선택하는 중요한 결정까지, 다양한 상황에 직면합니다. 더 나아가 나라의 운명이나 세계의 판도를 뒤집어 놓을 만한 선택을 해야 하는 사람도 있습니다. 만약 당신이 인류에게 도움을 줄 수도, 어마어마한 피해를 줄 수도 있는 위대한 과학적 사실을 발견했다면, 어떤 선택을 하시겠습니까?

16세기, 종교 재판에 회부된 갈릴레오 갈릴레이도 선택의 기로에 놓였습니다. 우주가 지구를 중심으로 돌아간다는 천동설을 인정할 것인지, 아니면 지구가 태양을 중심으로 돈다는 코페르니쿠스의 지동설을 지지할 것인지 결정해야 했습니다. 만약 지동설이 사실이라면, 신 중심의 세계관은 위기를 맞게 됩니다. 사람들은 신이 아닌 물리적 법칙이 우주와 지구에 일어나는 모든 운동을 설명할 수 있다고 믿을 테니 말입니다. 다시 말해 과학의 시대가 열리는 것입니다. 갈릴레오 갈릴레이는 화형에 처해질 위협 앞에서 결국 교회의 편을 듭니다.

그 후 세월이 흘러 1938년에도 세상을 뒤흔들 엄청난 과학적 발견이 일어났습니다. 독일에서 우라늄 핵분열이 성공한 것입니다. 작은 질량으로 큰 에너지를 얻을 수 있다는 소식에 세계가 들썩였습니다. 독일 극작가 베르톨트 브레히트는 이 일에 영감을 받아 글을 쓰기 시작했습니다. 희곡의 제목은 '지구는 움직인다'입니다. 제목에서 짐작할 수 있듯 지동설을 주장한 갈릴레오 갈릴레이가 주인공입니다. 베르톨트 브레히트는 우라늄 핵분열이 지동설처럼 새 시대를 열어 줄 것이라고 생각했습니다.

1947년, 드디어 베르톨트 브레히트의 극이 무대에 올랐습니다. 하지만 공연 제목이 「갈릴레이의 생애」로 바뀌어 있었고, 극의 내용도 예상과 달랐습니다. 주인공 갈릴레오 갈릴레이는 사람들에게 끊임없이 지동설을 설명하며 연구에 열정을 보이지만, 혹독한 고문을 당할 수도 있는 상황에서 자신의 주장을 철회합니다. 스승이 진실을 말해 주길 기대했던 안드레아는 갈릴레오 갈릴레이의 선택에 실망을 표합니다.

베르톨트 브레히트는 우라늄 핵분열에 대한 기대감이 컸던 사람이었습니다. 하지만 그가 작품에서 묘사한 갈릴레오 갈릴레이는 새 시대를 여는 영웅이라기보다는 비겁한 과학자의 모습이었습니다. 「갈릴레이의 생애」를 무대에 올리기까지 걸린 9년이란 시간 동안 베르톨트 브레히트에게 어떤 일이 벌어졌던 걸까요?

영화 「터미네이터」가 현실이 된다면?

2016년을 뜨겁게 달군 사건을 꼽자면 단연 인공 지능 알파고와 이세돌 9단의 바둑 대결을 들 수 있을 것입니다. 시합 전 전문가의 상당수가 이세돌의 승리를 점쳤습니다. 바둑은 인공 지능이 가질 수 없는 직관과 통찰력이 중요하다는 이유에서였습니다. 하지만 결과는 예상을 뒤엎었습니다. 인공 지능 알파고가 인류 대표인 이세돌을 4대 1로 이기면서, 새 시대를 예고했습니다.

새 기술의 등장에 사람들은 기대감과 동시에 불안을 느꼈습니다. 인공 지능 로봇이 가사뿐만 아니라 육아와 병간호까지 도맡아 해 준다면 개인의 삶의 질은 분명 높아지겠지만, 기계가 인간을 대체한다면 누군가 일자리를 잃고 거리에 나앉을 게 뻔하기 때문입니다. 인공 지능 로봇을 두고 희비가 교차한 분야는 또 있습니다. 다름 아닌 '안보'입니다.

기술 변화는 생활 방식과 마찬가지로 무기 분야에도 혁명을 가져옵니다. 20세기 무기의 변화를 이끈 가장 놀라운 기술은 우라늄 핵분열이었습니다. 핵분열 기술은 원자 폭탄을 탄생시켰고, 세상을 공포에 빠뜨렸습니다. 1945년 8월, 미국이 쏘아 올린 원자 폭탄은 거대한 버섯구름을 만들며 일본을 집어삼켰습니다. 히로시마와 나가사키에 원자 폭탄이 떨어지면서 60만 명 이상이 방사능에 노출되고 20만 명이 넘는 사람들이 목숨을 잃었습니다. 그중에 조선인 사망자만 4만 명, 피폭자는 7만 명으로 집계되고 있습니다. 피해자들에게는 가슴 아픈 일이지만 원자 폭탄 덕분에 미국은 제2차 세계 대전에서 승리를 거머쥐었습니다.

21세기 무기 혁명을 이끌 기술은 인공 지능입니다. 인공 지능 알파고가 자신의 생각대로 바둑을 둔 것처럼 인공 지능 무기 역시 스스로의 판단하에 전투에 참여할 수 있습니다. 인공 지능 무기가 군에 도입될 경우, 무인 탱크와 무인 드론, 무인 잠수함, 무인 전투기, 더 나아가서는 영화 「터미네이터」에서처럼 인간의 모습을 한 전투 로봇이 전쟁에 참여하는 시대가 열릴 것입니다.

전 세계 전문가들은 이른바 킬러 로봇이라고 불리는 인공 지능 무기의 실전 도입을 두고 열띤 토론을 벌이고 있습니다. 찬성하는 전문가들은 전보다 전쟁의 피해가 줄어들 것이라고 주장합니다. 또한 지뢰가 뿌려진 지역에 군인 대신 로봇을 보내면 지뢰로 인한 부상을 막을 수 있고, 무엇보다 인공 지능 무기는 감정에 휘둘려 무차별적으로 총기를 난사하지 않기 때문에 살생을 줄일 수 있다고 말합니다.

반대론자들은 킬러 로봇이 전쟁의 규모를 키우고, 속도를 더 빠르게 할 것이라며 우려의 목소리를 내고 있습니다. 뿐만 아니라 인공 지능 무기가 독재자나 테러리스트의 손에 들어간다면 엄청난 재앙을 불러올 수 있다고 경고합니다.

킬러 로봇 논쟁의 가장 큰 핵심은 '로봇에게 인간의 생명을 박탈할 권한을 부여할 것인가'입니다. 로봇이 너무나 쉽게 인간의 생명을 빼앗는다면, 인간의 존엄성에 위협이 될 수밖에 없습니다. 게다가 기계의 실수가 가져올 대규모 살상도 문제입니다. 전쟁에 명분이 없다고 느낄 때, 인간은 문제를 바로잡으려 노력합니다. 실제로 베트남 전쟁 당시 많은 미국인이 병역 거부 운동을 벌였습니다. 하지만 로봇이라면 군 통수권자의 명령이 있기 전까지 살인을 계속할 것입니다.

책임의 공백이 생길 가능성도 있습니다. 로봇이 오작동을 일으킬 경우, 생명을 앗아 간 책임을 누가 질 것인지도 명확하지 않습니다. 책임자는 개발자인지, 군 통수권자인지, 인공 지능 로봇을 훈련시킨 사람인지 한정 짓기 어렵습니다.

과학은 어떻게 사용하느냐에 따라 인간의 생명을 살리기도 하고 빼앗아 가기도 합니다. 베르톨트 브레히트는 원자 폭탄 투하 사건을 통해 과학이 잘못 사용되면 인류에 어떤 일이 벌어지는지 똑똑히 깨달았습니다. 과학이 열어 줄 새 시대가 항상 밝지만은 않다는 사실을 눈으로 목격한 후 베르톨트 브레히트는 「지구는 움직인다」 원고를 수정하기 시작했습니다. 희곡의 제목을 바꾸고, 그 안에 과학이 가져올 변화보다 과학자의 도덕성과 학문의 목적에 대한 내용을 담아냈습니다.

지금까지처럼 21세기의 학자들 역시 역사의 기로에 놓여 있습니다. 사람을 살리는 로봇을 만들지, 아니면 목숨을 앗아 가는 무기를 만들지 판단해야 하는 것입니다. 결단을 내리기 전에 과학자들이 꼭 생각해야 할 점이 있습니다. 학문의 목적이 단지 지적 호기심을 만족시키거나 권력을 위한 것인지, 아니면 인류를 위한 것인지 깊이 고려해야 합니다.

소외된 90%를 위한 기술

'라이언, 일어나 봐. 엄마가 깜짝 선물을 준비했어.' 엄마의 말에 눈을 뜬 여섯 살 꼬마 소년 라이언은 선물을 보자마자 감탄사를 터트립니다. 라이언의 가슴 높이에 다다르는 달걀 모양의 장난감이 눈앞에 펼쳐져 있었기 때문입니다. 라이언은 부리나케 침대에서 일어나 커다란 달걀 안에 어떤 선물이 숨겨져 있는지 살펴봅니다. 그러고는 달걀 안에서 자신이 좋아하는 자동차 장난감을 꺼내 미끄럼틀 위에 올려놓기도 하고, 자동차 경주 놀이를 하며 즐거운 시간을 보냅니다.

라이언의 엄마는 아들이 노는 모습을 찍어 온라인에 올렸고, 유튜브 인기 스타가 된 꼬마는 한 해 동안 유튜브 수입으로 240억 원이 넘는 돈을 벌어들였습니다. 과학 기술의 변화로 나이, 재력, 학력, 국적에 상관없이 기발한 아이디어나 매력만으로도 돈을 벌 수 있는 시대가 열린 것입니다.

하지만 안타깝게도 과학 기술의 혜택을 모두가 누릴 수 있는 것은 아닙니다. 지구 어디에선가는 여전히 불편한 옛날 방식대로 살아가는 사람들이 있습니다. 아프리카 대륙 동쪽에 위치한 케냐에서는 현금을 담요나 침대 밑에 넣어 두거나 구덩이를 파서 보관하는 사람들이 있습니다. 관습이라기보다는 마을에 은행이 없어서 발생하는 일입니다.

예금뿐만 아니라 송금도 쉽지 않습니다. 도시에서 일하는 부모나 자식이 시골에 있는 가족에게 생활비를 보내려면 버스 기사에게 수고비를 주며 부탁해야 합니다. 상황이 이렇다 보니 중간에 돈이 사라지는 일도 허다합니다. 굳이 은행이 없어도 인터넷이나 스마트폰으로 송금할 수 있는 시대지만, 케냐의 시골에서는 여의치가 않습니다.

정보화 시대에 가장 중요한 일은 정보를 수집하고 분석하는 도구인 디지털 기술을 갖는 것입니다. 그런데 아직도 인터넷조차 사용하기 힘든 사람들이 많습니다. 국제전기통신연합에 따르면, 선진국의 경우 인터넷 사용자가 10명 중 8명인 반면, 개발 도상국은 10명 중 4.5명에 불과합니다.

과학 기술의 혜택이 고루 돌아가지 못하는 현실에 대한 자성의 목소리도 나오고 있습니다. 사물 인터넷이나 3D 프린터처럼 미래를 위한 기술도 필요하지만, 케냐처럼 간단한 디지털 기술이 없어서 어려움을 겪고 있는 사람들을 위한 기술도 개발해야 한다는 것입니다. 이것이 바로 최근에 주목받고 있는 '적정 기술'입니다. 적정 기술이란 인간의 삶의 질을 향상시키기 위한 목적으로 나라와 지역이 가지고 있는 특수성을 고려해 만들어진 과학 기술을 의미합니다.

적정 기술의 좋은 예가 바로 케냐의 엠 페사(M-Pesa)라는 모바일 금융 서비스입니다. 은행이 없어서 고생하는 사람들을 위해 케냐의 사파리콜과 영국의 보다폰이라는 회사가 합작해서 만든 서비스입니다. 휴대폰만 있다면 누구나 모바일 계좌를 만들 수 있어서 은행에 갈 필요가 없고, 송금이나 결제 역시 모바일로 가능해 현금 뭉치를 가지고 다니지 않아도 됩니다.

인터넷도 필요 없습니다. 모든 거래가 휴대폰 문자로 이뤄지기 때문입니다. 휴대폰으로 엠 페사 서비스에 접속해 송금할 금액을 적으면, 돈을 보낸 사람과 받을 사람에게 문자가 갑니다. 수취인은 근처에 있는 엠 페사 중개인을 찾아가 문자를 보여 주고 바로 현금을 받을 수 있습니다.

휴대폰 문자로 모든 거래가 가능하다는 소식에 케냐 사람들은 너도 나도 엠 페사를 사용하기 시작했습니다. 케냐에서는 이제 병원, 주유소, 마트 할 것 없이 어디서나 모바일로 결제할 수 있습니다. 아프리카, 아시아, 유럽의 비슷한 환경에 처한 나라들도 두 손 들어 엠 페사를 환영했습니다. 엠 페사는 세상에 나온 지 10년 만에 3,000만 명의 사용자를 끌어모았습니다.

엠 페사 덕분에 케냐 사람들의 삶의 질도 향상했습니다. 엠 페사가 지긋지긋한 가난에서 벗어날 기회를 만들어 준 것입니다. 먼저, 엠 페사는 현금 거래를 해 주는 중개인이라는 새로운 직업을 만들어 냈습니다. 엠 페사 서비스 이용자가 늘면서 지금은 11만 개가 넘는 중개소가 있습니다. 여기에 더해 18만 5,000명의 여성들에게는 직업을 바꿀 수 있는 기회가 생겼습니다. 주로 농사를 짓던 여성들이 대출을 받아 장사를 시작한 것입니다. 엠 페사로 극심한 빈곤에서 벗어난 수만 19만 4,000가구입니다.

"전 세계 금융은 경제 피라미드의 밑바닥에 있는 사람들을 고려하지 않습니다. 저희는 그렇지 않습니다. 그들 역시 금융 서비스가 필요하고, 이로 인해 경제에 생기를 불어넣을 수 있다고 생각합니다."[1]

엠 페사는 기술적인 측면에서 그리 획기적이지는 않습니다. 스마트폰이 나오기 전에도 모바일 뱅킹은 있었기 때문입니다. 케냐 사파리콤 대표인 밥 콜리모어 씨의 말처럼 성공 요인은 기술이 아니라 소외된 사람들에 대한 관심에 있습니다. 세상에 없는 기술을 선보이기보다 세상을 바꾸는 기술을 개발하려 했기에 가능한 성과였습니다. 엠 페사는 소수만을 위한 세상에 당당히 도전장을 내밀며, 함께 살아갈 수 있는 길이 있음을 보여 줬습니다.

쓰레기를 팝니다

2012년 12월 31일 새벽 4시, 전국에 아날로그 방송이 중단되고 디지털 방송이 시작됐습니다. 디지털 방송 덕분에 얼굴에 난 뾰루지까지 보일 정도로 화질은 좋아지고, 귀가 트인 것 같은 깨끗한 소리를 들을 수 있습니다. 기술의 변화가 서비스 질만 높이는 것은 아닙니다. 이에 더해 새로운 소비를 불러옵니다.

디지털 방송을 즐기려면 거기에 걸맞은 기기가 필요합니다. 아날로그 방식으로 작동되는 구형 텔레비전은 자연스럽게 쓰레기통으로 사라지고, 그 자리에 디지털 텔레비전이 자리 잡았습니다. 텔레비전뿐만 아니라 스마트폰, 태블릿 PC, 노트북 같은 다른 전자 기기도 마찬가지입니다. 기술이 향상되는 속도만큼 제품 교체 주기도 줄어들고 있습니다. 쓸모없어진 제품들은 어떻게 처리되고 있을까요?

가나의 수도인 아크라 변방에 아보그볼로시라는 지역이 있습니다. 트럭이 하루에도 수십 번 이곳을 드나드는데, 화물칸에서 쏟아지는 것은 전부 전자 제품입니다. 정확히 말하면 전 세계에서 쓰고 버린 전자 폐기물입니다. 전자 폐기물의 국적은 매우 다양하지만 대부분이 유럽,

미국, 일본, 한국과 같은 잘사는 나라에서 옵니다. 선진국은 가난한 나라를 돕기 위해, 또는 중고 제품을 재활용한다는 그럴듯한 명분으로 전자 폐기물을 개발 도상국으로 보냅니다. 부품을 분해해 새로운 전자 제품을 만들 수도 있고, 금속을 팔아서 돈을 벌 수도 있다는 취지에서 말입니다.

실제로 아보그볼로시 주민들은 전자 폐기물을 분해하고 처리하는 일을 하며 생계를 유지하고 있습니다. 전자 폐기물이 도착하면, 사람들은 먼저 겉이 멀쩡해 보이는 제품을 분리합니다. 이 물건들은 제대로 작동하는지 테스트도 거치지 않은 채 시장으로 향합니다.

팔 수 없는 제품은 분해 과정을 거칩니다. 연장은 바닥에 깔려 있는 돌입니다. 열 살도 채 안 돼 보이는 어린아이들까지 손에 돌을 들고 전자 폐기물을 분해하는 일을 합니다. 노트북이나 냉장고, 텔레비전이 부서져 안이 드러나면, 사람들은 그 속에서 돈이 될 만한 금속을 찾습니다. 돌로 해결이 안 되는 부품은 불에 태우기도 합니다. 주로 전선이 불에 던져지는데, 이렇게 하면 외피가 쉽게 벗겨져 그 안에 있는 구리를 얻을 수 있습니다.

아보그볼로시는 슬럼가여서 안전 장비를 살 돈도 없고, 전자 제품에 대한 지식도 없는 사람들이 많습니다. 예상대로 어린아이들을 비롯해 청소년, 어른들까지 장비 없이 맨몸으로 일을 합니다. 그러다 보니 일을 하다 다치는 경우도 허다합니다. 플라스틱 조각이 살갗에 튀어 상처가 나기도 하고, 불에 녹은 부품에 화상을 입기도 합니다.

환경 오염 문제도 심각합니다. 예를 들어, 냉장고를 분해할 때 가장 신경 써야 하는 곳이 프레온 가스가 있는 냉각기입니다. 프레온 가스 방출을 막으려면 포집기를 사용해서 가스를 분리한 뒤 탱크에 보관해야 합니다. 하지만 아보그볼로시에서는 그 어떤 처리 장비도 찾아볼 수 없습니다. 수은과 납, 카드뮴과 같은 중금속이나 플라스틱에서 나오는 각종 유해 화학 물질은 그대로 공기와 땅에 퍼져 주민들과 동물들의 몸으로 들어갑니다. 주민들은 구토와 식욕 부진, 두통, 호흡기 질환에 시달리면서도 돈을 벌기 위해 일을 계속합니다.

사람들은 이제 아보그볼로시를 '소돔과 고모라'라고 부릅니다. 성경에서 '소돔과 고모라'는 물이 마르지 않는 비옥한 땅을 가진 풍요로운 도시였지만, 신의 노여움을 사 하루아침에 재로 변해 버리고 맙니다. 한때 드넓은 습지를 자랑하던 아보그볼로시는 전자 폐기물 때문에 성경 속 저주받은 도시처럼 잿빛으로 바뀌었습니다. 공기는 뿌옇고, 물가에는 텔레비전과 냉장고 부품으로 만들어진 다리가 생겼습니다. 소들은 먹이를 찾기 위해 폐기물 더미 위를 배회합니다.

전 세계는 매년 4,000만 톤이 넘는 전자 폐기물을 배출합니다. 이렇게나 많은 전자 폐기물이 최종적으로 도착하는 곳은 가나, 나이지리아, 코트디부아르, 중국, 인도, 방글라데시, 베트남과 같은 저개발 국가입니다. 또한 전자 폐기물 중 재활용되는 비율은 적게는 10%, 많게는 40%밖에 되지 않습니다. 절반 이상이 쓰레기로 남아 환경을 오염시키고 있습니다.

요즘 가장 뜨거운 이슈가 4차 산업 혁명입니다. 사람들이 과학 기술의 변화에 열광하는 이유 중 하나는 새로운 시대에 대한 기대입니다. 지금보다 더 좋은 환경에서 더 나은 삶을 살게 될 거라는 희망 때문인 것입니다. 아보그볼로시 주민들에게 4차 산업 혁명은 어떤 의미로 다가올까요? 그저 더 많은 전자 폐기물을 의미하지는 않을까요?

과학자의 히포크라테스 선서

과학자라면 누구나 받고 싶어 하는 상이 있습니다. 알프레드 노벨의 기일인 12월 10일에 시상식이 열리는 노벨상입니다. 전 세계의 쟁쟁한 과학자들 사이에서 최고라고 인정받는 의미이기 때문에 노벨상을 받는 것은 개인뿐만 아니라 나라에도 큰 영광입니다.

그런데 놀랍게도 생애 한 번도 받기 힘든 노벨상을 두 번이나 받은 사람들이 있습니다. 여성 최초의 노벨 과학상 수상자인 마리 퀴리, 프레더릭 생어, 존 바딘, 그리고 라이너스 폴링입니다. 앞의 3명은 과학 분야에서 노벨상을 두 번 받았지만, 신기하게도 라이너스 폴링은 노벨 화학상과 노벨 평화상을 받았습니다. 라이너스 폴링은 어떻게 노벨 평화상을 받게 됐을까요?

전 세계를 놀라게 한 원자 폭탄이 개발된 배경에는 미국 정부가 지원한 '맨해튼 프로젝트'가 있었습니다. 로버트 오펜하이머를 필두로 내로라하는 과학자들이 프로젝트에 참여해 연구를 지속한 끝에 원자 폭탄을 성공적으로 개발했습니다. 프로젝트가 시작되기 전, 라이너스 폴링 역시 연구에 참여해 줄 것을 권유받았지만 제안을 거절하며 반핵 운동의 길을 걸었습니다.

일본에 원자 폭탄이 떨어진 후, 라이너스 폴링은 적극적으로 핵무기 개발에 반대하는 운동을 펼쳤습니다. 1957년, 그는 미국 내 학자들을 설득하기 시작했습니다. 부인 에바 헬렌과 친구들의 도움을 받아, 과학자 개개인에게 편지를 써서 핵 실험 반대 서명에 동참해 줄 것을 부탁했습니다. 놀랍게도 2주 만에 2,000개가 넘는 답신이 도착했습니다. 그 안에는 노벨상 수상자를 비롯해 저명한 과학자들이 포함되어 있었습니다.

라이너스 폴링은 이 사실을 언론과 여러 단체에 알렸고, 더 많은 과학자들의 마음을 움직였습니다. 다음 해, 라이너스 폴링은 9,000명 이상의 과학자들이 서명한 청원서를 유엔 사무총장에게 전달했습니다. 이후에도 『전쟁은 이제 그만』이라는 책을 내고, 강연을 하며 꾸준히 전쟁을 반대하는 목소리를 냈습니다.

물론 시련도 있었습니다. 라이너스 폴링의 행동이 지금 보기에는 그저 흔한 사회 운동 중 하나라고 생각되지만, 그 당시의 사회적 분위기로는 꽤나 충격적인 일이었습니다. 그때까지 과학자들은 정치적 의견을 내는 데 꽤나 소극적이었습니다. 마치 불문율처럼 과학과 정치를 분리된 것처럼 여겼고, 정치색을 드러내는 과학자는 배척을 받았습니다.

라이너스 폴링이 과학자들을 움직여 서명을 받고, 과학자가 평화를 외치는 강연을 한다는 것은 그야말로 고생을 자처하는 일이었습니다. 이 때문에 미국 정부는 라이너스 폴링을 곱게 보지 않았습니다. 그를 공산주의자라고 낙인찍으며 연방수사국의 감시하에 두었습니다. 기업들 역시 라이너스 폴링에 대한 연구 지원을 중단하며 정부와 뜻을 함께했습니다.

1962년, 라이너스 폴링의 노력이 드디어 인정받았습니다. 그에게 노벨 평화상이 수여된 것입니다. 이후로 핵 실험에 대한 의미 있는 조약들이 연달아 성사됐습니다. 라이너스 폴링이 노벨 평화상을 받은 다음 해, 미국, 영국, 소련은 함께 모여 '부분적 핵실험 금지조약'에 서명했습니다. 핵의 위험성을 인정하고 육지에서 핵 실험을 하지 않겠다고 약속한 것입니다. 그리고 1996년, 드디어 핵 실험을 완전히 금지하는 '포괄적 핵실험 금지조약'이 만들어졌습니다.

이런 성과는 비단 라이너스 폴링 개인의 노력만으로 이뤄진 것은 아닙니다. 핵의 위험성을 알고 반핵 운동에 참여한 과학자들 덕분이었습니다. 프랭클린 루스벨트 미국 대통령에게 원자 폭탄을 만들어야 한다고 편지를 썼던 알베르트 아인슈타인과 원자 폭탄 개발에 앞장선 로버트 오펜하이머 역시 자신의 행동을 반성하고 평화를 위해 노력했습니다.

과학 기술은 가치 중립적이라고 말합니다. 하지만 과학자 역시 시민이라는 점을 생각해 보면, 과학 기술은 사회와 떨어질 수 없는 일이 됩니다. 시민이라면 응당 과학 기술이 평화에, 빈곤에, 환경에 끼치는 영향에 관심을 가져야 하기 때문입니다. 과학자가 지식을 인류의 복지를 위해 사용한다면, 과학을 공부하는 일이 곧 평화를 위한 일이 될 것입니다. 베르톨트 브레히트가 「갈릴레이의 생애」에서 말한 것처럼 과학자들에게도 의사들이 하는 히포크라테스 선서가 필요할지도 모르겠습니다.

소외된 90%를 위한 따뜻한 기술

'적정 기술'의 또 다른 이름은 '작지만 아름다운 기술'입니다. 과학 기술의 혜택에서 소외된 사람들을 도와 빈곤을 퇴치하고, 사회가 가진 문제를 해결하는 힘이 있기 때문입니다. 우리나라에서는 매년 '소외된 90%를 위한 창의 설계 경진 대회'가 열립니다. 대회에 참가하면 자신의 아이디어에 대한 전문가의 평가를 받을 수 있습니다. 수상할 경우 아이디어를 현장에 보급할 기회를 얻습니다. 대회에서 수상한 청소년들의 아이디어를 소개합니다.

하나, 해피 벽돌(부평동중학교 갈릴대왕 팀)

흙벽돌로 만든 아프리카의 집들이 비가 많이 내리는 우기에 무너져 내리는 것을 막기 위해 마련한 적정 기술입니다. 현지에서 쉽고 저렴하게 구할 수 있는 바나나 잎과 야자수 잎을 밀도를 높여 주는 모래와 함께 섞어 벽돌 틀에 넣습니다. 벽돌 겉면에는 밀랍을 발라 방수 기능을 추가했기 때문에 우기에도 잘 견딜 수 있습니다.

둘, 싸이 지팡이(동북고등학교 NOC 팀)

비포장도로가 많고, 점자 블록이 없는 아프리카 지역의 지리적 조건에 맞춰 만든 시각 장애인용 지팡이입니다. 미끄럼을 방지하기 위해 자전거 폐타이어로 손잡이를 만들고, 탄성이 적고 코팅이 된 우산살을 재활용해 보조 감지 장치를 달았습니다. 누르면 소리가 나는 공기 튜브를 지팡이 하단에 붙여 장애물을 피할 수 있도록 설계했습니다.

셋, 독거노인을 위한 저가형 보온 침낭(구룡중학교 DOT 팀)

에너지 빈곤을 겪는 노인에게 침낭이 유용하지만 시중에서 판매되는 침낭 가격은 노인들이 사기에 부담스럽습니다. DOT 팀은 은박 매트로 내부와 외부를 감싸고, 그 사이를 에어 캡으로 채워 침낭을 만들었습니다. 버려지는 포장 자원을 활용하기에 쓰레기를 감소시켜 환경에도 도움을 주고, 노인들은 저렴한 가격에 따뜻한 겨울을 보낼 수 있습니다.

적정 기술이 멋지다는 생각이
들어 관련 책을 좀 더 찾아 읽었다.

12.
18.

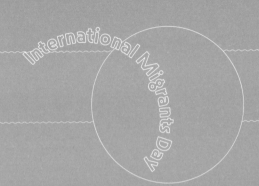

International Migrants Day

외계인과
동거하시겠습니까

이제는 이주민을 만나는 것도, 이주민이 되는 것도 낯설지 않습니다. 오늘날 이주민은 전 세계 인구의 3.3%를 차지합니다. 이주민들을 모아 국가를 만든다면 세계에서 다섯 번째로 큰 나라가 됩니다.

우리나라를 찾는 이주민들도 빠르게 늘어나고 있습니다. 2016년에 이주민은 200만 명을 넘어섰고, 지금의 속도라면 2030년에는 우리나라 전체 인구의 10%를 차지하게 됩니다.

이주자가 체류국에 기여하는 경제·문화적 가치를 되새기고자 유엔은 12월 18일을 '세계 이주자의 날'로 지정했습니다. 이주민은 어떤 모습으로 살아가고 있을까요? 이주민을 환대하는 문화는 어떻게 만들어 가야 할까요?

인간과 외계인의 불편한 동거

태양이 속해 있는 우리 은하에만 1,000억 개가 넘는 별이 존재합니다. 현재까지 생명체가 살고 있는 행성은 지구가 유일하지만, 끝을 알 수 없는 우주이기에 어딘가에 또 다른 생명이 살고 있을 가능성은 언제나 열려 있습니다. 그래서인지 영화나 소설에서 외계인은 인간의 호기심을 자극하는 단골 소재가 되곤 합니다. 영화 「디스트릭트 9」도 그중 하나입니다. 영화는 어느 날 남아프리카공화국의 요하네스버그 상공에 우주선이 나타나는 이야기로 시작합니다. 갑자기 시작된 인간과 외계인의 동거, 둘은 어떤 모습으로 살게 될까요?

남아프리카공화국 정부는 우주선이 고장 나 지구에 불시착한 외계인을 돕기로 결정합니다. 디스트릭트 9라는 지역에 임시 거처를 마련하고, 먹을 것을 제공하며 온정을 베풉니다. 이때까지만 해도 사람들은 외계인이 우주선을 고쳐 금방 떠날 줄 알았습니다. 하지만 외계인이 지구에 머무르는 시간은 생각보다 길어졌습니다. 한 달이 두 달이 되고, 1년이 10년이 되면서 점점 문제가 생기기 시작했습니다.

20년이 지나자 외계인은 보기 싫은 골칫덩어리가 됐습니다. 사람들은 외계인을 '쓰레기통을 뒤지는 거지'라는 뜻의 '프런'이라고 부르며 극심한 거부감을 드러냈고, 결국 반외계인 시위까지 벌였습니다.

'우주선을 고쳐서 빨리 떠나라고 해요', '바이러스 살포해서 다 죽여 버려요', '무조건 딴 데로 보내요' 등 시민들의 날 선 반응에 정부는 더욱더 철저히 외계인을 단속했습니다. 출입 금지 표지판을 세워 외계인과 인간을 분리시켰고, 급기야 도심에서 200킬로미터 떨어진 곳으로 외계인을 이주시키겠다는 결정을 내립니다. 담당 공무원은 무장 경찰을 대동해 디스트릭트 9로 향합니다. 쫓아내려는 사람과 머물려는 외계인 사이에서 디스트릭트 9는 점점 전쟁터로 변해 갑니다.

「디스트릭트 9」는 외계인을 소재로 한 기존의 영화와는 사뭇 다른 내용을 담고 있습니다. 감독이 선택한 도시 역시 일반적이지 않습니다. 우주선이 뉴욕이나 워싱턴, 런던이 아닌 요하네스버그 상공에 나타났으니 말입니다. 감독은 왜 이런 영화를 만든 걸까요?

요하네스버그는 우리의 미래다

남아프리카공화국, 외계인 출입 금지 표지판, 강제 이주. 역사에 관심이 있는 사람이라면 무언가 떠오를 것입니다. 바로 1948년, 남아프리카공화국에서 시행된 인종 차별 정책인 '아파르트헤이트'입니다. 이 정책하에 백인은 철저히 유색 인종과 거리를 뒀습니다. 병원, 화장실, 학교 할 것 없이 모든 시설에는 백인 전용 공간이 있었고, 유색 인종은 정해진 구역 밖을 벗어나면 안 됐습니다. 만약 유색 인종이 거주 지역을 벗어나야 한다면, '통행증'을 들고 다녀야 했습니다. 백인과 유색 인종 간의 결혼은 상상도 할 수 없는 일이었습니다.

차별 정책은 부의 차이도 가져왔습니다. 지식과 기술을 요하는 직업은 백인이, 고된 노동이 필요한 일은 흑인이 합니다. 아무리 열심히 일해도 흑인은 백인 월급의 1/10 정도밖에 받지 못합니다. 임금 협상도, 부당함을 호소하는 시위도, 조합 결성도 모두 허락되지 않습니다. 흑인은 자연스레 점점 더 가난 속으로 빠져들었습니다. 백인 아이들은 말끔한 옷을 입고 호수 근처를 뛰놀지만, 흑인 아이들은 맨발로 흙바

닥을 걸어 다닐 정도로 빈부 차는 커져만 갔습니다.

1966년 2월, 날로 악랄해지는 '아파르트헤이트' 정책 때문에 큰 사건이 하나 터졌습니다. 흑인들이 모여 살던 케이프타운의 디스트릭트 6이 백인 지역으로 선포된 것입니다. 이로써 이곳에 살던 유색 인종 6만 명은 25킬로미터나 떨어진 외곽 지역으로 강제 이주를 당하게 됩니다. 수많은 사람들이 백인이 아니라는 이유로 집을 잃고 거리로 내쫓긴 셈입니다.

영화 속 외계인들의 거주 지역 디스트릭트 9는 디스트릭트 6을 연상케 합니다. 외계인을 대하는 인간의 모습 역시 당시 상황과 많이 닮아 있습니다. 외계인 출입을 금하는 팻말은 백인 전용 구역을, 총을 들이밀며 외계인에게 퇴거 동의서를 내미는 사람들은 불도저를 들이밀고 들어온 50년 전의 백인들을 떠올리게 합니다.

닐 블롬캠프 감독은 과거의 아픈 역사를 알려 주기 위해 이 영화를 만들었을까요? 영화의 배경으로 요하네스버그를 선택한 이유를 묻는 기자의 질문에 감독은 '요하네스버그가 우리의 미래를 보여 준다고 생각합니다. 점점 세상이 요하네스버그를 닮아 가고 있습니다'라는 말을 남겼습니다. 백인인 닐 블롬캠프 감독은 남아프리카공화국 출신입니

다. 열여덟 살에 캐나다로 이민 가기 전까지 요하네스버그에서 자랐기에 누구보다 그곳의 상황을 잘 알고 있습니다. 1994년, 넬슨 만델라가 대통령이 되면서 인종 차별 정책은 끝이 났지만, 그 여파는 아직도 지속되고 있습니다. 오랫동안 시달린 차별의 경험은 인종뿐만 아니라 이민자에 대한 반감으로 이어져 사회 내 폭력과 갈등을 조장하고 있습니다.

차별에 찬성합니다

지하철 4호선이 다니는 이촌역에 내려 거리를 걷다 보면 심심찮게 일본어를 들을 수 있습니다. 카페나 음식점 메뉴판에도 일본어가 적혀 있고 일본어가 가능한 직원이 상주하는 이곳은 일본에서 온 이주민이 많아서 '리틀 도쿄'라고 불리는 동부이촌동입니다. 한강을 건너 남쪽으로 내려오면 서래마을이 있습니다. 서울프랑스학교가 있는 서래마을에는 프랑스계 이주민이 모여 살고 있습니다. 그래서인지 공원 이름도 몽마르트입니다. 서래마을에서 2호선을 타고 쭉 가다 보면 대림역이 나옵니다. 이곳은 양꼬치와 연변식 냉면을 먹으려는 사람들의 발길이 끊이지 않는, 서울 속 차이나타운입니다.

변화의 바람이 부는 곳은 서울만이 아닙니다. 이제 전국 어디를 가나 쉽게 외국인을 볼 수 있습니다. 한국이 작은 세계로 바뀌고 있는 것입니다. 한국 안에서 이주민들은 어떻게 살고 있을까요?

우리나라 다문화 학생 비율이 최근 2%를 넘어섰습니다. 초등학교의 경우에는 다문화 학생 비율이 100명 중 3명 이상으로 평균보다 높습니다. 이는 우리 사회 구성이 점점 더 다양해지고 있음을 보여 줍니다.

다양한 학생과 함께 학교생활을 한다는 것은 세계화 시대를 살아가는 데 좋은 밑거름이 될 수 있습니다. 어릴 때부터 다양성을 존중하는 법을 배운다면, 나중에 국내에서든 해외에서든 다양한 배경의 사람들과 함께 생활하게 될 때 무리 없이 적응할 수 있을 테니 말입니다.

하지만 안타깝게도 아직 학생들은 다양성을 받아들일 준비가 안 된 듯 보입니다. 2015년에 교육부가 발표한 학교 폭력 피해자 비율은 1% 정도였지만, 여성가족부가 조사한 다문화 학생 실태 조사에서는 5%가 피해를 호소했습니다. 다문화 학생들이 더 많이 학교 폭력에 시달리고 있는 것입니다. 국내에서 성장한 다문화 아이들보다 해외에서 온 아이들이 학교 폭력에 노출될 확률이 2배 정도 높았습니다.

이 문제를 아이들의 탓으로만 돌릴 수는 없습니다. 아이들의 모습은 누군가를 닮아 있기 때문입니다. 예전에 「블랑카」라는 코미디 프로그램이 있었습니다. 이주민 노동자들을 함부로 대하는 한국인 사장들을 풍자하는 내용으로, '사장님, 나빠요'라는 말을 유행시키기도 했습니다. 코미디라는 장르의 특성상 과장된 면도 있었지만, 외국인을 대하는 차별적인 시선을 다뤘다는 점에서 크게 화제가 됐습니다.

이 프로그램이 끝난 지 10년이 넘은 지금, 이주민 노동자들을 대하는 태도는 달라졌을까요? 안타깝게도 여전히 수많은 사람들이 차별에 힘겨워하고 있습니다. 잠금장치도 없는 좁은 방에서 여러 명이 생활하기도 하고, 장시간 일하기도 합니다. 위험한 일을 하다가 장애를 얻거나, 성추행을 당하기도 합니다. 한국인들이 꺼리는 일을 대신하지만, 돌아오는 건 인간 이하의 대접입니다.

한국뿐만 아니라 전 세계에서도 여전히 이주민에 대한 근거 없는 편견과 미움이 존재합니다. 트럼프 대통령은 대선 후보 시절에 '멕시코

정부는 문제가 많은 사람들을 미국으로 보내고 있다. 이들은 성폭행 범이자, 미국에 마약을 가져오고 범죄를 일으키는 주범이다'라는 말을 했습니다. 또한 하버드대학 학생 중 1명이 '흑인들은 유전적으로 백인들에 비해 열등하다'는 메일을 써서 논란이 되기도 했습니다. 영국에서는 아시아인이라는 이유로 한국인 유학생에게 술병을 던지는 일도 발생했습니다. 닐 블롬캠프 감독의 말대로 점점 세계가 요하네스버그를 향해 나아가는 것 같습니다.

푸른 눈, 갈색 눈

1968년 4월 4일, 미국의 한 모텔 발코니에서 총격 사건이 벌어졌습니다. 백인 우월주의자의 손에 숨을 거둔 남자는 인권 운동가, 마틴 루서 킹 목사였습니다. 다음 날, 초등학교 교사인 제인 엘리어트는 3학년 학생들과 함께 인종 차별 문제에 대한 이야기를 나눴습니다. 전부 백인으로만 이뤄진 마을에 사는 아이들은 흑인에 대해 썩 잘 아는 것처럼 말했습니다. 멍청하고, 더럽고, 자주 싸우며, 미개하다는 식의 경멸적인 단어를 사용했습니다. 여느 수업이 그러하듯이 대화의 마지막은 차별을 하면 안 된다는 이야기로 마무리됐습니다.

문제는 흑인들이 처한 상황에 대한 동정심으로 이런 결론이 지어졌다는 것입니다. 학생들은 편견에서 비롯된 차별이 문제라는 것을 깨닫지 못했습니다. 제인 엘리어트 선생님은 고민 끝에 학생들에게 '차별의 날' 놀이를 제안했습니다. 학생들을 눈동자 색깔에 따라 두 그룹으로 나누어, 하루씩 번갈아 가며 우월한 집단과 열등한 집단을 경험해 보게 하는 것입니다.

첫날은 갈색 눈의 학생들이 우월한 집단, 푸른 눈의 학생들이 열등한 집단이었습니다. 선생님은 눈이 갈색인 사람들이 더 똑똑하고 우월하다는 말로 수업을 시작했습니다. 이 학생들은 갈색 눈이라는 이유로 특혜를 받았습니다. 급식을 먼저 먹고, 반장을 하며, 쉬는 시간도 5분이나 더 많이 썼습니다. 반면, 푸른 눈의 학생들은 철저히 차별을 받았습니다. 눈이 푸른 사람들은 더러워서 전염병을 옮길 수도 있으니 물도 종이컵에 먹어야 했고, 갈색 눈 친구들의 허락 없이는 함께 놀지도 못했습니다. 또한 선생님은 푸른 눈의 학생이 실수를 할 때마다 눈 색깔 때문이라고 지적했습니다.

아이들은 점점 놀이에 몰입하기 시작했습니다. 갈색 눈의 아이들은 푸른 눈 아이들을 놀리는 데 신이 났습니다. 일부러 몸을 부딪친 뒤 푸른 눈 아이의 잘못이라고 말했습니다. 푸른 눈 아이는 억울함을 느꼈지만 어쩔 수 없이 갈색 눈 아이에게 사과를 했습니다. 갈색 눈 아이들은 푸른 눈 아이들과 섞여 놀지 않았습니다.

'차별의 날' 놀이를 시작한 지 몇 시간 만에 푸른 눈 아이들은 점점 주눅이 들었습니다. 초롱초롱한 눈으로 수업을 듣는 갈색 눈 아이들과 달리, 푸른 눈 아이들은 학업에 대한 자신감마저 상실했습니다. 역할이 바뀐 후에도 우월한 집단과 열등한 집단에서 보이는 반응은 비슷했습니다. 열등한 집단이 된 갈색 눈 학생들은 절망과 패배감을 느꼈고, 푸른 눈의 학생들은 우월감과 자신감을 맛보며 즐거워했습니다.

이틀간의 수업이 끝난 후, 아이들은 자신들의 경험에 대해 진지한 이야기를 나눴습니다. 눈동자 색깔로 차별을 당한다는 게 얼마나 화가 나고 부당한 일인지 열변을 토했습니다. 특히 열등한 집단이 되었을 때, 자신들을 '갈색 눈', '푸른 눈'이라고 부르는 일에 격분했습니다. 아이들은 왜 흑인을 향해 '깜둥이', '깜시'라는 말을 쓰면 안 되는지 그제야 이해할 수 있었습니다. 차별이 행동 방식과 자존감 형성에 영향을 준다는 사실을 깨달은 것입니다.

이 수업은 제인 엘리어트 선생님에게도 충격을 안겨 주었습니다. 어제까지 친구였던 아이들이 아무렇지 않게 서로를 차별했고, 말도 안되는 이유로 차별받으면서 그 누구도 부당하다고 맞서지 않았습니다. 가상 상황임에도 아이들은 선생님의 말을 그대로 믿고 따랐습니다. 제인 엘리어트 선생님은 수업을 통해 인종이나 민족에 대한 차별이 오랜 시간 지속된 이유를 알게 됐다고 설명합니다. 차별을 일으키는 원인이 '다름'이 아니라 '다름에 대한 다수의 반응'이라는 것입니다.

용광로 vs 모자이크 사회

다양한 배경의 사람들과 더불어 사는 사회를 만드는 것은 어느 나라나 가지고 있는 고민입니다. 다문화 사회에 대해 국가가 취하는 접근 방식은 크게 두 가지입니다. 첫 번째는 이민자가 하루빨리 새로운 문화를 받아들여 자국의 시민이 될 수 있도록 하는 용광로 정책입니다. 다양한 문화가 용광로에 녹아 하나의 똑같은 문화를 만들어 낸다는 의미입니다. 다른 하나는 다양성을 존중하는 모자이크 정책입니다. 서로 다른 색을 가진 모자이크가 합쳐져 하나의 국가를 만든다는 뜻입니다. 처음에는 용광로 정책이 주목받았지만, 요즘은 모자이크 정책이 더 성공적이라는 평을 받고 있습니다.

모자이크 정책으로 칭찬받는 나라가 캐나다입니다. 캐나다 밴쿠버에 리치몬드라는 지역이 있습니다. 중국, 미국, 영국, 필리핀, 인도, 아일랜드, 독일, 프랑스, 일본, 우크라이나 등 다양한 나라에서 이주해 온 사람들이 여기에 모여 살고 있습니다. 모자이크 정책으로 문제가 없을 것만 같은 리치몬드 지역에도 오랫동안 논란이 된 문제가 있습니다. 바로 상점의 간판입니다. 중국 출신 이민자의 비중이 늘어나면서 상점의 간판이나 광고가 중국어로 쓰이기 시작한 것입니다. 중국어를 읽을 수 없는 사람들은 당혹감과 불쾌함을 느꼈고, 급기야 중국 출신 이민자와 나머지 사람들 간의 갈등이 벌어졌습니다. 간판이나 광고에 중국어뿐만 아니라 영어도 함께 쓰도록 하는 조례를 만들자는 목소리가 도시 전체에 퍼져 나갔습니다.

리치몬드시는 이 문제에 신중한 입장을 보였습니다. 2013년과 2015년에 영어 표기를 의무화하는 조례를 제정하려는 시도가 있었지만, 표현의 자유를 해칠 수 있다는 이유로 무산됐습니다. 조례가 만들어질 경우, 검사관이 돌아다니면서 중국어 간판을 규제하게 됩니다. 강제로 간판에 영어를 집어넣게 하면 중국계 이민자들 사이에서 심한 반발이 일어날 수도 있습니다. 그렇다고 오랫동안 지속된 문제를 그대로 놔둘 수도 없었습니다.

리치몬드시 의회는 고심 끝에, 강요보다는 권유를 통해 변화시키는 방법을 선택했습니다. 원인을 파악한 결과, 상점 주인들이 중국어 간판을 사용하는 이유는 자신들의 문화나 가치를 지키기 위해서가 아니라 중국인 관광객이나 중국 출신 이민자들의 눈길을 끌기 위함이었습니다. 시는 이들이 상업적인 목적으로 한 일이라면 교육을 통해서 마음을 돌릴 수 있다고 판단했습니다.

리치몬드시는 어떻게 변했을까요? 놀랍게도 2년 만에 변화가 나타났습니다. 이제는 오히려 중국어로만 쓰여 있는 간판을 찾기가 힘들게 됐습니다. 상점 주인들이 중국어와 영어를 함께 표기해야 하는 이유에 대해 공감한 것입니다. 간판이 변했다고 모든 문제가 해결된 것은 아닙니다. 여전히 중국어로만 쓰인 광고가 붙어 있는 곳이 있습니다. 그럼에도 시 의회는 영어 사용을 강제하는 조례를 제정할 필요가 없다고 결정했습니다. 시간은 걸릴 수 있지만 소통을 통해 갈등을 해결할 수 있다고 믿었기 때문입니다.

만약 리치몬드시가 이 문제를 법으로 해결했다면 중국계 이주민들을 이기적이고 몰지각한 사람들로 바라보는 편견이 주민들 사이에 생겼을지도 모릅니다. 다음에도 비슷한 일이 생긴다면 소통이 아닌 법으로 행동을 제약해야 한다는 선례가 생겼을지도 모릅니다. 문제의 심각성을 느끼는 정도가 다르기 때문에 중국계 이주민들은 억울할 수도 있습니다. 그렇다면 도리어 해결보다 문제를 불러왔을 것입니다. 다행히 주민들은 소통으로 서로를 존중하는 사회를 지켜 냈습니다.

다양성을 존중하는 마음은 캐나다의 정치에도 고스란히 반영됐습니다. 2015년, 저스틴 트뤼도 총리는 '캐나다를 닮은 내각'이라고 소개하며 난민과 이민자, 원주민을 고루 장관으로 발탁해 화제를 모았습니다. 민주제도부 장관은 아프가니스탄 난민 출신인 마리암 몬세프가, 국방부 장관은 인도에서 이민을 온 하지트 싱 사잔이, 법무부 장관은 캐나다 원주민인 조디 윌슨-레이보울드가 맡았습니다.

어떤 사회를 만들 것인지는 그 나라의 시민이 결정할 일입니다. 단일 민족에서 다민족 사회로 변한 대한민국 역시 그 기로에 서 있습니다. 당신은 어떤 미래를 꿈꾸십니까?

이주민의 목소리를 담은 영화

이주민을 주제로 한 영화를 보며 우리 안에 뿌리 깊게 자리 잡은 편견과 차별을 객관적으로 마주할 수 있습니다. 또한 이주민들의 눈으로 사건을 바라보며 이들이 겪고 있는 현실에 공감하게 됩니다. 이주민의 삶을 담은 영화를 추천합니다.

하나, 『터미널』(스티븐 스필버그 감독)

고국에서 전쟁이 터져 9개월 동안 뉴욕 공항에 갇혀 있어야 했던 주인공 빅터의 고군분투를 그린 영화입니다. 이란 정부에 저항하던 메르한 나세리 씨가 프랑스 공항에서 여권을 분실하면서 무려 18년 동안 공항에서 노숙했던 실화를 모티브로 만들었습니다. 70명 넘는 난민이 입국 거부를 당한 채 인천공항에서 수개월째 노숙하고 있는 우리의 현실과도 맞닿아 있습니다.

둘, 『방가? 방가!』(육상효 감독)

번번이 취업에 실패하던 주인공 태식이 부탄인 행세를 하며 공장에 취직해 겪는 에피소드를 코믹하게 그려 낸 영화입니다. 영화는 외국인 노동자를 그저 값싼 노동력으로 바라보는 우리의 비뚤어진 시선을 비판하며 인간이라면 누구나 성별, 종교, 국적, 피부색, 경제적 수준과 상관없이 존중받아야 한다는 메시지를 전하고 있습니다.

셋, 『마이 리틀 히어로』(김성훈 감독)

한국인 아버지와 필리핀인 어머니 사이에서 태어난 주인공 영광이 뮤지컬 『조선의 왕, 정조』의 아역 배우를 뽑는 프로그램에 도전해 차별과 편견을 극복해 나가는 내용의 영화입니다. 주인공은 천재적인 소질로 결승까지 진출하지만, 뮤지컬 제작자는 피부색이 다른 영광이가 조선의 왕이 될 수는 없다며 결승 진출을 포기하게 만듭니다. 이 영화는 다문화 가정 아동이 겪는 차별적 시선을 통해 '한국인이란 누구인가'를 묻고 있습니다.

찡했다. 소년 배우의
현실 삶도 응원합니다!

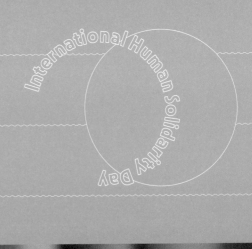

12.
20.

International Human Solidarity Day

국제 개발 원조가 문제가 될 때

'세계 인간 연대의 날'은 지구촌 사회가 겪고 있는 수많은 문제를 해결하기 위해 만들어졌습니다. 개발 도상국에 자금, 기술 또는 물자를 지원하는 개발 원조도 빈곤을 없애기 위한 국제 사회의 연대 중 하나입니다.

50년 전, 선진국들은 국내 총생산의 0.7%를 개발 원조로 지원하기로 약속했습니다. 하지만 목표를 달성한 나라는 손에 꼽습니다. 이에 정부 개발 원조를 늘려 지금보다 더 많은 자금을 지원해야 한다고 주장하는 목소리가 세계 곳곳에서 흘러나오고 있습니다. 그런데 원조가 늘어나면 빈곤이 해결될까요? 원조가 늘어나도 국가 간 빈부 격차가 커지는 이유는 무엇일까요?

International Human Solidarity Day

빈곤을 팝니다

2018년, 인스타그램에 올라온 사진이 온라인을 뜨겁게 달궜습니다. 사진 속에는 2명의 인도 아이가 손으로 얼굴을 가리고 서 있었고, 그들 앞에는 맛있는 음식이 차려진 식탁이 놓여 있었습니다. 아이들이 눈을 가린 이유는 작가의 특별한 요구 때문입니다. 사진을 찍은 이탈리아 작가는 두 아이에게 식탁에 놓여 있기 바라는 음식을 상상하라고 주문했습니다. 사진의 제목은 '음식을 꿈꾸다'입니다.

작가는 작품에 대한 의도를 설명했습니다. 한쪽에서는 식량이 없어 굶어 죽어 가고, 다른 한쪽에서는 남아도는 음식을 버리는 상황에 대한 문제 제기를 하고 싶었다고 합니다.

하지만 사진에 날 선 비난이 잇따랐습니다. 가난에 허덕이는 아이들에게 가짜 음식을 보여 주며 먹고 싶은 음식을 상상하라고 시킨 행위 자체가 비인간적이라는 반응과 다른 이의 비극을 전시해 주목을 끌고 있다는 댓글이 줄을 이었습니다. 사진은 순식간에 '빈곤 포르노'라는 꼬리표를 달았습니다. 사람들의 관심이나 동정심을 일으키기 위해 빈곤의 모습을 자극적으로 연출한 작품이라는 뜻입니다.

빈곤 포르노는 기부금을 모금하는 캠페인에 자주 등장합니다. 앙상한 갈비뼈의 흑인 아이, 오염된 물을 마시는 동남아 사람들, 학교에 가지 못하는 가난한 아이들까지, 인터넷이나 텔레비전에서 쉽게 볼 수 있는 모습입니다. 이런 캠페인을 보면 누구나 돕고 싶은 마음에 지갑을 엽니다. 하나의 성공은 또 다른 빈곤 포르노로 이어졌고 결국 누가 더 비참한 삶을 사는지를 보여 주는 비통함의 경주를 만들어 냈습니다.

모든 일이 그렇듯 '명'이 있다면 '암'도 있는 법입니다. 빈곤 포르노는 기부금을 모으는 데 일조하지만 왜곡된 현실을 보여 줘 편견을 만들어 내기도 합니다. 사진이나 영상 속 주인공은 대부분 아프리카의 어린아이들입니다. 연출된 이미지에 노출될수록 자신도 모르게 '가난' 하면 아프리카를 떠올리게 되고, 이들은 스스로 문제를 해결할 수 없는 수동적인 인간이라는 생각을 갖게 됩니다. 왜 저런 상황이 벌어지는지 문제의 원인도 모른 채 저런 나라에 태어나지 않았다는 사실에만 안도합니다.

모금을 위한 빈곤 포르노는 필요악이라고 주장하는 사람들도 있습니다. 빈곤 포르노에 대한 문제는 이해하지만 기부금이 많으면 좋은 일이 아니냐는 입장입니다. 이 주장의 밑바탕에는 기부금 액수와 가난에서 벗어나는 사람의 수가 비례한다는 생각이 깔려 있습니다.

1950년부터 지금까지 빈곤 퇴치를 위해 각국에서 투입한 돈만 수조 달러입니다. 액수는 점점 늘어나 2017년에 가난한 나라를 돕는 데 사용한 공적 개발 원조 금액은 1,466억 달러였습니다. 미얀마가 한 해 벌어들인 수익의 2배, 가나의 3배, 볼리비아의 4배 정도 되는 액수입니다. 국제 구호 단체나 기업의 사회적 공헌까지 합하면 매년 이보다 더 많은 돈이 빈곤을 없애기 위해 사용됩니다. 모두의 예상대로 개발 원조 금액이 늘어나기만 하면 빈곤을 해결할 수 있을까요?

기부 물품이 지역 경제를 해친다

2009년, 온라인에서 재미있는 내기가 벌어졌습니다. 미국 영화배우 애슈턴 커처가 CNN 뉴스를 상대로 트위터 팔로워 100만 명을 먼저 달성하는 쪽이 이기는 승부를 제안했습니다. 그때 당시 애슈턴 커처의 팔로워 수는 약 85만 명, CNN 뉴스는 약 90만 명이었습니다. 더 흥미로운 건 내기의 목적입니다. 이기는 쪽이 말라리아 퇴치를 위한 모기장 1만 개를 기부하기로 한 것입니다. 내기는 30분 차이로 판가름이 났습니다. 승리자는 애슈턴 커처였습니다.

이처럼 유명인의 기부 활동이나 캠페인을 통해 말라리아 퇴치에 대한 관심은 점점 늘어났습니다. 덕분에 전 세계적으로 많은 사람들이 아프리카 지역에 모기장을 기부하고 있습니다. 모기장 기부는 지역에 어떤 결과를 안겨 줄까요? 기부금이 모였다면 다음으로 할 일은 모기장을 구입하는 것입니다. 후원자가 바라는 결과는 정해진 한도 내에서 최대한 많은 모기장을 구매하는 것입니다. 모기장을 많이 사면 그만큼 많은 이의 목숨을 구할 수 있을 테니 말입니다.

하지만 예상과 달리 모기장 기부는 부작용을 낳기도 합니다. 말라리아를 퇴치하기 위해서는 살충제 처리가 되어 있는 특수한 모기장이 필요한데 아프리카보다는 동남아시아산 모기장이 더 저렴합니다. 비용을 고려해 동남아산 모기장을 구입한다면 아프리카 지역 모기장 업체가 타격을 입습니다. 모기장을 무료로 받으면 자연스레 모기장을 구입하려는 손님도 줄어듭니다. 결국 업체는 직원을 내보내거나 문을 닫아야 하는 상황에 처합니다. 이처럼 미시적인 성과는 좋으나 거시적인 결과가 생각과 다른 경우를 '미시-거시 역설'이라고 합니다.

모순된 상황을 피하기 위해 지역 업체에서 모기장을 구입하는 대안도 있습니다. 하지만 여기에도 어려움은 따릅니다. 모기장을 제조하는 탄자니아의 A to Z 방직 공장은 최근 2,500명의 직원을 내보냈습니다. 주문이 많이 들어와도 수익을 내지 못하는 상황 때문입니다. 국제단체의 입찰을 받으려면 동남아시아 제조 업체와 가격 경쟁을 해야 하는데 아프리카 지역은 원재료를 수입해야 하기 때문에 가격을 낮추는 것이 어렵습니다. 상황이 이렇다 보니 손해를 보거나 주문을 포기하는 업체가 속출하는 것입니다.

의도치 않은 결과를 내는 것은 모기장 기부만이 아닙니다. 르완다, 우간다, 탄자니아는 헌 옷 기부를 많이 받는 지역입니다. 캠페인 속 아프리카 아이들은 옷을 제대로 입고 있지 않습니다. 이 모습을 보면 절로 옷을 보내 주고 싶다는 마음이 듭니다. 실제로 우리나라를 포함한 미국, 캐나다, 유럽 국가에서 헌 옷을 아프리카에 보내고 있습니다.

하지만 엄청난 규모의 헌 옷이 해외에서 들어오자 새 옷을 구입하는 사람들이 줄어들고 지역 의류 제조업이 사양길로 접어들었습니다. 의류 산업의 발전 가능성은 사라지고 헌 옷이 없으면 의류 시장이 존재할 수 없는 악순환이 형성된 것입니다. 이 결과 자국의 의류 산업을 다시 살리기 위해 수입된 헌 옷에 관세를 부과하거나 아예 헌 옷 수입을 금지하겠다는 결정을 내리는 국가가 늘고 있습니다.

반대로 기부가 긍정적인 효과를 내는 경우도 있습니다. 신발을 한 켤레 팔면 한 켤레를 기부하는 탐스 슈즈라는 회사가 있습니다. 가난한 아이들을 돕는다는 소식에 소비자들의 환영을 받았지만, 탐스 슈즈역시 지역의 일자리를 사라지게 만든다는 비난을 피할 수 없었습니다. 탐스 슈즈는 제조 공장을 현지로 옮기겠다고 결정하며 문제 해결에 나섰습니다. 도로나 항만, 전기, 기술자가 부족한 곳에서 공장을 운영하기란 경영자 입장에서 결코 쉬운 일은 아닙니다. 그럼에도 선의가 좋은 결과로 이어질 수 있도록 변화를 도모한 것입니다.

누구를 위한 식량 원조일까?

버락 오바마와 도널드 트럼프 대통령은 상반된 정치 성향을 가진 지도자답게 해외 식량 원조에 관해서도 의견이 달랐습니다. 집권 당시 버락 오바마 전 대통령은 더 많은 사람들이 혜택을 볼 수 있도록 프로그램을 개선하자고 목소리를 높였습니다. 반대로 미국 우선주의를 외친 트럼프 대통령은 식량 원조를 줄이자고 제안했습니다. 흥미롭게도 두 대통령 모두 의회의 반대에 부딪혔습니다. 의회는 식량 원조 프로그램을 해 왔던 방식 그대로 운영하기를 원했습니다. 식량 원조에 대한 의견이 엇갈린 이유는 무엇일까요?

세계에서 가장 많은 식량 원조를 제공하는 나라는 논란의 여지없이 미국입니다. 1954년부터 시작한 미국의 식량 원조는 60년 넘게 지속되고 있습니다. 명성만큼 규모도 대단합니다. 세계 식량 원조의 절반 이상을 미국이 담당합니다. 미국은 매년 식량 원조로 2조 원 이상을 지출하는데 평균적으로 54개국의 약 5,600만 명이 혜택을 받고 있습니다. 지진이나 분쟁 지역에서 미국 국기가 찍힌 밀이나 쌀 포대, 미국산 통조림을 흔히 볼 수 있는 것도 식량 원조의 결과입니다.

식량 원조에 관해 버락 오바마 전 대통령은 미국산 식량을 해외에 보내는 방식에 문제를 제기했습니다. 해외에서 위기 상황이 벌어졌을 때, 미국에서부터 식량을 배로 싣고 가면 도착하기까지 몇 주가 걸립니다. 방식을 바꿔 현지나 근처 국가에서 식량을 구입하면 위기에 신속하게 대처할 수도 있고 비용적으로도 효율적입니다. 곡물 같은 경우는 미국산보다 현지가 더 저렴한 경우도 있고, 무엇보다 운송비가 적게 듭니다. 미국 국제개발처는 비용을 절감할 경우 매년 200~400만 명이 추가로 혜택을 볼 수 있다고 설명했습니다.

현지 식량을 구입하면 식량 원조가 지역 농업 경제에 미치는 부작용도 막을 수 있습니다. 2010년, 아이티에 지진이 일어나자 미국은 식량 원조를 더 늘리겠다고 발표했습니다. 그러나 이 결정에 비난의 기사가 쏟아졌습니다. 겉으로는 아이티에 이로운 일로 보이지만 현실은 다르기 때문입니다. 미국의 압력으로 농업 시장을 개방한 아이티에서는 미국산 곡물이 아이티산보다 훨씬 싸게 팔립니다. 여기에 원조로 무료 식량까지 더해지니 아이티산 곡물을 찾는 사람은 점점 더 줄어들었습니다. 아이티의 주식인 쌀의 경우, 1998년에 47%였던 자급자족률이 2008년에 15%까지 떨어졌습니다.

미국의 식량 원조를 둘러싼 비난은 어제오늘 일이 아닙니다. 왜 식량을 주고도 비난을 감수해야 하는지, 차라리 그 돈을 미국인을 위해 쓴다면 더 좋은 건 아닌지 의문이 들 수 있습니다. 도널드 트럼프 대통령도 이런 생각이었는지 식량 원조를 줄이자고 제안했습니다. 하지만 식량 원조의 방식을 바꾸거나 줄이는 일은 그리 간단한 문제가 아닙니다. 이렇게 변화가 힘든 이유는 식량 원조에 다양한 이해관계자들이 얽혀 있기 때문입니다. 여기에는 미국 국제개발처뿐만 아니라 농사를 짓는 생산자, 식품 기업, 선적 회사, 미국 농무부가 관계되어 있습니다.

공적 개발 원조는 정부가 사업에 필요한 대금을 지불합니다. 미국산 식량을 보낸다는 의미는 관련 업계에 정부라는 안정적인 거래처가 생긴 것이나 다름없습니다. 이 때문에 각종 식품 업계의 로비도 끊이지 않습니다.

식량 원조의 방식을 바꾸거나 줄인다는 발표가 나오면 가장 민감하게 반응하는 분야가 해운업계입니다. 버락 오바마 전 대통령이 식량 원조의 3/4을 미국 선박으로 운송해야 한다는 법 조항을 1/2로 낮추려고 했을 때, 해운업계 종사자들은 시위를 하며 격렬히 저항했습니다. 마이크 코너웨이 하원 의원의 발언에서도 미국에서 식량 원조가 어떤 의미인지 알 수 있습니다.

"국제 식량 원조는 미국 농업뿐만 아니라 제조업이나 해운업의 일자리 창출에도 기여하고 있습니다. 이 프로그램을 없애는 일은 '미국 우선주의' 정책에 반대되는 일입니다."[1]

미국의 식량 원조 사례처럼 원조의 물자나 업체를 공여국이 정해서 주는 원조를 '구속성 원조'라고 합니다. 구속성 원조를 하는 이유는 다양하지만 경우에 따라 원조의 효과성을 떨어뜨릴 수 있습니다. 예를 들어, 더 나은 대안이 있음에도 무조건 자국의 제품을 선택한다면, 공적 개발 원조는 빈곤 퇴치보다는 국내 기업에 일감을 제공해 주거나 기업의 해외 진출을 돕는 수단으로 전락할 수 있습니다.

물고기 잡는 법을 가르쳐 주면 된다고?

학교가 없어 거리를 배회하는 아이들, 병원이 없어 간단한 상처에도 쉽게 목숨을 잃는 사람들, 일자리가 없어 가난에 허덕이는 사람들, 식수가 없어서 몇 시간씩 걸려 물을 뜨러 가는 사람들을 본다면 누구나 쉽게 연민의 감정을 가집니다. 이들에게 학교, 병원, 공장, 상하수도 시설이 있다면 좀 더 나은 삶을 살지 않을까 생각합니다. 선진국 정부나 국제 구호 단체, 다국적 기업들은 이런 생각으로 개발 도상국 곳곳에 건물을 지어 줍니다. 개발 프로젝트가 한 국가를 가난의 수렁에서 꺼낼 수는 없지만 한 마을 정도는 바꿀 수 있지 않을까 하는 희망을 가집니다. 해외 원조로 지어진 건물은 마을에 변화를 가져왔을까요?

케냐 북서쪽에 투르카나라는 지역이 있습니다. 이곳 사람들은 소 떼를 몰고 다니는 유목 생활을 합니다. 자연과 함께하는 생활을 하다 보니 유목민들은 기후 변화에 쉽게 영향을 받을 수밖에 없습니다. 극심한 가뭄이 찾아오면 가축과 부족민이 굶어 죽는 일이 빈번합니다. 1980년대, 노르웨이 개발협력청은 가난한 유목민을 돕기 위해 프로젝트를 실행했습니다. 이들은 유목민들에게 가축 이외에 다른 생계 수단을 제공하기로 결정했습니다.

노르웨이 단체가 주목한 것은 물고기로 가득한 호수였습니다. 생선을 잡은 뒤 가공해서 팔면 안정적으로 생계를 꾸릴 수 있다는 생각으로 원조를 투입해 호수 옆에 생선 가공 공장을 짓기로 했습니다. 노르웨이와 케냐의 외교 단절로 중간에 공사가 멈추는 위기가 있었지만 2004년도에 생선 가공 공장은 결국 완공됐습니다.

하지만 우여곡절 끝에 만들어진 공장은 안타깝게도 텅 비어 있습니다. 지역 어부들이 가끔씩 말린 생선을 보관하기 위해 들를 뿐 그 외에 공장을 찾는 사람은 없습니다. 유목민은 물고기를 잡는 일을 원하지 않았습니다. 그들에게는 소가 곧 삶입니다. 생명을 지탱해 주는 식량이자 명예, 부, 지위의 상징이기도 합니다. 소를 가장 많이 가진 사람이 부족의 대표가 되며, 성인 남자는 일정 수의 소가 있어야만 결혼할 수 있습니다. 이들에게 고기잡이는 소가 없는 사람들이 하는 명예롭지 못한 일입니다. 문화와 전통을 부정하고 돈을 위해 고기잡이를 선택하는 사람은 없었습니다. 프로젝트를 하기 전 누군가 유목민의 의견을 물었다면 이런 일은 없었을지도 모릅니다.

주민들의 필요를 반영해 진행된 프로젝트도 예상치 못한 상황에 봉착할 수 있습니다. 우리나라에도 비교적 많이 알려져 있는 '우물 파기' 프로젝트를 예로 들겠습니다. 우물 파기는 비용이 적게 들어서 회사나 종교 단체, 학교에서 많이 하는 기부 프로그램 중 하나입니다. 그런데 프로젝트가 끝난 몇 년 뒤 마을을 다시 방문하면 예상과 다른 현장을 목격할 수 있습니다. 우물에 문제가 생겨 주민들이 멀리까지 물을 길으러 다니는 것입니다. 실제로 말리의 메나카 지역에서만 80%의 우물이 버려졌고, 가나 북쪽 지역에는 58%가 고장이 났습니다. 아프리카에만 5만 개의 우물이 사용되지 않는다는 통계도 있습니다.

깨끗한 식수를 제공해 준다는 의도는 좋았지만 우물이 만들어진 후의 일은 아무도 예상하지 못한 듯합니다. 우물 파기 프로젝트로 만들어진 우물은 대체로 손이나 발로 펌프질을 해서 물을 끌어 올리는 방식으로 작동됩니다. 펌프가 고장 나거나 부품을 교체해야 하는 상황이 벌어지면 수리 비용이나 고칠 수 있는 전문가가 없는 마을에서는 더 이상 우물을 사용할 수 없습니다. 주민 자치가 잘 이루어지는 곳에서는 회비를 걷어 우물을 관리하지만, 그렇지 않은 경우에는 문제가 발생합니다. 뿐만 아니라 가끔씩 우물을 잘못 파서 비소로 오염된 물이 나오는 경우도 발생합니다. 물을 마시고 병든 사람이 생기면 우물은 저절로 버려집니다. 이렇게 지역 상황을 고려하지 않은 개발 프로젝트는 예상치 못한 결과를 가져옵니다.

투자한 비용에 비해 효과가 없는 프로젝트를 '하얀 코끼리' 프로젝트라고 부릅니다. 이 단어는 코끼리를 신성하게 여겼던 고대 동남아시아 지역에서 유래했습니다. 당시 보기 드문 하얀 코끼리는 귀한 대접을 받았는데, 왕국에서도 부자들만이 이 특별한 코끼리를 소유할 수 있었습니다. 하지만 하얀 코끼리는 선물받는 입장에서 마냥 좋은 일은 아니었습니다. 코끼리의 덩치가 크다 보니 먹고 싸는 양이 많아서 관리 비용이 많이 들었습니다. 신성한 동물이니 일을 시키지도 못해 들어가는 돈에 비해 실용성은 떨어졌습니다. 이 때문에 하얀 코끼리는 축복이자 저주로 여겨졌습니다. 원조를 주는 쪽의 관점에서 진행된 일방적인 개발 프로젝트는 하얀 코끼리 같은 상황을 유발합니다. 개발 프로젝트가 지속 가능성이 없다면, 원조를 받는 지역의 필요와 상황을 고려했는지 점검해 봐야 할 것입니다.

부채의 사슬을 끊자

'166개국', '2,439만 1,181명'은 기네스북에 등재된 숫자입니다. 무슨 일인지는 모르지만 놀라운 기록임에는 틀림없습니다. 이 숫자는 무엇을 뜻하는 걸까요? 두 가지 모두 20세기 후반에 일어난 한 서명 운동이 갱신한 기록입니다. 전 세계 사람들의 가슴을 뜨겁게 만들었던 캠페인은 '주빌리 2000'입니다. 2,400만 명이 넘는 사람들이 원한 것은 가난한 나라의 부채 탕감이었습니다.

돈을 빌렸다면 당연히 갚아야 합니다. 하지만 누군가 내 동의 없이 명의를 도용해 돈을 빌렸다면 이야기가 달라집니다. 이는 명백한 범죄이기 때문입니다. 국가 간에도 이와 비슷한 사례가 발생합니다. 예를 들어, 시민의 동의를 얻지 않은 독재 정권이 들어섰습니다. 독재자가 자신의 권력을 유지하려 무분별하게 해외에서 돈을 빌린 후 갚지 않는다면 국가에 빚이 생깁니다. 이 돈은 정권이 바뀐 후에도 고스란히 국가의 부채로 남는데, 이를 '불쾌한 채무'라고 합니다.

실제로 1965년부터 1997년까지 32년간 콩고민주공화국을 통치한 독재자 모부투 세세 세코는 120억 달러의 국가 부채를 남겼고, 1965년부터 1986년까지 21년간 필리핀을 다스린 독재자 페르디난드 마르코스는 280억 달러의 국가 빚을 시민들에게 떠넘겼습니다. 자신들은 수십억 달러의 사유 재산을 소유한 채 말입니다. 원금에 이자까지 시간이 갈수록 불어나는 빚은 악순환의 고리를 만들어 냅니다.

어느 국가나 경제 발전을 위해서는 기본적인 투자를 해야 합니다. 아이들을 학교에 보내고, 성인을 위한 일자리도 만들어야 하며, 의료 시설이나 상하수도, 도로, 댐처럼 사회에 필요한 기반 시설을 갖춰야 합니다. 하지만 빚이 있다면 이런 일들은 우선순위에서 밀려나게 됩니다. 미래를 위한 투자가 부족하니 경제가 좋아질 리 없습니다. 또한 가난할수록 위기에 취약합니다. 갑작스런 자연재해나 세계를 뒤흔드는 경제 위기가 발생하면 문제를 해결하기 위해 또 다시 빚을 져야 하는 상황이 벌어집니다.

20세기 후반, 국가 부채에 대한 뜨거운 논쟁이 벌어졌습니다. 돈을 빌려준 선진국과 국제통화기금과 세계은행은 이유 불문하고 모든 나라가 채무를 갚아야 한다고 주장했습니다. 일부 국가의 부채를 탕감해 주기 시작하면, 다른 채무국도 빚을 갚지 않아도 된다는 안이한 생각을 가질 수 있다는 우려를 나타냈습니다. 반면 주빌리 2000 캠페인은 '불쾌한 채무'는 탕감해 줘야 한다고 목소리를 냈습니다.

독재자는 대개 해외에서 빌린 돈으로 사리사욕을 채우거나 무기를 구입해 폭정에 저항하는 시민들을 핍박하며 자신의 권력을 공고히 합니다. 시민들의 입장에서 보면 독재자가 권력을 유지할 수 있도록 선진국이 도움을 준 셈입니다. 돈이 나쁜 곳에 쓰일 줄 알면서 독재자에게 돈을 빌려주고, 역으로 피해자인 시민들에게 부채의 의무를 지우는 채권국도 문제라는 것이 주빌리 2000 캠페인의 입장입니다.

캠페인에 대한 지지자가 늘어나자 부채 탕감에 회의적이었던 선진국과 국제금융기구도 타협점을 찾아 나섰습니다. 1996년, 국제금융기구는 처음으로 부채 탕감의 뜻을 내비쳤습니다. 감당하기 힘든 수준의 빚을 가진 나라에 한 해 부채의 일부를 면제해 주겠다고 발표했습니다. 단, 조건이 있었습니다. 탕감해 준 돈을 어디에 사용할지 계획을 제출하면 심사를 거쳐 국가를 선별하겠다는 것이었습니다.

20세기 후반부터 시작했던 노력은 21세기가 돼서야 빛을 발했습니다. 36개 국가가 일부 빚을 면제받았는데 이 금액을 모두 합하면 990억 달러 정도 됩니다. 서명 한 장당 약 4,000달러의 값어치를 한 셈입니다. 더 좋은 소식은 이를 계기로 외채 문제에 대한 국제 사회의 관심이 높아지고, 부채 탕감이 계속 이어지고 있다는 것입니다. 뿐만 아니라 줄어든 부채로 개발 도상국의 시민들도 혜택을 받기 시작했습니다. 탄자니아에서는 초등 교육을 무상으로 전환했고, 모잠비크에서는 아이들에게 예방 접종을 무료로 제공했으며, 카메룬 정부는 후천성 면역 결핍증 예방에 예산을 투입했습니다.

주빌리 2000 캠페인의 성공 요인은 '동정'을 넘어선 '공감'입니다. 어려운 처지에 놓인 타인을 가여워하는 동정에는 한계가 있습니다. 연민만으로는 타인의 상황을 온전히 이해할 수 없기 때문입니다. 이 경우 마음 한편에 '그럼에도 불구하고 노력을 했다면'이라는 의문이 남습니다. 또한 시간이 지나도 문제 해결의 기미가 보이지 않는다면 쉽게 지칠 수밖에 없습니다. 공감은 이와 다릅니다. 빈곤에 빠질 수밖에 없는 구조적 원인을 이해한다면 '공정함'이라는 가치에 무게를 둡니다. 이때, 서명 운동은 타인을 돕는 일이 아닌 불공정한 세상을 공정하게 만드는 연대가 됩니다.

부채의 늪은 여전히 존재합니다. 주빌리 2000 부채 캠페인이 발표한 2018년 자료에 따르면, 앙골라와 가나가 정부 수입의 절반 이상을, 부탄, 스리랑카, 이집트가 약 30~40%를, 튀니지, 몽골, 감비아, 모잠비크, 자메이카, 조지아, 벨리즈, 차드, 세네갈, 카메룬이 약 20~30%를 외채를 갚는 데 사용하고 있습니다. 국가들이 부채를 지게 된 배경은 다양합니다. 하지만 이 중에 '불쾌한 채무'처럼 민주주의와 인권을 해치는 부당한 채무가 있다면 시민들에게 온전히 그 짐을 지우는 것이 정당한 일인지도 생각해 봐야 할 것입니다.

온라인 서명으로 만드는
지속 가능한 세계

지구촌 사회가 마주한 수많은 문제를 해결하기 위해서는 세계 시민들의 연대가 절실히 필요합니다. 빠르고 효과적으로 연대할 수 있는 방법으로 온라인 서명이 있습니다. 온라인 서명 사이트 아바즈(http://avaaz.org)에는 인권, 전쟁, 부패, 환경 문제 등 세계적 연대를 요하는 청원이 시시각각 올라옵니다. 서명으로 세상을 바꾼 캠페인들을 소개합니다.

하나. 꿀벌을 지키다
꿀벌이 떼죽음을 당하게 만드는 주범으로 살충제인 네오티코티노이드가 지목되면서 아바즈는 유럽연합을 상대로 이 살충제의 사용을 금지해 달라는 서명 운동을 벌였습니다. 전 세계의 260만 명이 넘는 사람들이 서명에 참여했고, 2년 넘게 캠페인이 진행된 끝에 유럽연합은 네오티코티노이드 사용을 전면 금지한다고 발표했습니다.

둘. 예멘 학교 폭격에 사용되는 폭탄 수출을 막다
예멘 내전에 가담하고 있는 사우디아라비아는 유럽에서 수입한 폭탄으로 예멘의 학교와 병원에 폭격을 해 왔습니다. 아바즈는 폭탄 수출 금지를 요구했고, 결국 유럽의회는 사우디아라비아로 무기 수출을 금지한다는 결정을 내렸습니다.

셋. 의류 공장 희생자들에게 보상금을 지급하다
방글라데시의 의류 공장인 라나 플라자 붕괴로 1,000명이 넘는 사망자가 발생했을 때, 세계적 의류 브랜드인 베네통은 책임을 회피한 채 수년간 보상금 지급을 미뤄 왔습니다. 그러자 100만 명이 넘는 사람들이 청원에 참여했고, 결국 베네통은 보상 약속을 지켰습니다.

기후 행동에 나선 어린 친구들을 지지하는 서명을 했다.

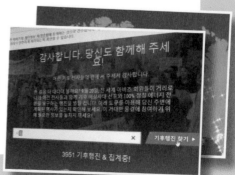

각주

03월 22일 세계 물의 날 | 물을 가진 자가 세상을 지배한다

1 Collin, Robbie(2015), "Mad Max: The Making of A Gas – Guzzling, Feminist Action Extravaganza", The Telegraph, April 1.

2 Siddiqui, Danish(2015), "Water Wives", Reuters, June 11.

3 Shiva, Vandana(2002), *Water Wars: Privatization, Pollution and Profit*, South End Press, Boston, United States.

4 Palumbo, Gene & Malkin, Elisabeth(2019). "El Salvador, Prizing Water over Gold, Bans All Metal Mining", The New York Times, March 29.

04월 07일 세계 보건의 날 | 에이즈가 사라질 수 없는 이유

1 Infectious Disease News(2006), "HIV/AIDS – The Discovery of An Unknown, Deadly Virus", Healio.

04월 22일 세계 지구의 날 | 아마존에 검은 눈물이 흐른다

1 Whitaker, Brian(2001), "Saddam: Serpent in The Garden of Eden", The Guardian, January 12.

2 Neslen, Arthur(2016), "Protected Forests in Europe Felled to Meet EU Renewable Targets – Report", The Guardian, Thursday 24.

3 Associated Press in Miami Beach(2017), "Hundreds of US Mayors Endorse Switch to 100% Renewable Energy by 2035", The Guardian, June 26.

05월 02일 세계 참치의 날 | 황금 알을 낳는 바다

1 Reuters in Oslo(2003), "Fish Farming is 'Devastating Stocks'", The Guardian, February 18.

2 Marine Stewardship Council(2015), "School Food Standards Prompt 18% Increase in UK Schools Serving Sustainable Fish", Press Release, July 30.

06월 05일 세계 환경의 날 | 화이트 크리스마스의 악몽

1 McDonald, Tim(2015), "The Man Who Would Be The First Climate Change Refugee", BBC, November 5.

2 Roy, Eleanor Ainge(2017), "Chipocalypse: Potato Shortage in New Zealand Sparks Crisp Crisis", The Guardian, October 16.

3 Greenpeace International(2010), "Facebook: Unfriend Coal [Video file]", Netherlands: Greenpeace International.

06월 08일 세계 해양의 날 | 얼마나 많은 플라스틱을 드셨나요

1 Sinha, Sanskrity(2011), "Sea Turtle Choked with 317 Plastic Pieces Found Dead on Australian Beach", International Business Times, July 4.

2 Seeker Stories(2015), "How This Town Produces No Trash [Video file]", Seeker Stories.

06월 12일 세계 아동 노동 반대의 날 | 왜 세계화가 문제일까

1 Doherty, Ben & Whyte, Sarah(2014), "India's Mica Mines: The Shameful Truth behind Mineral Make-Up's Shimmer", The Sydney Morning Herald, January 19.

2 Bhalla, Nita, Chandran, Rina and Anuradha Nagaraj(2016), "Blood Mica: Deaths of Child Workers in India's Mica 'Ghost' Mines Covered up to Keep Industry Alive", Reuters, August 3.

3 NPR Staff(2014), "Bolivia Makes Child Labor Legal, in an Attempt to Make It Safer", NPR, July 30.

4 Dixon, Rachel(2008), "Teach Us How to Fish – Do Not Just Give Us The Fish", The Guardian, March 12.

09월 21일 세계 평화의 날 | 국가는 어떻게 리바이어던이 되는가

1 McKirdy, Euan, Ripley, Will and Pamela Boykoff(2016), "Killer with a Conscience: Could This Former Death Squad Member Bring down Duterte?", CNN, December 31.

09월 27일 세계 관광의 날 | 죽기 전에 꼭 알아야 할 여행 이야기

1 Paris, Natalie(2015), "Tourists Warned to Avoid Certain Maldives Resorts over Human Rights Abuses", The Telegraph, April 20.

2 Nelson, Dean(2014), "Nepalese Porters Found Frozen in Flip Flops and Trainers", The Telegraph, October 20.

10월 16일 세계 식량의 날 | 그 많던 식량은 어디로 갔을까

1 Thurn, Valentin(Producer and Director)(2010), "Taste the Waste [Video file]", Germany: Schnittstelle Film und Video et al.

2 MacFarquhar, Neil(2010), "African Farmers Displaced as Investors Move In", The New York Times, December 21.

10월 17일 세계 빈곤 퇴치의 날 | 누가 빚을 짊어질 것인가

1 Newman, Alex(2011), "Iceland Voters Reject Bank Bailout again", New American, April 12.

2 The Sunday Edition(2011), "Michael Enright's Interview with the President of Iceland Olafur Grimmson", CBC, December 11.

10월 31일 세계 도시의 날 | 둥지에서 쫓겨난 사람들

1 Oltermann, Philip(2014), "Germany to Impose Rent-Rise Caps on Inner-City Properties", The Guardian, September 23.

11월 10일 평화와 발전을 위한 세계 과학의 날
과학자에게도 히포크라테스 선서가 필요하다

1 Monks, Kieron(2017), "M-Pesa: Kenya's Mobile Money Success Story Turns 10", CNN, February 24.

12월 20일 세계 인간 연대의 날 | 국제 개발 원조가 문제가 될 때

1 Erbentraut, Joseph(2017), "Trump's Proposed Cuts to Foreign Food Aid Are Proving Unpopular", Huffington Post, June 9.

참고 문헌

03월 08일 세계 여성의 날 | 여성은 여전히 사회적 약자일까

E-나라지표 「범죄 피해 두려움」, 2018, http://www.index.go.kr/unify/idx-info.do? idxCd=4264 (2019.4.15. 방문).

경찰청 「경찰 범죄 통계 - 5. 2017년 주요 지표 범죄 분석」, 2017, https://www.police. go.kr/portal/main/contents.do?menuNo=200529 (2019.4.15. 방문).

곽상아, 「여성 혐오·폭력 심각하지만, 교육부는 '젠더 교육'에 아무런 관심이 없다」, 『허핑턴포스트코리아』 2016.7.1.

김난주 외 「남녀 임금 격차 실태 조사」, 국가인권위원회 2017.

릴리 레드베터, 러니어 스콧 아이솜 『기나긴 승리 - 골리앗과 투쟁한 한 여성 노동자의 이야기』, 이수경·김다 옮김, 글항아리 2014.

박충훈 「노르웨이 여군은 남군과 같은 숙소서 잔다?」, 『아시아경제』 2017.7.7.

여성가족부 「2016년 전국 성폭력 실태 조사 결과 보고서」, 여성가족부 2017.

이희진 「설문조사 결과 발표」, 『성희롱 2차 피해 실태 및 구제 강화를 위한 연구 결과 발표 토론회』, 국가인권위원회 2016.

통계청 「한국의 사회 동향 2018」, 통계청 2018.

홍성수 외 「혐오 표현 실태 조사 및 규제 방안 연구」, 국가인권위원회 2017.

OECD Data, "Gender Wage Gap: Employees, Percentage, 2017 or Latest Available", https://data.oecd.org/earnwage/gender-wage-gap.htm (accessed April 15, 2019).

Seierstad, Cathrine, Morten Huse, and Silvija Seres(2015), "Lessons from Norway in Getting Women onto Corporate Boards", The Conversation, March 7.

Statistics Norway(2018), "Indicators for Gender Equality in Municipalities", https://www.ssb.no/en/befolkning/statistikker/likekom/aar (accessed April 16, 2019).

Storvik, Aagoth & Teigen, Mari(2010), "Women on Board: The Norwegian Experience", Rriedrich-Ebert Stiftung.

The Economist(2018), "The Glass-Ceiling Index", http://infographics.economist.com/2018/glass-ceiling/index.html (accessed April 15, 2019).

University of Oslo(2018), "What will be the Length of Parental Leave for Birth/Adoption 1 July, 2018 or Later?", https://www.uio.no/english/for-employees/employment/working-hours-and-absence/leave-absence/parents/rights-obligations/duration-parental-leave-as-of-2018-07-01.html#toc1 (accessed April 16, 2019).

03월 22일 세계 물의 날 | 물을 가진 자가 세상을 지배한다

강준만『미국사 산책 4 - 프런티어의 재발견』, 인물과사상사 2010.

환경부「'세계 물의 해' 자료집」, 환경부 2003.

AFP(2014), "Indian Officials Order Coca-Cola Plant to Close for Using Too Much Water", The Guardian, June 18.

Agence France-Presse in Ljubljana(2016), "Slovenia Adds Water to Constitution as Fundamental Right for All", The guardian, November 18.

Coca Cola Journey, "Our Manufacturing Footprint", https://www.coca-colaindia.com/about-us/our-manufacturing-footprint (accessed April 16, 2019).

Conservation Gateway, "Table I. Examples of the Impacts of Water Shortages",

https://www.conservationgateway.org/ConservationPractices/Freshwater/
Documents/Tapped%20Out%20Water%20Shortage%20Impacts.pdf
(accessed April 16, 2019).

Gentleman, Amelia(2008), "Coca-Cola Urged to Close an Indian Plant to Save
Water", The New York Times, January 16.

Heriyanto, Devina(2018), "Jakarta's Water Privatization", The Jakarta Post, April 12.

Karunananthan, Meera(2013), "El Salvador Mining Ban Could Establish a Vital
Water Security Precedent", The guardian, June 10.

Morales, Evo(2002), "From Coca to Congress", https://zcomm.org/znetarticle/
from-coca-to-congress-by-evo-morales/ (accessed April 17, 2019).

Petitjean, Olivier & Diouf, Elimane(2011), "Water Privatisation: Senegal at
the Crossroads", https://www.pambazuka.org/land-environment/water-
privatisation-senegal-crossroads (accessed April 17, 2019).

Provost, Claire & Kennard, Matt(2016), "World Bank Tribunal Dismisses Mining
Firm's $250m Claim against El Salvador", The guardian, October 14.

Public Citizen(2014), "Water Privatization Case Study: Cochabamba, Bolivia",
https://www.citizen.org/sites/default/files/bolivia_pdf.pdf (accessed April 17,
2019).

Rice, Xan(2007), "The Water Margin", The guardian, August 16.

Shine, Conor(2015), "What Nevada Has Done to Conserve Water May Serve as
Example for California", Las Vegas Sun, April 27.

Siddiqui, Danish(2015), "Water Wives", Reuters, June 11.

The Southern California Water Coalition(2017), "The Human Impact of California's
Water Cuts", https://www.socalwater.org/news/1692/just-released-the-

human-impact-of-californias-water-cuts (accessed April 16, 2019).

The World Bank(2019), "The World Bank in El Salvador", https://www. worldbank.org/en/country/elsalvador/overview (accessed April 17, 2019).

UNESCO(2016), "2016 UN World Water Development Report, Water and Jobs", UNESCO.

Vidal, John(2015), "Water Privatisation: A Worldwide Failure?", The guardian, January 30.

Water Footprint Network(2017), "Product Gallery", https://waterfootprint.org/ en/resources/interactive-tools/product-gallery/ (accessed April 16, 2019).

World Resources Institute(2013), "Water Stress by Country", https://www.wri. org/resources/charts-graphs/water-stress-country (accessed April 16, 2019).

04월 07일 세계 보건의 날 | 에이즈가 사라질 수 없는 이유

네이선 울프 『바이러스 폭풍의 시대』, 강주헌 옮김, 김영사 2015.

신윤동욱 「약이 있는데 왜 죽어야 합니까」, 『한겨레』 2008.10.16.

이병관 외 「2015 에이즈에 대한 지식 · 태도 · 신념 및 행태 조사」, 질병관리본부 2015.

조지프 스티글리츠 『인간의 얼굴을 한 세계화』, 홍민경 옮김, 21세기북스 2008.

질병관리본부 「언론과 미디어를 위한 HIV/AIDS 길라잡이」, 질병관리본부 2010.

홍기원 「미국의 법과 대중문화 속에 나타난 후천성면역결핍증환자의 차별과 평등권 문제」, 『서울대학교법학』 제52권, 서울대학교아시아태평양법연구소 2011.

Brougher, Joanna T.(2013), Intellectual Property and Health Technologies: Balancing Innovation and the Public's Health, Springer Science & Business Media.

Cairns, Gus(2016), "Life Expectancy in HIV-Positive People in the US Still

Lags 13 Years Behind HIV-Negative People", Presented at Conference on Retroviruses and Opportunistic Infections.

Centers for Disease Control and Prevention(2001), "First Report of AIDS", Morbidity and Mortality Weekly Report, Centers for Disease Control and Prevention.

Inglehart, R., C. Haerpfer, A. Moreno, C. Welzel, K. Kizilova, J. Diez-Medrano, M. Lagos, P. Norris, E. Ponarin & B. Puranen et al(2014). "World Values Survey: Round Six", http://www.worldvaluessurvey.org/WVSDocumentationWV6.jsp (accessed April 18, 2019).

Make Medicines Affordable(2015), "The Campaign for Use of Compulsory Licensing in Thailand", http://makemedicinesaffordable.org/en/the-campaign-for-use-of-compulsory-licensing-in-thailand/ (accessed April 18, 2019).

O'Carroll, Lisa(2015), "Cuba First to Eliminate Mother-to-Baby HIV Transmission", The Guardian, June 30.

Pollack, Andrew(2015), "Drug Goes from $13.50 a Tablet to $750, Overnight", The New York Times, September 20.

Timberg, Craig & Halperin, Daniel(2012), "Colonialism in Africa Helped Launch the HIV Epidemic a Century Ago", The Washington Post, February 27.

UNAIDS(2018), "Fact Sheet – World Aids Day 2018", UNAIDS.

Waning, Brenda & Diedrichsen, Ellen & Moon, Suerie(2010), "A Lifeline to Rreatment: the Role of Indian Generic Manufacturers in Supplying Antiretroviral Medicines to Developing Countries", Journal of the International AIDS Society, 13:35.

04월 22일 세계 지구의 날 | 아마존에 검은 눈물이 흐른다

김민종 「인류에게 빛을 준 향유고래의 희생」, 『수산인신문』 2015.12.30.

김학수 「미국·브라질의 바이오 에탄올 산업」, 『세계농업』 2018년 2월호, 한국농촌경제
   연구원 2018.

박병구, 김태완 『한중일 석유 전쟁』, 한스미디어 2006.

산업통상자원부 「석유 수급 동향」, E-나라지표(www.index.go.kr) 2019.

정기종 『석유 전쟁』, 매일경제신문사 2003.

최지영 「바이오 에너지, 환경에 약일까? 독일까?」, 『나라경제』 2016년 10월호, 경제정
   보센터 2016.

한국국방연구원 「이라크-쿠웨이트 국경 분쟁」, 한국국방연구원(www.kida.re.kr) 2011.

Amazon Watch(2019), "Understanding Chevron's 'Amazon Chernobyl': Key
   Questions and Answers", https://amazonwatch.org/documents/ecuador-
   press-kit/key-questions-and-answers.pdf (accessed April 21, 2019).

Armendariz, Xabier(2016), "This Real-Life Whaling Disaster Inspired 'Moby-
   Dick'", National Geographic History Magazine.

Associated Press(2016), "U.S. Court Rules for Chevron in Ecuador Rainforest-
   Damage Case", Los Angeles Times, August 08.

Cardwell, Diane(2017), "Utility Helps Wean Vermonters from the Electric Grid",
   New York Times, July 29.

Chevron In Ecuador(2012), "Summary of Overwhelming Evidence Against
   Chevron in Ecuador Trial", https://chevroninecuador.org/assets/docs/2012-
   01-evidence-summary.pdf (accessed April 21, 2019).

Eilperin, Juliet(2008), "Studies Say Clearing Land for Biofuels Will Aid Warming",
   Washington Post, February 8.

Hurley, Lawrence(2017), "U.S. Top Court Hands Chevron Victory in Ecuador Pollution Case", Reuters, June 19.

MacAskill, Ewen & Borger, Julian(2004), "Iraq War was Illegal and Breached UN Charter, Says Annan", The Guardian, September 16.

Office of Electricity Delivery and Energy Reliability(2013), "Comparing the Impacts of Northeast Hurricanes on Energy Infrastructure", U.S. Department of Energy.

Plumer, Brad(2013), "Nine Facts about Terrorism in the United States Since 9/11", The Washington Post, September 11.

Ponting, Clive(1998), Progress and Barbarism: The World in the Twentieth Century, Chatto and Windus.

Roberts, Neil(2014), The Holocene: An Environment History, 3rd Edition, Wiley-Blackwell.

The CNN Wire Staff(2012), "Chevron Appeals $8.6 Billion Ruling", CNN, January 21.

Transport & Environment, "Biofuels", https://www.transportenvironment.org/what-we-do/biofuels (accessed April 21, 2019).

05월 02일 세계 참치의 날 | 황금 알을 낳는 바다

박수진 「잠깐! 당신 젓가락 위 참치는 착한가요?」, 『한겨레』 2014.11.6.

세계자연기금 「해양생명보고서」, 한국세계자연기금 2015.

이정삼 외 「어린 물고기를 살릴 지혜로운 소비로 국민이 수산 자원 관리를 주도해야」, 『KMI 동향 분석』, 한국해양수산개발원 2017.

그린피스 「한국에는 없는 착한 참치 - 2013 그린피스 참치 캔 지속 가능성 순위 보고서」, 그린피스 동아시아서울사무소 2013.

국제협력총괄과 「우리나라 1인당 연간 수산물 소비량 58.4kg으로 주요국 중 1위」, 『통계 소식』, 해양수산부 통계시스템 2017.

Martin, James(2007), *The Meaning of The 21st Century: A Vital Blueprint for Ensuring Our Future*, Eden Project Books.

Cox, Kevin(1999), "Death of Newfoundland's Grand Banks", The Guardian, December 18.

Cordue, P. L. "The Story of New Zealand Orange Roughy: from The 'Poster Child' of Unsustainable Fishing to Marine Stewardship Council assessment", https://sustainablefisheries-uw.org/fishery-feature/orange-roughy/ (accessed April 19, 2019).

FAO(2007), "The World's Mangroves 1980-2005", FAO.

FAO(2018), "The State of World Fisheries and Aquaculture 2018", FAO.

Reuters in Oslo(2003), "Fish Farming is 'Devastating Stocks'", The Guardian, February 18.

Marine Stewardship Council(2015), "School Food Standards Prompt 18% Increase in UK Schools Serving Sustainable Fish", Press Release. July 30.

05월 22일 세계 생물 다양성의 날 | 제3의 지구는 성공할 수 있을까

박용삼 『테드, 미래를 보는 눈 - 테드가 들려주는 미래의 풍경 49』, 원앤원북스 2017.

산림청 「생물 다양성과 산림」, 산림청 2012.

제인 포인터 『인간 실험 - 바이오 스피어 2, 2년 20분』, 박범수 옮김, 알마 2008.

환경부 「2019년도 환경부 소관 예산 및 기금 운용 계획 개요」, 환경부 2019.

Agence France-Press in Jakarta(2015), "Indonesia Forest Fires: Widodo to Visit Stricken Regions as Death Toll Mounts", The Guardian, October 28.

Balch, Oliver(2015), "Indonesia's Forest Fires: Everything You Need to Know",
The Guardian, November 11.

Boslaugh, Sarah E.(2018), *The SAGE Encyclopedia of Pharmacology and Society*,
SAGE Publications.

Daniels, jeff(2016), "Bee Thieves A Buzz Killjoy for Almond Growers", CNBC,
February 9.

Hanski, Ilkka(2016), *Messages from Islands: A Global Biodiversity Tour*,
University of Chicago Press.

Hidalgo, Juan(2014), "Growth without Poverty Reduction: The Case of Costa
Rica", Economic Development Bulletin No. 18, Cato Institute.

International Institute for Environment and Development(2013). "Learning from
20 Years of Payments for Ecosystem Services in Costa Rica", IIED.

Markandya, Anil et al(2008), "Counting the Cost of Vulture Decline—an Appraisal
of the Human Health and Other Benefits of Vultures in India", Ecological
Economics, 67(12): 194-204.

Bradbear, Nicola(2009), "Bees and their Role in Forest Livelihoods", FAO.

OECD(2018), " 'Costa Rica', in OECD Tourism Trends and Policies 2018", OECD
Publishing.

Palmer, Steven and Molin, Alván(2004), *The Costa Rica Reader: History, Culture,*
Politics, Duke University Press Books.

Porras, Ina(2012), "Costa Rica's 'Green Economy' Shows that Money Can Grow
on Trees", The Guardian, June 26.

Rainforest Action Network, "Indonesia's Rainforests: Biodiversity and Endangered
Species", https://www.ran.org/indonesia_s_rainforests_biodiversity_and_

endangered_species/ (accessed April 23, 2019).

Williams, Casey(2016), "These Photos Capture The Startling Effect Of Shrinking Bee Populations", Huffington Post, April 7.

06월 05일 세계 환경의 날 | 화이트 크리스마스의 악몽

Cook, Gary 외「깨끗하게 클릭하세요」, 그린피스 동아시아 서울사무소 2017.

강기경「기후 변화: 농업 부문 영향과 대응 방안」,「농업·농촌의 길 2012 심포지엄 발표 자료」, GS & J 인스티튜트 2012.

과학기술정보통신원, 한국인터넷진흥원「2017 인터넷 이용 실태 조사 요약 보고서」, 한국인터넷진흥원 2018.

앨 고어『불편한 진실 - 앨 고어의 긴급 환경 리포트』, 김명남 옮김, 좋은생각 2006.

이영길 외「강원도 고랭지 무·배추 산업 경쟁력 강화 방안 연구 보고서」, 강원발전연구원 2013.

이정우「배추값 폭등의 경제학」,『한겨레』2010.10.3.

정지섭, 유마디「온난화로 수몰 위기 몰린 섬나라 키리바시 어느 농부의 외롭지만 값진 '환경 난민' 소송」,『조선일보』2014.7.4.

Cassidy, John(2006), "Me Media: How Hanging out on the Internet Became Big Business", The New Yorker, May 7.

Greenaway, Twilight(2014), "Eight Foods You're about to Lose Due to Climate Change", The Guardian, October 29.

Greenpeace(2011), "Victory! Facebook 'Friends' Renewable Energy" https://www.greenpeace.org/archive-international/en/news/features/Victory-Facebook-friends-renewable-energy/ (accessed April 24, 2019).

Herrmann, Carolina(2015), "The Unexpected Catarina Hurricane", Amigos da

Terra Brasil and Friends of the Earth International.

International Telecommunication Union(2018), "Statistics", https://www.itu.int/en/ITU-D/Statistics/Pages/stat/default.aspx (accessed April 24, 2019).

Kalin, Stephen(2013), "Winter Storm 'Alexa' Chills The Middle East", Reuters, December 13.

McDonald, Tim(2015), "The Man Who Would Be the First Climate Change Refugee", BBC, November 5.

Mosbergen, Dominique(2013), "Snow Falls In Cairo for the First Time in More Than 100 Years: Report", Huffington Post, December 13.

Roy, Eleanor Ainge(2017), "Chipocalypse: Potato Shortage in New Zealand Sparks Crisp Crisis", The Guardian, October 16.

Tait, Robert(2013), "'Historic' Snow Storms Spread Havoc and Misery across the Middle East", The Telegraph, December 13.

Vidal, John(2017), "'Tsunami of Data' Could Consume One Fifth of Global Electricity by 2025", Climate Home News, December 11.

06월 08일 세계 해양의 날 | 얼마나 많은 플라스틱을 드셨나요

D. 린드세이 벅슨 『환경 호르몬의 반격 - 환경 호르몬으로부터 내 아이와 가족을 보호하는 방법』(개정판), 김소정 옮김, 아롬미디어 2012.

심원준 외 「미세 플라스틱 식품 안전 관리 방안 연구」, 한국해양과학기술원 2017.

찰스 무어·커샌드라 필립스 『플라스틱 바다 - 지구의 바다를 점령한 인간의 창조물』, 이지연 옮김, 미지북스 2013.

테오 콜본 외 『도둑맞은 미래: 당신의 정자가 위협받고 있다』, 권복규 옮김, 사이언스북스 1997.

EBS「플라스틱 인류 2부 플라스틱 다이어트」「하나뿐인 지구」, 「EBS」 2013.

허상우「플라스틱 컵에 알루미늄 덮개 붙어… 만들 때부터 '재활용 불능'」,『조선일보』 2018.5.7.

EUROMAP(2016), "Plastics Resin Production and Consumption in 63 Countries Worldwide", EUROMAP.

Mason, Sherri A. et al(2018), "Synthetic Polymer Contamination in Bottled Water", Frontiers in Chemistry, 6:407.

Nahigyan, Pierce(2015), "Dianna Cohen, CEO & Co-Founder of Plastic Pollution Coalition, Dreams of Plastic Free Touring", Planet Experts, March 6.

Parker, Laura(2015), "Nearly Every Seabird on Earth Is Eating Plastic", National Geographic, September 2.

Seeker Stories(2015), "How This Town Produces No Trash" [Video file], Seeker Stories.

The Nippon Communications Foundation(2018), "The Kamikatsu Zero Waste Campaign: How a Little Town Achieved a Top Recycling Rate", The Nippon Communications Foundation, July 13.

UNEP(2016), "UNEP Frontiers 2016 Report: Emerging Issues of Environmental Concern", United Nations Environment Programme.

06월 12일 세계 아동 노동 반대의 날 | 왜 세계화가 문제일까

Bengtsen, Peter, and Annie Kelly(2016), "Vauxhall and BMW among Car Firms Linked to Child Labour over Glittery Mica Paint", The Guardian, July 28.

Bhalla, Nita, Chandran, Rina and Anuradha Nagaraj(2016), "Blood Mica: Deaths of Child Workers in India's Mica 'Ghost' Mines Covered up to Keep Industry

Alive", Reuters, August 3.

Burke, Jason(2014), "Rana Plaza: One Year on from the Bangladesh Factory Disaster", The Guardian, April 19.

Dixon, Rachel(2008), "Teach Us How to Fish - Do Not Just Give Us The Fish", The Guardian, March 12.

Doherty, Ben and Sarah Whyte(2014), "India's Mica Mines: The Shameful Truth behind Mineral Make-Up's Shimmer", The Sydney Morning Herald, January 19.

Fair Trade Towns International(2016), "Exclusive Interview with Bruce Crowther, the Founder of Fair Trade Town Movement", http://www.fairtradetowns.org/20-news-events-conferences/308-exclusive-interview-with-bruce-crowther-the-founder-of-fair-trade-town-movement (accessed April 27, 2019).

Fair Trade Towns International. "About Us", http://www.fairtradetowns.org/about-us (accessed April 27, 2019).

Kate, Albert Ten et al(2016), "Beauty and A Beast: Child Labour in India for Sparkling Cars and Cosmetic", Stichting Onderzoek Multinationale Ondernemingen (SOMO) and Centre for Research on Multinational Corporations.

Lind, Peter lykke and La Paz(2016), "How Bolivia's Children Are Being Exploited by a Failing Labor Law", Time, May 12.

Nelson, Dean(2014), "Bangladesh's Rana Plaza Tragedy Lives on for the Child Workers Who Survived", The Telegraph, April 24.

Stewart, Kary(2017), "Is Child Labour Always Wrong? The View from Bolivia – Podcast Transcript", The Guardian, February 24.

United States Department of Labor, "List of Goods Produced by Child Labor or

Forced Labor", https://www.dol.gov/agencies/ilab/reports/child-labor/list-of-goods (accessed April 27, 2019).

09월 21일 세계 평화의 날 | 국가는 어떻게 리바이어던이 되는가

김문성 「두테르테 6개월 "마약과 전쟁 승리"…필리핀 환호 · 공포 교차」, 『연합뉴스』 2016.12.29.

김성철 「구조적 폭력의 매개체로서의 재난 – 인간 안보, 정의, 거버넌스의 문제」, 『분쟁 해결연구』 제11권, 단국대학교 분쟁해결연구소 2013.

김은지 「6년 만에 드러난 '유우성 간첩 조작 사건' 진실」, 『시사IN』 2019.3.26.

김종철 『폭력의 자유 – 해직 기자 김종철의 젊은이를 위한 한국 현대 언론사』, 시사IN 북 2013.

오인영 「홉스의 『리바이어던』 3」, 「경기문화재단웹진」 2016.11.21.

이동현 「"범죄자 1만 명 즉결 처형" 공언한 두테르테 당선 확실시」, 『중앙일보』 2016.5.10.

정은주 「나는 어떻게 메탄올로 실명이 됐나」, 『한겨레』 2016.10.12.

정현덕 「눈물바다 된 '메탄올 실명' 피해자들의 기자회견」 [영상], 『오마이뉴스』 2017.

진병운 「홉스 『리바이어던』」, 『철학사상』 별책 제7권 제13호, 서울대학교 철학사상연 구소 2016.

McKirdy, Euan, Ripley, Will and Pamela Boykoff(2016), "Killer with A Conscience: Could This Former Death Squad Member Bring down Duterte?", CNN, December 31.

Murdoch, Lindsay(2017), "This 17 Year Old Boy Killed in Duterte's Drug War Galvanises The Philippines", The Sydney Morning Herald, August 21.

Reporters Without Borders, "2017 World Press Freedom Index", https://rsf.org/

en/ranking/2017 (accessed April 29, 2019).

Reporters Without Borders, "Detailed Methodology", https://rsf.org/en/detailed-methodology (accessed April 29, 2019).

09월 27일 세계 관광의 날 | 죽기 전에 꼭 알아야 할 여행 이야기

Boulter, Liz(2012), "Jolly Lodgers: Community Tourism in Thailand", The Guardian, November 2.

Burke, Jason(2012), "Maldives President Says He Was Forced to Resign at Gunpoint", The Guardian, February 8.

Burke, Jason(2013), "Maldives Court Postpones Presidential Polls Sparking Street Protests", The Guardian, September 24.

Chamberlain, Gethin(2012), "Andaman Islands Tribe Threatened by Lure of Mass Tourism", The Guardian, January 7.

Empowering Women of Nepal, "Female Trekking Guide Training Program", https://empoweringwomenofnepal.wordpress.com/female-trekking-guide-training-program/ (accessed April 25, 2019).

Hong, Jeff(2018), "Rise of the Sharing Economy and the Future of Travel and Tourism Industry", Journal of Hotel & Business Management, 7(2): 1-11.

Nelson, Dean(2014), "Nepalese Porters Found Frozen in Flip Flops and Trainers", The Telegraph, October 20.

Rowe, Francis et al(2010), "Maldives Economic Update", World Bank.

Sharma, Gopal(2014), "Death Toll in Nepal's Worst Trekking Disaster Reaches 43", Reuters, October 22.

Thomas Cook, "Thomas Cook History", https://www.thomascook.com/thomascook-history/ (accessed April 25, 2019).

UN World Tourism Organization(2018), "2017 International Tourism Results: the Highest in Seven Years", Press Release, January 15.

10월 16일 세계 식량의 날 | 그 많던 식량은 어디로 갔을까

심진용 「난민과 노숙인 위한 레스토랑, 이탈리아 대표 셰프가 만든 작은 기적」, 『경향 신문』 2017.5.23.

이랑주 『좋아 보이는 것들의 비밀 – 보는 순간 사고 싶게 만드는 9가지 법칙』, 인플루 엔셜 2016.

Baird, Vanessa(2011), The No-Nonsense Guide to World Population, New Internationalist.

Boyd, Emily & Folke, Carl(2011), *Adapting Institutions: Governance, Complexity and Social-Ecological Resilience*, Cambridge University Press.

Chrisafis, Angelique(2016), "French Law Forbids Food Waste by Supermarkets", The Guardian, February 4.

Coughlan, Sean(2018), "Food Bank Charity Gives Record Level of Supplies", BBC News, April 24.

FAO, IFAD and WFP(2015), "The State of Food Insecurity in the World 2015, Meeting the 2015 International Hunger Targets: Taking Stock of Uneven Progress", FAO.

FAO, "SAVE FOOD: Global Initiative on Food Loss and Waste Reduction", http://www.fao.org/save-food/resources/keyfindings/en/ (accessed May 2, 2019).

von Braun, Joachim(2008), "Food and Financial Crises: Implications for Agriculture and the Poor", International Food Policy Research Institute.

Leonard, Tom(2008), "Haiti's rising food prices drive poor to eat mud", The
    Telegraph, January 30.

Lough, Richard(2009), "Madagascar's New Leader Says Daewoo Land Deal off",
    Reuters, March 19.

MacFarquhar, Neil(2010), "African Farmers Displaced as Investors Move In", The
    New York Times, December 21.

OECD, "How we feed the world today", http://www.oecd.org/agriculture/
    understanding-the-global-food-system/how-we-feed-the-world-today/
    (accessed May 2, 2019).

Rodionova, Zlata(2017), "Denmark Reduces Food Waste by 25% in Five Years
    with the Help of One Woman - Selina Juul", Independent, February 29.

Song, Jung-a, Oliver, Christian and Tom Burgis(2008), "Daewoo to Cultivate
    Madagascar Land for Free", Financial Times, November 20.

Thurn, Valentin(Producer and Director)(2010), "Taste the Waste" [Video file],
    Germany: Schnittstelle Film und Video et al.

UN, "Sustainable Development Goals - Goal 2: Zero Hunger", https://www.
    un.org/sustainabledevelopment/hunger/ (accessed May 2, 2019).

United Nations(2011), "The Global Social Crisis: Report on the World Social
    Situation 2011", UN.

Vidal, John(2010), "How Food and Water Are Driving a 21st-century African
    Land Grab", The Guardian, March 7.

Wells, Jeff(2016), "Market Disrupted: How Piggly Wiggly Revolutionized
    Grocery Shopping", Mental Floss, September 6.

World Bank, "Poverty Headcount Ratio at National Poverty Lines (% of

Population)" https://data.worldbank.org/indicator/SI.POV.NAHC?
locations=MG (accessed May 3, 2019).

10월 17일 세계 빈곤 퇴치의 날 | 누가 빚을 짊어질 것인가

국가기록원 「550억 달러의 빚을 진 경제 국치의 날: IMF 외환 위기 극복」, http://
theme.archives.go.kr/next/koreaOfRecord/imf.do (2019.5.7. 방문).

김광기 『우리가 아는 미국은 없다 - 지금 미국을 다시 읽어야 할 이유 52』, 동아시아
2011.

도널드 웨스트레이크 『액스』, 최필원 옮김, 오픈하우스 2017.

오용협 외 「서브프라임 위기 이후 국제 금융 질서 재편과 시사점 연구 보고서」, 대외경
제정책연구원 2009.

유병규 외 「사전적 워킹 푸어 대책 시급하다」, 현대경제연구원 2010.

조지프 E. 스티글리츠 『끝나지 않은 추락-노벨 경제학상 수상자 스티글리츠의 세계 경
제 분석』, 장경덕 옮김, 21세기북스 2010.

최혁 「글로벌 금융 위기의 전개 과정」, 한국경제포럼 2009, 2(1):35-43.

한국금융연구원 「아이슬란드 경제의 회복과 시사점」, 『주간금융브리프』, 한국금융연
구원 2012.

BBC(2016), "How did Iceland Clean up its Banks?", BBC, February 10.

Brown, Jeffrey R. and Caroline M. Hoxby(2015), *How the Financial Crisis and
Great Recession Affected Higher Education*, University of Chicago Press.

Craig, Susanne and Deborah Solomon(2009), "Bank Bonus Tab: $33 Billion",
Wall Street Journal, July 31.

Dealbook(2010), "Iceland Voters Reject Repayment Plan", New York Times,
March 7.

Gallavan, Nancy P. and Leann G. Putney(2018), *Teacher Education Yearbook XXVI Building upon Inspirations and Aspirations with Hope, Courage, and Strength*, Rowman & Littlefield.

Newman, Alex(2011), "Iceland Voters Reject Bank Bailout again", New American, April 12.

Ólafsson, Stefán(2011), "Iceland's Financial Crisis and Level of Living Consequences", Þjóðmálastofnun Social Research Centre, University of Iceland.

Robinson, Edward & Valdimarsson, Omar(2016), "This Is Where Bad Bankers Go to Prison", Bloomberg, March 31.

Textbook Equity Edition(2014), "Principles of Economics Volume 2 of 2", Textbook Equity.

The Central Bank of Iceland(2018), "Economy of Iceland 2018", The Central Bank of Iceland.

WTO(2012), "World Trade Report 2012", WTO.

10월 31일 세계 도시의 날 | 둥지에서 쫓겨난 사람들

E-나라지표, 「주택 보급률」, http://www.index.go.kr/potal/main/EachDtlPage Detail.do?idx_cd=1227 (2019.5.8. 방문).

국민은행 「월간 KB 주택 가격 동향」, 국민은행 2018.

국토교통부 「2017년 주거 실태 조사 결과 발표」 보도 자료, 국토교통부 2018.

미하엘 엔데 『모모』, 한미희 옮김, 비룡소 1999.

이태진 외 「청년층의 주거 실태는 어떠한가」, 보건복지포럼 2017, 244: 38~53.

장경석 「주택 임대료 규제 관련 국내외 동향과 시사점」, 국회입법조사처 2011.

지유석「서울시 미래 유산 45년 역사 공씨책방, 없어지나」, 『오마이뉴스』 2017.9.22.

카와무라 아츠노리 · 그룹 현대(河邑厚德&グル―プ現代) 『엔데의 유언: 『모모』의 작가 엔데, 삶의 근원에서 돈을 묻는다』, 김경인 옮김, 갈라파고스 2013.

통계데이터허브국 행정통계과「일자리 행정 통계를 통해 본 임금 근로 일자리별 소득(보수) 분포 분석」보도 자료, 통계청 2017.

Alves, Maria & Evanson, Philip(2011), *Living in the Crossfire: Favela Residents, Drug Dealers*, and Police Violence in Rio de Janeiro, Temple University Press.

Davies, Bill(2017), "Lessons from Germany: Tenant Power in the Rental Market", Institute for Public Policy Research.

Douglas, Bruce(2015), "Brazil Officials Evict Families from Homes ahead of 2016 Olympic Games", The Guardian, October 28.

Watts, Jonathan(2016), "Police Killings of Favela Residents Continue as Games Go on in Rio", The Guardian, August 19.

World Bank, "Urban Population (% of Total)", https://data.worldbank.org/indicator/sp.urb.totl.in.zs (accessed May 7, 2019).

Zirin, Dave(2016), *Brazil's Dance with the Devil: The World Cup, the Olympics, and the Fight for Democracy*, Haymarket Books.

11월 10일 평화와 발전을 위한 세계 과학의 날
과학자에게도 히포크라테스 선서가 필요하다

베르톨트 브레히트 외 『갈릴레이의 생애: 진실을 아는 자의 갈등과 선택』, 차경아 옮김, 두레 2001.

송건용 외「원폭 피해자 실태 조사 연구 보고서」, 한국보건사회연구원 1991.

테드 고어츨, 벤 고어츨 『라이너스 폴링 평전』, 박경서 옮김, 실천문학사 2011.

Hager, Tom(1998), *Linus Pauling: And the Chemistry of Life*, Oxford University Press.

International Telecommunication Union(2018). "New ITU Statistics Show More Than Half the World is Now Using the Internet", https://news.itu.int/itu-statistics-leaving-no-one-offline/ (accessed May 12, 2019).

Monks, Kieron(2017), "M-Pesa: Kenya's Mobile Money Success Story Turns 10", CNN, February 24.

Rucevska I. et al(2015), "Waste Crime – Waste Risks: Gaps in Meeting the Global Waste Challeng", A UNEP Rapid Response Assessment, United Nations Environment Programme and GRID-Arendal, Nairobi and Arendal.

Suri, Tavneet & Jack, William(2016), "The Long-Run Poverty and Gender Impacts of Mobile Money", Science, 354(6317): 1288-1292.

Sutton, Candace(2017), "World's worst dump: Hellish Agbogbloshie Tip Where Poor Children Live among Australia's E-waste Illegally Shipped to Africa", News.com.au, March 10.

The Guardian(2014), "Agbogbloshie: the world's largest e-waste dump – in pictures", The Guardian, February 27.

World Bank(2018), "What Kenya's Mobile Money Success Could Mean for the Arab World", https://www.worldbank.org/en/news/feature/2018/10/03/what-kenya-s-mobile-money-success-could-mean-for-the-arab-world (accessed May 12, 2019).

12월 18일 세계 이주자의 날 | 외계인과 동거하시겠습니까

교육부「2015년 2차 학교 폭력 실태 조사 결과」보도 자료, 교육부 2015.

교육부「초등학생을 위한 맞춤형 학교폭력 대책 추진된다」보도 자료, 교육부 2015.

국회입법조사처 「다문화 학생의 현황과 시사점」, 『지표로 보는 이슈』131호, 국회입법
　　조사처 2018.

윌리엄 피터스 『푸른 눈, 갈색 눈 – 세상을 놀라게 한 차별 수업 이야기』, 김희경 옮김,
　　한겨레출판 2012.

정해숙 외 「2015년 전국 다문화 가족 실태 조사 분석 연구 보고서」, 여성가족부 2016.

African Activist Archive, "Apartheid in Practice: Jobs & Wages in South Africa",
　　http://africanactivist.msu.edu/image.php?objectid=32-131-350 (accessed
　　May 4, 2019).

CBC News(2015), "Richmond Won't Pursue Bylaw on English-Only Signs", CBC,
　　May 25.

Kesting, Marietta(2017), *Affective Images: Post-apartheid Documentary*
　　Perspectives, SUNY Press.

McElroy, Justin(2017), "Richmond city council passes policy encouraging 50%
　　English on commercial signs", CBC, September 11.

Raptis, Mike(2014), "Signs of the Times: Richmond City Councillors Reject Calls
　　to Stem the Proliferation of Chinese-Language Signs News", The Province,
　　October 19.

Smith, David(2009), "District 9: South Africa and Apartheid Come to the Movies",
　　The Guardian, August 20.

12월 20일 세계 인간 연대의 날 | 국제 개발 원조가 문제가 될 때

BBC News(2018), "Photographer Hammered over India 'Poverty Porn' Images",
　　BBC News, July 24.

Bhasin, Kim(2013), "TOMS Founder Blake Mycoskie Promises Big Investment,

Not just Free Shoes", Huffington Post, June 24.

Goldman, Paula(2008), "Change the world (in five easy steps)", Financial Times, May 17.

International Business Times(2006), "Kenya's Turkana Learns from Failed Fish Project", IBT, April 4.

Jubilee Debt Campaign(2019), "Developing Country Debt Payments Increase by 60% in Three Years", http://www.cadtm.org/Crisis-deepens-as-global-South-debt-payments-increase-by-85 (accessed May 11, 2019).

Krauβ , Susanne Maria(2018), "East Africa pushes second-hand clothing ban", Deutsche Welle, February 26.

Kremer, Michael & Jayachandran, Seema(2002), "Odious Debt", Presented at the IMF's February 2002 Conference on Macroeconomics and Poverty.

Nixon, Ron(2013), "Proposal for Changes in Food Aid Sets Off Infighting in Congress", New York Times, May 2.

Nkombo, Nachilala(2014), "Debt Relief in Ghana & Zambia – Did It Help?" https://www.one.org/international/blog/rising-debt-in-ghana-zambia-a-new-challenge/ (accessed May 11, 2019).

Nkwame, Marc(2016), "Tanzania: Textile Industry Walks Into Valley of Death", AllAfrica, June 6.

OECD, "Development Aid Stable in 2017 with more Sent to Poorest Countries", http://www.oecd.org/newsroom/development-aid-stable-in-2017-with-more-sent-to-poorest-countries.htm (accessed May 11, 2019).

OECD, "Food Aid", https://data.oecd.org/oda/food-aid.htm (accessed May 11, 2019).

Provost, Claire & Lawrence, Felicity(2012), "US Food Aid Programme Criticised as 'Corporate Welfare' for Grain Giants", The Guardian, July 18.

Skinner, Jamie(2009), "Where Every Drop Counts: Tackling Rural Africa's Water Crisis", Research Report, International Institute for Environment and Development.

Tran, Mark(2013), "US Congress Votes Down Bill to Unshackle 'Tied' Food Aid", The Guardian, June 20.

USAID(2018), "USAID Food Assistance", USAID.

Westenberg, Saskia(2013), "Feeding Dependency in the Americas: U.S. Food Aid Practices in Haiti and Guatemala", Georgetown Journal of International Affairs, July 23.

World Bank(2018), "Heavily Indebted Poor Country (HIPC) Initiative", http://www.worldbank.org/en/topic/debt/brief/hipc (accessed May 11, 2019).

그린이 • **배성규**

글씨를 쓰고 그림을 그리는 디자이너이자 크리에이티브 디렉터.
드로잉과 캘리그라피 수업을 진행하고 있으며, 다양한 브랜드와 컬래버레이션하고 있다.
지은 책으로 『생길 거예요, 좋은 일』, 『손글씨, 잘 쓰게 될 거예요』가 있다.

오늘부터 나는
세계 시민입니다

초판 1쇄 발행 • 2019년 10월 25일
초판 18쇄 발행 • 2024년 6월 28일

지은이 • 공윤희 윤예림
그린이 • 배성규
펴낸이 • 김종곤
편집 • 김현정 김은주 박민영
조판 • 이주니
펴낸곳 • (주)창비교육
등록 • 2014년 6월 20일 제2014-000183호
주소 • 04004 서울특별시 마포구 월드컵로12길 7
전화 • 1833-7247
팩스 • 영업 070-4838-4938 / 편집 02-6949-0953
홈페이지 • www.changbiedu.com
전자우편 • contents@changbi.com

ⓒ 공윤희 윤예림 배성규 2019
ISBN 979-11-89228-63-7 03300

＊이 도서는 한국출판문화산업진흥원
    '2019년 우수출판콘텐츠 제작 지원' 사업 선정작입니다.
＊이 책 내용의 전부 또는 일부를 재사용하려면
    반드시 저작권자와 (주)창비교육 양측의 동의를 받아야 합니다.
＊책값은 뒤표지에 표시되어 있습니다.